Islamische Seelsorge zwischen Herkunft und Zukunft

Reihe für Osnabrücker Islamstudien

Herausgegeben von
Bülent Ucar und Rauf Ceylan

Band 12

PETER LANG
EDITION

Bülent Ucar / Martina Blasberg-Kuhnke (Hrsg.)

Islamische Seelsorge zwischen Herkunft und Zukunft

Von der theologischen Grundlegung zur Praxis in Deutschland

PETER LANG
EDITION

Bibliografische Information der Deutschen Nationalbibliothek
Die Deutsche Nationalbibliothek verzeichnet diese Publikation in der Deutschen Nationalbibliografie; detaillierte bibliografische Daten sind im Internet über http://dnb.d-nb.de abrufbar.

Gedruckt mit Unterstützung des Bundesministeriums für Bildung und Forschung sowie des Niedersächsischen Ministeriums für Soziales, Frauen, Familie, Gesundheit und Integration.

GEFÖRDERT VOM

Bundesministerium für Bildung und Forschung

Gefördert durch:

Niedersächsisches Ministerium für Soziales, Frauen, Familie, Gesundheit und Integration

Umschlaggestaltung: © Olaf Gloeckler, Atelier Platen, Friedberg

Umschlagabbildung: © Jenin Elena Abed

Lektorat: Anna Wiebke Klie und Bettina Kruse-Schröder.
Satz: Jenin Elena Abed

ISSN 2190-3395
ISBN 978-3-631-64063-0 (Print)
E-ISBN 978-3-653-02533-0 (E-Book)
DOI 10.3726/978-3-653-02533-0

Peter Lang Edition ist ein Imprint der Peter Lang GmbH.

Peter Lang – Frankfurt am Main · Bern · Bruxelles · New York · Oxford · Warszawa · Wien

www.peterlang.de

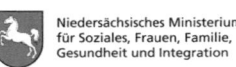

Inhaltsverzeichnis

Einleitung

Martina Blasberg-Kuhnke und Bülent Ucar:
Islamische Seelsorge zwischen Herkunft und Zukunft 7

I. Grundlagen und Entwicklung von Seelsorge

Mustafa Cimşit:
Islamische Seelsorge – Eine theologische Begriffsbestimmung 13

Abdul Nasser Al-Masri:
Seelsorge im Islam und die Zusammenarbeit der monotheistischen Religionen 27

Misbah Arshad:
Schuld und Vergebung im Islam unter Berücksichtigung seelsorgerischer Konsequenzen.. 39

Norbert Mette:
Seelsorge im christlichen Verständnis 61

Stephanie Klein:
Die Entwicklung der Seelsorge in der Geschichte in der Geschichte des Christentums 71

II. Seelsorgekonzepte

Ali Seyyar:
Die theoretischen Konzepte der Seelsorge aus islamischer Sicht 85

Isabelle Noth:
Seelsorge(konzepte) zwischen Modernität und religiöser Tradition................ 101

Klaus Temme:
Interreligiöse Seelsorge – Anmerkungen zur Konzeptionierung einer Arbeit in diesem Bereich 107

III. Seelsorge in der Praxis: Erfahrungsberichte

Hüseyin Kurt:
Muslime in Altersheimen mit besonderer Berücksichtigung der altenseelsorgerischen Betreuung 125

Ahmet Özdemir:
Was können Juden, Christen und Muslime voneinander lernen? Islamische Gefängnisseelsorge in Deutschland 141

Georg Wenz:
Wenn Seelsorge gelingt – Reflexionen zu den Ausbildungskursen islamischer Krankenhausseelsorge in Landau-Mannheim 151

Ludger Pietruschka:
Der Tod fragt nicht... Notfallseelsorge 163

Eberhard Hauschildt:
Interkulturelle und interreligiöse Seelsorge als Normalfall – Funktion, Kompetenzen, Rollen 171

Autorinnen und Autoren 191

Einleitung: Islamische Seelsorge zwischen Herkunft und Zukunft

Von Martina Blasberg-Kuhnke und Bülent Ucar

Islamische Seelsorge zwischen Herkunft und Zukunft – unter diesem Titel hat das gemeinsame Zentrum für Islamische Theologie Münster/Osnabrück noch vor seiner offiziellen Eröffnung im Oktober 2012 seine erste große Jahrestagung mit der Förderung des Niedersächsischen Ministeriums für Soziales, Frauen, Familie, Gesundheit und Integration und des Bundesministeriums für Bildung und Forschung durchgeführt. Vom 27. bis 29. Juni 2012 haben sich an der Universität Osnabrück, wesentlich vorbereitet und gestaltet vom dortigen neu gegründeten Institut für Islamische Theologie, muslimische und christliche Theologinnen und Theologen beider Konfessionen zusammengefunden, um ein zentrales, gleichwohl für die Islamische Theologie in Deutschland neues Thema zu bearbeiten: die theologischen Grundlagen und die Praxis der islamischen Seelsorge in Deutschland.

Entwicklung, Konzepte, das Verhältnis von Leib- und Seelsorge, die Beziehung zwischen Seelsorge und Beratung bzw. Therapie standen ebenso zur Diskussion, wie Ansätze und Praxis der Individual- und Kategorialseelsorge in Krankenhäusern und Altenheimen, Gefängnissen oder in der Telefon- und Notfallseelsorge. Die Reflexion auf theologisch fundierte wie praktisch-theologisch verantwortete Seelsorge und ihre Konzepte wird in interreligiöser Perspektive zu einer neuen Herausforderung, die die Seelsorge in Christentum wie Islam entwickeln und verändern wird. Die Zukunft gemeinsam zu gestalten, auf der Basis der Traditionen in den Religionsgemeinschaften und Kirchen und ihrer Praxis, wie den theologischen Grundlinien ihrer geschichtlich-gesellschaftlichen Entwicklung und dabei zugleich die noch junge theologische Reflexion und Implementierung der islamischen Seelsorge voranzutreiben, war wesentliches Ziel der Tagung, deren Erträge der vorliegende Band vorlegt.

Seelsorge als Anspruch, Menschen in allen ihren wesentlichen Fragen und Bezügen, in ihren Lebens- und Glaubensfragen zu begleiten, erscheint auf den ersten Blick als vertrauter Begriff, der Vorstellungen von Begleitung, Betreuung, Beratung, Unterstützung und Hilfe und Annahme evoziert. Tatsächlich handelt es sich in der Geschichte der christlichen Seelsorge um ein komplexes Phänomen, das sich unterschiedlichen geschichtlich-gesellschaftlichen und kulturellen, sozio-politischen und religiös-kirchlichen Umständen verdankt und eine Vielzahl an Konzepten hervorgebracht hat, die zumindest unterschiedliche Facetten betonen. Das gilt im Blick auf die Ausrichtung der Konzepttypen und ihre Dominanz, eher eine theologisch-biblische, eine theologisch-psychologische oder eine theologisch-soziologische Perspektive (Doris Nauer) einzunehmen, ebenso, wie im Blick auf die Trägerinnen und Träger und die Adressatinnen und Adressaten, die Methoden und Orte der Seelsorge.

So verwundert nicht, dass eine wesentliche Aufgabe der Seelsorgetagung darin zu suchen war, eine Verständigung auf den Begriff der Seelsorge, sowohl innerhalb wie zwischen den Religionen und Konfessionen, zu gewinnen. Dabei ist die Ausgangslage der christlichen und muslimischen Seelsorge verschieden. Vor aller different und unterschiedlich verlaufenden Entwicklung der Seelsorge in Christentum und Islam ist als bedeutsame Gemeinsamkeit die Überzeugung der Verdanktheit der Seelsorge festzuhalten; sie gründet in der vorbehaltlosen und jeden Menschen meinenden Liebe Gottes. Während islamische Theologen wie Al-Masri darauf verweisen, dass unter den Namen Allahs der des „Allheilers“ zu den schönsten gehört, menschliche Hilfe sich von dort her ableitet, verdankt sich christliche Seelsorge dem Vorbild Jesu als des „guten Hirten“ und seines Umgangs mit den Menschen, wie stellvertretend Norbert Mette darlegt. Gemeinsam ist zudem Christentum wie Islam die Betonung der Leib-Seele-Einheit des Menschen, mithin das Bemühen um den ganzen Menschen in allen seinen Bedürfnissen und Bezügen wie Beziehungen.

Angesichts der noch zu thematisierenden Unterschiede im theologischen Stellenwert, in der Entwicklung und in der Gegenwartsdiskussion um Seelsorge zwischen den Religionen bildet die theologische Begründung der Seelsorge im Gottesbild die wesentliche Voraussetzung dafür, dass mit Eberhard Hauschildt die interkulturelle und interreligiöse Seelsorge als der „Normalfall von Seelsorge“ behauptet werden kann und „Interkulturalität, Interkonfessionalität und Interreligiosität zu gängigen Konstellationen der Seelsorge gehören“. Dieses erste Ergebnis der Tagung, das die gemeinsame (Weiter-)Arbeit an der Seelsorgethematik ebenso sinnvoll wie notwendig erscheinen lässt, wird ergänzt durch die seit einigen Jahren in verschiedenen Teilen Deutschlands zu beobachtende Zusammenarbeit von Christen und Muslimen in verschiedenen Praxisfeldern der Seelsorge, vorrangig in der Gefängnis- und Krankenhausseelsorge, aber auch in der gemeinsamen Ausbildung ehrenamtlicher Seelsorgerinnen und Seelsorger für die Notfall- und Krankenhausseelsorge. Die gemeinsame Erfahrung aus den jeweiligen Traditionen zu reflektieren und zu entwickeln, darf als zukunftsträchtige und befruchtende Form der interreligiösen Seelsorge verstanden werden, die einer ebenfalls interreligiös-theologischen Begleitung bedarf. Diese hätte sich aus den (praktisch-) theologischen Traditionen der Konfessionen und Religionen gleichermaßen zu speisen.

Dabei kann sich die jüdisch-christliche Tradition auf die biblisch fundierte Sorge um den anderen Menschen als Kern ihres Selbstverständnisses (Stephanie Klein) beziehen, obwohl der Begriff der Seelsorge der hellenistischen Philosophie entstammt. Während der Terminus Seelsorge in der deutschen Sprache sich Martin Luther verdankt, verbinden sich längst – konfessionell akzentuiert – verschiedene Bedeutungen mit Seelsorge. Seelsorge ist Sorge um Menschen in Not, Begleitung ihrer „Freude und Hoffnung, Trauer und Angst“, wie es für die katholische Kirche das Zweite Vatikanische Konzil in seiner Pastoralkonstitution Gaudium et Spes 1 zum Ausdruck gebracht hat. Im katholischen Raum fungiert Seelsorge oft als Synonym für Pastoral mithin für die gesamte pastorale und kirchliche Praxis in den Grundvollzügen von Liturgie, Verkündigung und Diakonie; in der protestantischen Tradition steht Seelsorge im engeren Sinne für die Begleitung einzelner und kleiner Gruppen in spezifischen Lebenssituationen und -krisen. Die Seelsorgetagung hat sich auf die Individualseelsorge konzentriert und gerade auch nach jenen Situationen gefragt, in denen die wachsende Pluralität der Lebenssituationen, Lebensprozesse und -modelle durch interkulturelle und interreligiöse Konstellationen, z.B. durch interreligiöse Ehen und Familien, eigenen Seelsorgebedarf generiert. Dabei sollten sowohl Alltagsseelsorgerinnen und -seelsorger wie Angehörige und Freunde, als auch ehrenamtliche und professionelle Seelsorgerinnen und Seelsorger in ihren Rollen und ihrer Aus-, Fort- und Weiterbildung Beachtung finden.

Abschließend sei noch Folgendes angemerkt: Wenn es sich bei der Seelsorge um eine religiös motivierte und fundierte Hilfestellung handelt, existiert diese nicht nur von Anfang an im Islam, nein sie ist darüber hinaus von grundlegender Bedeutung für die Religiosität im islamischen Verständnis. Als eine ausdifferenzierte und professionelle Einrichtung mit unterschiedlichen Expertisen und Schwerpunktsetzungen ist sie jedoch eine Neuerscheinung für die meisten Muslime in Deutschland. Der Mensch als würdevolles Wesen[1] hat eine ganz besondere Rolle im Islam und der Dienst am Menschen bildet folglich einen wichtigen Baustein des islamischen Ethos. Aus dem Munde des Propheten wird in diesem Zusammenhang überliefert: „der beste unter euch ist derjenige, der den Menschen am besten dient“[2]. Vor diesem Hintergrund bildet sich im deutschsprachigen Raum eine ganz neue Institution für die Muslime: islamische Seelsorge. Diese darf jedoch nicht mit einer klerikalen Bevormundung der Gläubigen verwechselt werden, vielmehr ist es ein religiös intendiertes professionelles Angebot, um Menschen in einer besonderen menschlichen Notlage eine professionelle Hilfestellung anzubieten. Die islamische Seelsorge in Deutschland zeigt sich gegenwärtig als ein zartes Pflänzchen und muss sich eigentlich noch finden, konstituieren und entwickeln. Hierbei muss sie sicher auch eigene Wege gehen und mit Blick auf den Islam und die spezifische Zuwanderungssituation der Muslime neue Schwerpunkte setzen. In welche Richtung dieser Zug ziehen wird, werden wir in den nächsten Jahren beobachten, inschaallah.

---

1 Koran 17/70: „Nun haben Wir fürwahr den Kindern Adams Würde verliehen […]“.

2 Tabarânî, Abu'l-Qasim Sulazman b. Ahmad, al-Mu'camu'l-Awsat, Kairo, 1415, VI/58, Hadith Nummer: 5787.

I. Grundlagen und Entwicklung von Seelsorge

Islamische Seelsorge – Eine theologische Begriffsbestimmung

Von Mustafa Cimşit

1. Einleitung

Der Begriff der Seelsorge, der historisch aus den Begriffen Seele und Sorge im deutschen Sprachraum gewachsen ist, lässt sich weder im Koran noch in der Sunna als solcher wiederfinden. In der christlichen Theologie ist diese Tatsache adäquat dazu, d.h. die Bibel gibt diese Begrifflichkeit nicht her. Das bedeutet jedoch nicht, dass wenn der Begriff im Koran oder in der Bibel nicht in dieser Form erwähnt ist, auch das Phänomen nicht existiert. In der Tat sind zahlreiche Hinweise im Koran und in den Ḥadithen zu finden, die als Quelle der islamischen Seelsorge heranzuziehen sind.

2. Ursprung der Seelsorge

In der Öffentlichkeit herrscht die Meinung vor, dass die Seelsorge „typisch christlich" sei. Auf der ZDF-Webseite „*Forum am Freitag*", auf der über den Islam informiert wird, ist zu lesen, dass im Gegensatz zum Christentum der Islam die Institution der Seelsorge nicht kenne. In diesem Fall seien die Angehörigen gefragt: „Wenn wir von Seelsorge sprechen, dann ist jedes Familienmitglied ein Seelsorger, egal ob Vater, Mutter, ein Freund oder ein Bekannter", erklärt ein hoher Verbandsfunktionär. Er ist der Ansicht, dass der Islam das Phänomen der Seelsorge ursprünglich nicht kenne.[1] Dazu wird folgender Koranvers zitiert: „Und hütet euch vor einem Tag, an dem keine Seele für eine andere etwas begleichen kann [...]".[2] Manch einer versucht anhand dieses Verses die Seelsorge im Islam zu negieren, was auf mangelnder Kenntnis und Erfahrung beruht und zu einem Trugschluss führt.[3] Dieser Koranvers verweist auf die persönliche Verantwortung eines jeden vor Gott und ist kein Beleg für das Fehlen einer Seelsorge im Islam.

---

1 Forum am Freitag (ZDF), *„Seelsorge im Islam. Neue Aufgabe für Imame"*, Beitrag vom 30.10.2009, URL: http://www.zdf.de/ZDF/zdfportal/web/ZDF.de/Forum-am-Freitag/2942196/5292322/eff9e7/Seelsorge-im-Islam.html (letzter Zugriff: 02.12.2012).

2 Koran 2:48.

3 Auch Islamwissenschaftler und muslimische Theologen sind über die islamische Seelsorge größtenteils unkundig, da sie nicht zum Curriculum ihres Studiums gehört. Die islamische Seelsorge sollte Gegenstand einer „Islamischen Praktischen Theologie" werden, wie es bei den evangelischen und katholischen Fakultäten bereits der Fall ist.

Um der Frage nachzugehen, ob in der islamischen Theologie das Phänomen der islamischen Seelsorge vorhanden ist, bedarf es zunächst einer Klärung über den Ursprung des Seelsorgebegriffes. Die Annahme, dass der Begriff der „Seelsorge“ ein rein christlicher Terminus sei, ist ein Fehlschluss. Die Forschung kann diese Annahme jedoch nicht bestätigen, denn die Zusammensetzung aus „Seele“ und „Sorge“ ist ein im Deutschen geschichtlich gewachsener Begriff, zu dem es in den Ursprachen der Bibel keine Entsprechung gibt.

Das Wort „Seelsorge“ ist ein ca. 500 Jahre alter Begriff der christlichen Theologie im Deutschen. Er leitet sich von dem lateinischen Terminus *cura animarum* (*cura* [lat.] = Sorge; *anima* [lat.] = Seele) her, der im Mittelalter als die Hauptaufgabe des Klerus angesehen wurde. *Anima* meinte damals aber nicht nur die heute sogenannten psychischen Aspekte des Menschseins, sondern vor allem Geist und Willen. Als religiöse Tätigkeit richtet die so verstandene Seelsorge ihr Hauptaugenmerk auf ein rechtgläubiges ganzheitliches Verhältnis des Menschen zu Gott.

Wer in einer Bibel-Konkordanz das Wort Seelsorge finden möchte, sucht vergeblich. Vielmehr begegnet uns dort der Begriff „Paraklese“, was im weitesten Sinne mit „Begleitung“, im engeren Sinne mit „Ermutigung“, „Ermahnung“ und „Tröstung“ wiedergegeben werden kann. „Seelsorge“ ist somit kein biblischer, sondern ein vorbiblischer Begriff.[4] Bereits in der griechischen Antike wird die Ausführung einer „Sorge um die Seele“ hoch geschätzt. Plato beklagt sich in den Apologien des Sokrates über folgenden Umstand:

> „Mein bester Mann, du, ein Athener, aus der bedeutendsten und ob ihrer Kultur und Stärke angesehensten Stadt, schämst du dich nicht, dich um Geld zu sorgen, dass du möglichst viel davon hast, und um Ruhm und Ehre, um Einsicht aber und um Wahrheit und um deine Seele, dass sie möglichst gut wird, sorgst und kümmerst du dich nicht?“[5]

Das ist ein eindeutiger Beleg für eine vorbiblische Existenz der Seelsorge. Natürlich geht auch Jesus in der Bibel auf die Seelsorge ein, wodurch sie zum Gegenstand der christlichen Theologie erhoben wird. Analog zur o.g. Ermahnung Platos warnt Jesus in der Bibel vor einer einseitigen Sorge um Leib und Leben: „Sorget nicht für euer Leben, was ihr essen und trinken werdet, auch nicht für euren Leib, was ihr anziehen werdet. Ist nicht das Leben mehr denn Speise? und der Leib mehr denn die Kleidung?“[6] Jesus klärt die Seelsorgefrage rhetorisch und überlässt es dem Leser, die Botschaft dahinter herauszufinden. Durch eine Gegenfrage gelangt man zur eigentlichen Intention des Bibelverses: Wenn man

---

4 Vgl. Thomas Bonhoeffer, *Ursprung und Wesen der christlichen Seelsorge*, Kaiser (Beiträge zur evangelischen Theologie 95), München 1985, S. 7.

5 Ernst Heitsch/Plato, *Platon, Apologie des Sokrates. Übersetzung und Kommentar*, Vandenhoeck & Ruprecht, Göttingen 2002, S. 23.

6 Mt 6,25.

sich nicht um den Leib und das Leben sorgen soll – *cura corporis* –, dann bleibt nur eine Sorge übrig, nämlich die Sorge um die Seele, also die *cura animarum.*

3. Definition der Seelsorge

Der Blick in die gängigsten theologischen Lexika *Das Lexikon für Theologie und Kirche (LThK)*[7], *Die Theologische Realenzyklopädie (TRE)*, *Religion in Geschichte und Gegenwart (RGG)*[8] und *Evangelisches Kirchenlexikon. Internationale theologische Enzyklopädie (EKL)*[9] liefert keine allgemeingültige Definition der Seelsorge.[10]

Über den „*ersten Seelsorger*“ nach christlichem Verständnis lehrt die Theologische Realenzyklopädie (TRE), eines der bedeutendsten Hauptnachschlagewerke der heutigen christlichen Theologie, Folgendes: „Der erste Seelsorger und Prinzip aller Seelsorge ist der dreieinige Gott selbst, der Schöpfer der Seele, der sich [...] um den Erhalt der kreatürlichen Wirklichkeit und der Seele im umfassenden Sinne sorgt.“[11] Das vielbesuchte Wissensportal *Wikipedia* diskutiert ebenfalls den Begriff „Seelsorge“. Demnach ist die Seelsorge „ein aus theologischer Sicht motiviertes Bemühen um den Menschen in seiner Ganzheitlichkeit und dessen Beziehung zu Gott.“[12]

Trotz des Fehlens einer allgemeingültigen Definition besteht jedoch ein weitgehender Konsens darüber, dass es sich bei einer Seelsorge um ein „Gespräch im religiösen Kontext“ handelt.[13]

Halt, Trost und Betreuung sind wichtige Schlüsselbegriffe und Hauptanliegen jeglicher Seelsorge. Wenn eine Seelsorge auf diese Grundelemente zusammengefasst wird, kann ohne weiteres gesagt werden, dass grundsätzlich jeder Gläubige kraft seines Glaubens einem Ratsuchenden zum Seelsorger werden kann.[14] Diese Schlussfolgerung kann auch die islamische Theologie unterschreiben.

---

7 Walter Kasper (Hg.), *Lexikon für Theologie und Kirche*, Herder, Freiburg i. Breisgau u.a. ³2000.

8 Kurt Galling, *Die Religion in Geschichte und Gegenwart. Handwörterbuch für Theologie und Religionswissenschaft*, RGG3, Directmedia Publ. (Digitale Bibliothek 12), ungekürzte elektronische Ausg., Berlin 2004.

9 Erwin Fahlbusch (Hg.), *Evangelisches Kirchenlexikon. Internationale theologische Enzyklopädie*, EKL, Directmedia Publ. (Digitale Bibliothek 98), Berlin 2003.

10 Vgl. den Begriff der Seelsorge in den jeweiligen Lexika.

11 Horst Balz/Gerhard Müller/Gerhard Krause, *Theologische Realenzyklopädie*, de Gruyter, Berlin u.a. 2008, S. 7.

12 *„Seelsorge“*, URL: http://de.wikipedia.org/wiki/Seelsorge (letzter Zugriff: 02.12.2012).

13 Klaus Winkler, *Seelsorge*, de Gruyter, Berlin u.a. 2000, S. 255.

14 Vgl. Karl Heinz Bormuth, *„Qualifikation und Charisma des Seelsorgers“*, in: Weißes Kreuz – Zeitschrift für Lebensfragen, *Was ist Seelsorge,* Jahr 2001, Nr. 7.

4. Voraussetzung der Seelsorge

Neben den Grundelementen Halt, Trost und Betreuung hat die Seelsorge die Bedingung der Rechtgläubigkeit zu erfüllen, was mit einem rechten Verhältnis zu Gott umschrieben werden kann. Diese Glaubenshaltung hat ethische Folgen, wie Ehrlichkeit und Aufrichtigkeit, die für die Seelsorge eine wichtige Rolle spielen. Die ethischen Prinzipien Ehrlichkeit und Aufrichtigkeit finden sich in der islamischen Theologie unter dem Begriff *Iḥsān* wieder. Er ist das dritte Fundament der islamischen Glaubenslehre, der für die erwähnte Glaubenshaltung von großer Bedeutung ist. *Iḥsān* wird im berühmten Gabriel-Ḥadith überliefert. Darin erklärt der Prophet Muhammad den Begriff *Iḥsān*[15] als einen Zustand der darin bewussten Handlungsweise, dass Gott allgegenwärtig ist. [16]

Dabei wird der Begriff *Iḥsān* zusammen mit den Begriffen *Islam* und *Īmān* erwähnt, wodurch er eine hohe Bedeutung erhält. Es sind nämlich die Grundlagen des Islams überhaupt, die in diesem Ḥadith thematisiert werden und zwar die fünf Säulen und die sechs Glaubensgrundlagen des Islam. *Iḥsān*, das Bewusstsein der Allgegenwärtigkeit Gottes, gehört zu den wichtigsten Bedingungen der islamischen Religiosität und des rechten Verhältnisses zu Gott. Mit Gott zu sein und mit ihm zu gehen ist ein erklärtes Ziel der muslimischen Frömmigkeit. Dazu heißt es in einem Ḥadith:

> „Allah, der Erhabene, sagt: ‚[…]Mein Diener nähert sich Mir nicht mit etwas, das Ich mehr liebe als das, was Ich ihm zur Pflicht auferlegt habe. Mein Diener fährt fort, sich Mir durch zusätzliche Frömmigkeit zu nähern, bis Ich ihn liebe. Und wenn Ich ihn liebe, bin Ich sein Gehör, mit dem er hört, sein Sehvermögen, mit dem er sieht, seine Hand, mit der er zupackt, und sein Fuß, mit dem er geht. Wenn er mich bittet, werde ich gewiss erfüllen, und wenn er Mich um Beistand bittet, werde ich ihm gewiss Zuflucht gewähren.'"[17]

Hier wird die Gegenwart Gottes in den Alltagshandlungen des Menschen sichtbar, sodass die Handlungen als durch gottbegleitete Handlungen wiedergegeben werden. Es soll damit verdeutlicht werden, dass durch die Gebete das Bewusstsein für diese Gegenwärtigkeit geschärft werden kann, dass die Handlungen im menschlichen Leben wie von Gott ausgeführt wahrgenommen werden können. Demzufolge wird eine Einheit mit Gott gebildet und die Hilfe und der Beistand Gottes sind in diesem Zusammenwirken von sich aus gegeben. Dadurch hört, sieht, greift und geht man mit Gott. Auch die große christliche Seelsorgerin und Mystikerin des Mittealters Hildegard von Bingen schrieb: „Denn was immer ohne Gott gesucht und ohne Gott gefunden wird, geht dem Verderben entge-

---

15 Vgl. die Erläuterung *iḥsān*, *iḫlāṣ* und *taqwa* bei William C. Chittick, *Faith and practice of Islam. Three thirteenth century Sufi texts*, State University of New York Press (SUNY series in Islam), Albany 1992, S. 9.

16 Yaḥyā Ibn-Šaraf Nawawī, *Riyâd us-Sâlihîn*, hrsg. v. Tilmann Schaible, Dâr-us-Salâm Schaible, SKD Bavaria Verl. und Handel, Nr. 60, München 1997.

17 Ebd., Nr. 95.

gen“[18] Das heißt, dass die Seelsorge religionsübergreifend die Gegenwart Gottes als sinngebend und existenziell ansieht.

5. Seelsorge im Koran

Der Allmächtige ist derjenige, der die Seelen erschaffen und sie geformt hat. Im Koran heißt es, dass Gott näher zum Menschen ist, als seine Halsschlagader[19]. Demnach ist er näher zum Menschen als der Mensch zu sich selbst sein kann. Dazu heißt es: „Ihr Gläubigen! Hört auf Allah und seinen Gesandten, wenn er euch zu etwas aufruft, was euch Leben verleiht! Ihr müsst wissen, dass Allah zwischen den Menschen und sein Herz tritt, und dass ihr zu ihm versammelt werdet.“[20] Dieser Vers verdeutlicht, dass der Koran die Wissenshoheit Gottes und insbesondere das Wissen über den Menschen in besonderer Weise hervorhebt. Daraus resultiert, dass der Muslim zunächst Gottes Wort – und auf diese Weise den Koran – heranzuziehen hat, wenn er über sich essentielle Erkenntnisse einholen möchte. Das Wort ist das Hauptinstrument der Seelsorge. Die Seelsorge wird mit Worten erreicht und mit dem Wort steht und fällt das seelsorgerische Handeln. Wenn nun davon ausgegangen wird, dass kein Wort höher ist als das des Allmächtigen und Barmherzigen, dann ist Gottes Wort die beste Seelsorge und es heilt alle Wunden des Gläubigen.[21] Auch in der Moderne ist die Seelsorge am Model des Gesprächs orientiert,[22] denn Worte berühren die Herzen. Daraus kann als Ziel des seelsorgerischen Handelns aus dem Koran formuliert werden, dass das Herz aus seiner Unruheposition, Erregung und Misstrauen in eine Stufe des Vertrauens und der Gelassenheit übergeht und dadurch zur Ruhe kommt. Zu diesem Ziel verhilft das „Wort Gottes“ (*Kalāmullah*)[23]: „Diejenigen, die glauben, und deren Herz im Gedenken Allahs Ruhe findet – denn im Gedenken Allahs finden ja die Herzen Ruhe.“[24] Die Ruheposition ist das Ziel eines Seelsorgebedürftigen, das von „Wort Gottes“ angesprochen wird. Die sich in Sorge befindliche Seele ist auf der Suche nach dem tröstenden Wort, einem Wort, das ihr die Sorgen und Ängste nimmt und Ruhe verleiht. Der Vers gibt

18 Klaus Winkler, *Seelsorge*, de Gruyter, Berlin u.a. 1997, S. 107.

19 Koran 50:16: „Und wahrlich, Wir erschufen den Menschen, und Wir wissen, was er in seinem Innern hegt; und Wir sind ihm näher als (seine) Halsschlagader.“

20 Koran 8:24.

21 Koran 8:2: „Gläubig sind wahrlich diejenigen, deren Herzen erbeben, wenn Allah genannt wird, und die in ihrem Glauben gestärkt sind, wenn ihnen Seine Verse verlesen werden, und die auf ihren Herrn vertrauen.“

22 Vgl. TRE, Bd. 31, S. 41.

23 Die Übersetzung „Wort Gottes“ ist aus dem im Koran vorkommenden arab. Wort *Kalāmullah*) abgeleitet. Sie ist eine Eigenbezeichnung des Korans. Vgl. Koran 2:75, 9:6, 48:15.

24 Koran 13:28.

einem Seelsorgebedürftigen den Rat, sich auf Gottes Kraft und die heilenden Kräfte seiner Worte, in diesem Falle den Koran, zu besinnen.

So wie im deutschen Sprichwort zutreffend formuliert „die Hoffnung stirbt zuletzt", ist die Hoffnung der Nährboden für die Seele. Sollte sie einmal „im Sterben" liegen, so gibt der Koran ihr folgende Wiederbelebung: „Also, wahrlich, mit der Erschwernis geht Erleichterung einher; wahrlich, mit der Erschwernis geht Erleichterung (einher)."[25] Für einen Leidenden, der sein Leiden nie enden sieht, kann diese „Zukunftserleichterung" gewiss eine Stütze und eine gute Seelsorge sein. Leid kann in zwei Kategorien unterteilt werden: Verschuldetes und unverschuldetes Leid. Verschuldetes Leid ist in der Regel das Schlimmere der beiden, denn da kommt noch der Schmerz des Verschuldens hinzu, was oft zur Verzweiflung führt.

Es gehört zu den Wesenseigenschaften des Menschen, dass er Fehler begeht[26] und diese sich auf seinen Körper und seine Seele auswirken. Es ist nicht immer leicht seine Fehler, seine Überschreitung einzusehen. Deshalb wird der Mensch durch den Koran ermutigt die Hoffnung nicht aufzugeben. In der Sure Az-Zumar heißt es dazu: „Ihr meine Diener, die ihr gegen euch selber nicht maßgehalten habt! Gebt nicht die Hoffnung auf die Barmherzigkeit Allahs auf! Allah vergibt (euch) alle (eure) Schuld. Er ist es, der barmherzig ist und bereit zu vergeben."[27] Zuerst stellt der Koran klar, dass die Sorgen eigenverschuldet sein können. Dies soll jedoch kein Grund zum Zweifeln geben. Gottes Hilfe und seine Gegenwart soll nicht vergessen und die Hoffnung auf seine Barmherzigkeit und Vergebung aufrecht erhalten werden. Vergebung bedeutet hier nicht nur geistige/seelische Befreiung, sondern auch die physische Heilung, die durch Ängste und Sorgen der Seele verursacht sind, denn Körper und Seele bilden eine Einheit. So kommt der Koran auch einem in finanzieller Sorge Befindlichen zur Hilfe, indem er die Gläubigen zum Beistand aufruft: „Und wenn er (der Schuldner) in Schwierigkeiten ist, dann sei (ihm) Aufschub (gewährt,) bis eine Erleichterung (eintritt). Und daß ihr (es) als Almosen erlaßt, ist besser für euch, wenn ihr (es) nur wißt."[28] Hier werden die einzelnen Gemeindemitglieder dazu angehalten, dass sie den in Not Geratenen unterstützen und seine Sorgen beseitigen. Eine finanzielle Not birgt beide Aspekte in sich, nämlich die leibliche und die seelische Notlage.

Das Wohlergehen der Seele und des Körpers und die Errettung von den Sorgen sind in diesem Kontext auch durch den Koran an Geduld geknüpft: „Ihr

25 Koran 94:6.

26 Vgl. „denn der Mensch ist schwach erschaffen", Koran 4:28; „Alle Kinder Adams sind fehlerhaft. Die besten unter den Fehlerhaften sind diejenigen, die ihre Fehler eingestehen", Ibrahim Canan, *Kütüb-i Sitte Hadis Ansiklopedisi*, Akçağ Yayınları, Nr. 956, Ankara 2004.

27 Koran 39:53.

28 Koran 2:280.

Gläubigen! Habt Geduld und bemüht euch, standhaft und fest zu bleiben! Seid gottesfürchtig, so erlangt ihr die Errettung."[29]

Folgende zwei Verse verdeutlichen, dass Gott die Quelle der seelischen/geistigen Ruhe ist und dass durch die Hinwendung an diese Kraft die Ruhe in die Herzen einkehren kann. Der erste lautet: „Allah machte es nur zu einer frohen Botschaft für euch, und damit eure Herzen dadurch Ruhe finden, denn der Erfolg kommt nur von Allah, dem Allmächtigen, dem Allweisen."[30] Im zweiten Vers heißt es: „Er ist es, der die Ruhe den Gläubigen ins Herz herab gesandt hat, damit sie sich in ihrem Glauben noch mehr bestärken lassen würden. Allah (allein) hat die Heerscharen von Himmel und Erde (zu seiner Verfügung). Er weiß Bescheid und ist weise."[31]

6. Seelsorge in der Sunna

Die Sunna des Propheten Muhammad (s.a.w.)[32] ist die zweite Quelle der islamischen Theologie und nach dem Koran die zweite Säule in der religiösen Praxis der Muslime. Die Sunna beschreibt die Handlungen des Propheten Muhammad, die er vollzogen bzw. unterlassen hat und Aussagen zu den Handlungen, mit denen er sie verboten, befürwortet oder dazu geschwiegen hat.[33] Die Literaturgattung, die sich der Praxis des Propheten Muhammad widmet, wird Ḥadith genannt. Jede theologische Legitimität der Handlung eines Muslims leitet sich direkt oder indirekt vom Leben des Propheten ab. Das zieht sich wie ein Strang durch die gesamte islamische Tradition.[34]

Bevor jedoch eine islamische Seelsorge in der Sunna herausgearbeitet wird, soll folgende Bibelstelle aus dem Evangelium nach Matthäus genannt werden, in der Jesus als Weltrichter in der Endzeit zu den Menschen spricht:

> „Da wird dann der König sagen zu denen zu seiner Rechten: ‚Kommt her, ihr Gesegneten meines Vaters, ererbet das Reich, das euch bereitet ist, von Anbeginn der Welt! Denn ich bin hungrig gewesen, und ihr habt mich gespeist. Ich bin durstig gewesen, und ihr habt mich getränkt. Ich bin ein Fremdling gewesen, und ihr habt mich beherbergt. Ich bin nackt gewesen und ihr habt mich gekleidet. Ich bin krank

29 Koran 3:200.

30 Koran 3:126.

31 Koran 48:4.

32 s.a.w.: *ṣallallāhu ʿalayhi wa sallam* (صلى الله عليه وسلم) = Allahs Segen und Friede auf ihm. Wird gemäß Koranvers 33:56 von Muslimen bei der Nennung des Propheten Muhammad ehrend hinzugefügt.

33 Vgl. Hans Küng, *Der Islam. Geschichte Gegenwart Zukunft*, Piper, München 2004, S. 327ff.

34 Vgl. Abū Ḥāmid Muḥammad al-Ghazālī, *Der Erretter aus dem Irrtum. al-Munqiḏ min aḍ - ḍalāl*, aus dem Arabischen übersetzt, mit einer Einleitung, mit Anmerkungen und Indices hrsg. v. ʿAbd-Elṣamadʿ Abd-Elḥamīd Elschazlī, Meiner (389), Hamburg 1988, S. 82.

> gewesen, und ihr habt mich besucht. Ich bin gefangen gewesen, und ihr seid zu mir gekommen.‘ Dann werden die Gerechten antworten und sagen: ‚Herr, wann haben wir dich hungrig gesehen und haben Dich gespeist? Oder durstig und haben dich getränkt? Wann haben wir Dich als Fremdling gesehen und beherbergt? Oder nackt und haben Dich bekleidet? Wann haben wir Dich krank oder gefangen gesehen und sind zu dir gekommen?‘ Und der König wird sagen zu ihnen: ‚Wahrlich, ich sage euch: Was ihr getan habt einem unter diesen meinen geringsten Brüdern, das habt ihr mir getan.‘ Dann wird er auch sagen zu denen zur Linken: ‚Gehet hin von mir, ihr Verfluchten, in das ewige Feuer, das bereitet ist dem Teufel und seinen Engeln! Ich bin hungrig gewesen, und ihr habt mich nicht gespeist. Ich bin durstig gewesen, und ihr habt mich nicht getränkt. Ich bin ein Fremdling gewesen, und ihr habt mich nicht beherbergt. Ich bin nackt gewesen und ihr habt mich nicht bekleidet. Ich bin krank gewesen, und ihr habt mich nicht besucht.‘ Da werden sie ihm antworten und sagen: ‚Herr, wann haben wir dich gesehen hungrig oder durstig oder als einen Fremdling oder nackt oder krank oder gefangen und haben dir nicht gedient?‘ Dann wird er ihnen antworten und sagen: ‚Wahrlich, ich sage euch: Was ihr nicht getan habt einem unter diesen geringsten, das habt ihr mir auch nicht getan.‘ Und sie werden in die ewige Pein gehen, aber die Gerechten in das ewige Leben.“[35]

Im biblischen Text redet Jesus als König am Jüngsten Tag sowohl zu denjenigen Menschen, die Hilfsbedürftigen und Kranken zu Hilfe geeilt sind, als auch zu denen, die diese Hilfe unterlassen haben. Diese Hilfe ist in sechs Arten unterteilt: Das Speisen der Hungrigen, das Tränken der Durstigen, das Beherbergen von Fremden, das Bekleiden der Nackten, das Besuchen der Kranken und das Aufsuchen der Gefangenen. Diejenigen, die diese Hilfe geleistet haben, erhalten die ewige Glückseligkeit. Die anderen jedoch die ewige Pein. Zu dieser Bibelstelle existiert eine adäquate Ḥadithüberlieferung:

> „Allah der Mächtige und Erhabene spricht am Tag der Auferstehung: ‚O Sohn Adams, Ich war krank, und du hast mich nicht besucht.‘ Er sagt: ‚O Herr, wie kann ich dich besuchen, wo du doch der Herr der Welten bist?‘ Er spricht: ‚Hast du nicht gewusst, dass einer meiner Diener krank war, und du hast ihn nicht besucht? Hast du nicht gewusst, dass, wenn du ihn besucht hättest, du mich bei ihm gefunden hättest? O Sohn Adams, Ich habe dich um Speise gebeten, doch du hast mich nicht gespeist.‘ Er sagt: ‚O Herr, wie kann ich dich speisen, wo du doch der Herr der Welten bist?‘ Er spricht: ‚Hast du nicht gewusst, dass jener mein Knecht dich um Speise bat, doch du hast ihn nicht gespeist? Und hast du nicht gewusst, dass, wenn du ihn gespeist hättest, du (den Lohn für) dies bei mir gefunden hättest? O Sohn Adams, ich hab dich um Trank gebeten, doch du hast mich nicht getränkt.‘ Er sagt: ‚O Herr, wie kann ich dich tränken, wo du doch der Herr der Welten bist?‘ Er spricht: ‚Jener Mein Knecht hat dich um Trank gebeten, doch du hast ihn nicht getränkt. Wenn du ihn aber getränkt hättest, hättest du (den Lohn für) dies bei mir gefunden.‘“[36]

Im Ḥadithtext spricht Gott am Jüngsten Tag zu denen, die in der Situation waren den Kranken und Hilfsbedürftigen Hilfe zu leisten. Jedoch sind im Ḥadith nur

---

35 Mt 25,34-46.

36 İbrahim Canan, *Kütüb-i Sitte Hadis Ansiklopedisi,* Akçağ Yayınları, Istanbul 2004, Nr. 4685.

diejenigen erwähnt, die diese Unterstützung unterlassen haben und diese werden angemahnt. Die spezifischen Arten der Hilfe sind im muslimischen Text ebenfalls aufgezählt: Es sind das Speisen der Hungrigen, das Tränken der Durstigen und das Besuchen der Kranken. Im Vergleich zum Matthäustext, der zusätzlich auf Bekleidung, Beherbergung und Gefangenenbesuch eingeht, sind hier nur das Essen, das Trinken und der Krankenbesuch aufgezählt, wodurch eine Konzentrierung der Hilfeleistung auf die elementaren Bedürfnisse erfolgt.

Im biblischen Text ergehen eine Anklage und ein Urteil, die aus dieser geleisteten oder unterlassenen Hilfe resultieren. Das Urteil ist sehr schwerwiegend, so dass es die Ewigkeit berührt. Im Ḥadithtext ist eine Anklage festzustellen, ohne dass ein Urteil ergeht. In beiden Texten erhebt Gott die Anklage nicht in eigenem Namen, sondern im Namen der Notleidenden. Beide Texte implizieren sowohl eine frohe Botschaft als auch eine Ermahnung. Die frohe Botschaft ist die Annahme der Hilfstätigkeit am Notleidenden durch Gott und die Ermahnung ist die Anklage, die durch die Unterlassung droht. Die Barmherzigkeit Gottes den Menschen gegenüber ist jedoch die Grundbotschaft beider Texte.

Mt 25,34-46 bildet in der christlichen Theologie die Grundlage für die Seelsorge. In der islamischen Primärliteratur ist, wie wir gesehen haben, der Inhalt von Mt 25,34-46 in leichter Variation adäquat wiederzufinden. Daraus resultiert, dass die theologische Grundlegung der islamischen Seelsorge zu der im Christentum in Analogie steht.

7. Versuch einer islamischen Seelsorgedefinition

Um eine muslimische Seelsorgedefinition zu formulieren, ist die Ganzheitlichkeit des Menschen (*an-Nafs*) zu betrachten. Er besteht aus Körper (*al-Ǧasad*) und Geist (*ar-Rūḥ*). Der *Nafs* (der ganzheitliche Mensch) durchlebt als Wesen, das einen Geist/eine Seele und einen Körper beherbergt, sein irdisches Dasein. Nach der Trennung von Körper und Geist/Seele durch den Tod führt er im Jenseits ein ewiges Leben fort. Geist/Seele hat durch das Einhauchen Gottes[37] als Wohnstätte den Leib. Demnach ist Geist/Seele zusammen mit dem Leib als Gegenstand der Seelsorge zu betrachten. Aufgabe der islamischen Seelsorge wäre beide Teilbereiche des Menschen in Harmonie zu halten bzw. diese Harmonie herzustellen, wenn sie nicht existiert.

Eine islamische Seelsorgedefinition könnte unter Berücksichtigung dieser Dualität und der o.g. Begriffsdarlegungen folgendermaßen lauten: *Islamische Seelsorge ist als eine aus dem rechten Glauben an Gott folgende Bemühung zu verstehen, die eine rechtgläubige ganzheitliche Beziehung zu Gott zu eröffnen und aufrecht zu erhalten vermag.*

---

37 Koran 38:72: „Und wenn Ich ihn gebildet und Meinen Geist in ihn eingehaucht habe, dann fallt vor ihm nieder."

8. Islamische Seelsorge oder Seelsorge für Muslime?

Bei der aktuellen Diskussion um die islamische Seelsorge und ihre bundesweiten Etablierung[38] ist festzuhalten, dass eine Differenzierung zwischen der *islamischen Seelsorge* und *Seelsorge für Muslime* vorzunehmen ist. Die *islamische Seelsorge* ist eine Seelsorge, der die islamische Theologie zugrunde liegt und dementsprechend eine Seelsorge, die nur von muslimischen Theologen geleistet werden kann. Sie ist in Deutschland durch die Imame in den Moscheevereinen bereits in gewisser Weise in Anwendung.[39] Allerdings ist die Qualität dieser Seelsorge und der rechtliche Rahmen der in Deutschland geltenden Seelsorgestandards bei den muslimischen Religionsgemeinschaften nicht äquivalent zu den evangelischen und katholischen Kirchen. Diesen Standard einzuführen wäre die Aufgabe der muslimischen Religionsgemeinschaften. Der rechtliche Rahmen wäre in Zusammenarbeit mit der Politik zu gewährleisten und zwar im religionsverfassungsrechtlichen Rahmen, wie bei den christlichen Kirchen.

Die *Seelsorge für Muslime* hingegen kann unter interkultureller Seelsorge aufgefasst und von Nicht-Muslimen geleistet werden. Hierzu gibt es weit mehr Literatur als zur islamischen Seelsorge, da sich etliche nicht-muslimische Seelsorgerinnen und Seelsorger seit Beginn der Migration mit dieser Frage auseinandergesetzt haben. Diese Form der Seelsorge stößt sehr leicht an ihre Grenzen, wenn z.B. Beistand in Glaubensfragen geleistet werden soll. Solange die islamische Seelsorge nicht flächendeckend etabliert ist, kann die interkulturelle Seelsorge dennoch großen Dienst erweisen.[40]

---

38 Die Christlich-Islamische Gesellschaft bietet in Zusammenarbeit mit dem Landespfarramt für Notfallseel-sorge der Evangelischen Kirche im Rheinland und mit Unterstützung zahlreicher muslimischer Organi-sationen einen Grundkurs zur Qualifizierung von Musliminnen und Muslimen in der Notfallseelsorge an, islam.de, *„Angebot der Christlich-Islamische Gesellschaft: Notfallseelsorge für Muslime und mit Muslime – Start im Dezember“*, URL: http://islam.de/13449.php (letzter Zugriff: 05.12.2012); islam.de, *„Erstes muslimisches Seelsorgetelefon nimmt ab 1. Mai 2009 Dienst auf: 030/44 35 09 821“*, URL: http://islam.de/11946.php (letzter Zugriff: 05.12.2012); Gaby Buschlinger, *„Muslimische Seelsorge für Kranke. Wiesbaden startet Betreuungsprojekt für Mitbürger islamischen Glaubens“*, in: Frankfurter Rund-schau vom 14. Juni 2008, URL: http://www.fr-online.de/wiesbaden/muslimische-seelsorge-fuer-kranke,1472860, 3260972.html (letzter Zugriff: 05.12.2012).

39 Ahmet Cekin, *Stellung der Imame. Eine vergleichende Rollenanalyse der Imame in der Türkei und in Deutschland*, Univ., Diss., Tübingen 2004, S. 200ff.

40 Vgl. Josef Freise/Mouhanad Khorchide, *Interreligiosität und Interkulturalität. Herausforderungen für Bildung, Seelsorge und soziale Arbeit im christlich-muslimischen Kontext: Dokumentation eines Kongresses des Diözesan-Caritasverbandes für das Erzbistum Köln e.V., das Referats Dialog und Verkündigung, des Bildungswerks der Erzdiözese Köln und der Katholischen Hochschule NRW, 2009*, Waxmann, Münster/New York/NY 2011, S. 195.

9. Schlussbetrachtung

Die Anzahl der Muslime ist seit der Nachkriegszeit auf über vier Millionen angestiegen.[41]

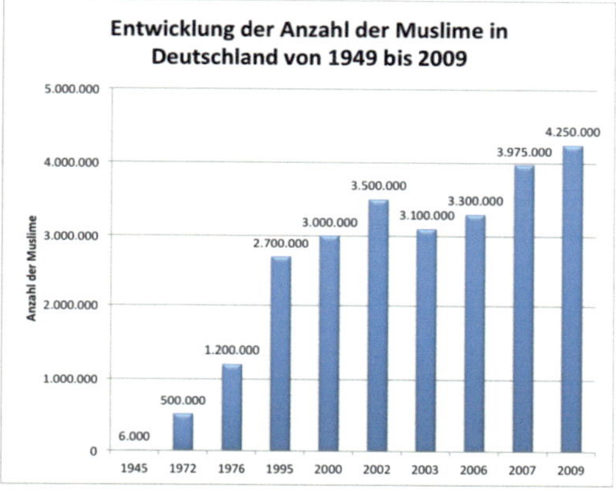

Abb. 1: Entwicklung der Anzahl der Muslime in Deutschland 1949-2009

Durch die wachsende Anzahl der Muslime in Deutschland und der Alterung der ersten Generation der muslimischen Migranten ist der Bedarf einer islamischen Seelsorge deutlich geworden. Entgegen der klischeehaften Meinung bei manchen Unkundigen ist es festzuhalten, dass die Seelsorge auch in der islamischen Theologie verankert ist. Es kann mit Leichtigkeit gesagt und auch belegt werden, dass eine islamische Seelsorge ihre Grundlagen aus dem Koran und den Ḥadithen entnehmen kann. Es bleibt die Aufgabe der Wissenschaft diese durch Forschung aus ihr zu extrahieren.

41 Statista, „*Entwicklung der Anzahl der Muslime in Deutschland von 1945 bis 2009*", URL: http://de.statista.com/statistik/daten/studie/72321/umfrage/entwicklung-der-anzahl-der-muslime-in-deutschland-seit-1945/ (letzter Zugriff: 05.12.2012).

Literatur

Balz, Horst/Müller, Gerhard/Krause, Gerhard, *Theologische Realenzyklopädie*, de Gruyter, Berlin u.a. 2008.

Bonhoeffer, Thomas, *Ursprung und Wesen der christlichen Seelsorge*, Kaiser (Beiträge zur evangelischen Theologie 95), München 1985.

Bormuth, Karl Heinz, *„Qualifikation und Charisma des Seelsorgers"*, in: Weißes Kreuz – Zeitschrift für Le-bensfragen 2000, Nr. 7 .

Buschlinger, Gaby, *„Muslimische Seelsorge für Kranke. Wiesbaden startet Betreuungsprojekt für Mitbürger islamischen Glaubens"*, in: Frankfurter Rundschau vom 14. Juni 2008, URL: http://www.fr-online.de/wiesbaden/muslimische-seelsorge-fuer-kranke,1472860, 3260972.html (letzter Zugriff: 05.12.2012).

Canan, Ibrahim, *Kütüb-i Sitte Hadis Ansiklopedisi*, Akçağ Yayınları, Nr. 956, Ankara 2004.

Cekin, Ahmet, *Stellung der Imame. Eine vergleichende Rollenanalyse der Imame in der Türkei und in Deutschland*, Univ., Diss., Tübingen 2004.

Chittick, William C., *Faith and practice of Islam. Three thirteenth century Sufi texts*, State University of New York Press (SUNY series in Islam), Albany 1992.

Fahlbusch, Erwin (Hg.), *Evangelisches Kirchenlexikon. Internationale theologische Enzyklopädie*, EKL, Directmedia Publ. (Digitale Bibliothek 98), Berlin 2003.

Forum am Freitag (ZDF), *„Seelsorge im Islam. Neue Aufgabe für Imame"*, Beitrag vom 30.10.2009, URL: http://www.zdf.de/ZDF/zdfportal/web/ZDF.de/Forum-am-Freitag/29 42196/5292322/eff9e7/Seelsorge-im-Islam.html (letzter Zugriff: 02.12.2012).

Freise, Josef/Khorchide, Mouhanad, *Interreligiosität und Interkulturalität. Herausforderungen für Bildung, Seelsorge und soziale Arbeit im christlich-muslimischen Kontext: Dokumentation eines Kongresses des Diözesan-Caritasverbandes für das Erzbistum Köln e.V., das Referats Dialog und Verkündigung, des Bildungswerks der Erzdiözese Köln und der Katholischen Hochschule NRW, 2009*, Waxmann, Münster/New York/NY 2011.

Galling, Kurt, *Die Religion in Geschichte und Gegenwart. Handwörterbuch für Theologie und Religionswissenschaft*, RGG3, Directmedia Publ. (Digitale Bibliothek 12), ungekürzte elektronische Ausg., Berlin 2004.

al-Ghazālī, Abū Ḥāmid Muḥammad, *Der Erretter aus dem Irrtum. al-Munqiḏ min aḍ - ḍalāl*; aus dem Arabischen übersetzt, mit einer Einleitung, mit Anmerkungen und Indices hrsg. v. ʿaus dṣamad ʿAbd-Elḥamīd Elschazlī, Meiner (389), Hamburg1988.

Heitsch, Ernst/Plato, *Platon, Apologie des Sokrates. Übersetzung und Kommentar*, Vandenhoeck & Ruprecht, Göttingen 2002.

islam.de, *„Angebot der Christlich-Islamische Gesellschaft: Notfallseelsorge für Muslime und mit Muslime – Start im Dezember"*, URL: http://islam.de/13449.php (letzter Zugriff: 05.12.2012).

Ders., *„Erstes muslimisches Seelsorgetelefon nimmt ab 1. Mai 2009 Dienst auf: 030/44 35 09 821"*, URL: http://islam.de/11946.php (letzter Zugriff: 05.12.2012).

Kasper, Walter (Hg.), *Lexikon für Theologie und Kirche*, Herder, Freiburg i. Breisgau u.a.³2000.

Küng, Hans, *Der Islam. Geschichte Gegenwart Zukunft*, Piper, München 2004.

Nawawī, Yaḥyā Ibn-Šaraf, *Riyâd us-Sâlihîn*, hrsg. v. Tilmann Schaible, Dâr-us-Salâm Schaible, SKD Bavaria Verl. und Handel, Nr. 60, München 1997.

„Seelsorge", URL: http://de.wikipedia.org/wiki/Seelsorge (letzter Zugriff: 02.12.2012).

Statista, „*Entwicklung der Anzahl der Muslime in Deutschland von 1945 bis 2009*“, URL: http://de.statista.com/statistik/daten/studie/72321/umfrage/entwicklung-der-anzahl-der-muslime-in-deutschland-seit-1945/ (letzter Zugriff: 05.12.2012).

Winkler, Klaus, *Seelsorge*, de Gruyter, Berlin u.a. 2000.

Seelsorge im Islam und die Zusammenarbeit der monotheistischen Religionen

Von Abdul Nasser Al-Masri

بسم الله الرحمن الرحيم

Neben dem Schutz des Vermögens, der Ehre, Familie und der Religion, ist einer der Zwecke des Islam (*Maqassid*) der Schutz des Körpers und der Seele. Die Seele, die eine Hauptachse des menschlichen Lebens bedeutet, steuert die oben genannten anderen Ziele und koordiniert sie. Was ist überhaupt diese „Seele"? Laut allen mir bekannten Ḥadithen und Koranversen ist die menschliche Seele die Verbindung des „*rūḥ*" (= Geist) mit dem Körper ab dem Moment, wo ein Engel durch Gottes Befehl ihn in das Embryo im Mutterleib einhaucht und damit das Leben entsteht, bis ein anderer Engel auch mit Gottes Befehl diesen „*rūḥ*" aushaucht und damit der Tod eintritt. So lange ein „*rūḥ*" im Körper eines Menschen in dieser Welt vorhanden ist, gelten alle Gesetze und alle lebenserhaltenden Maßnahmen für diesen lebendigen Menschen.

Wenn der Mensch unter schweren Schicksalsschlägen leidet, wie z.B. an einer Krise, an einer schweren Erkrankung oder am Verlust eines lieben Angehörigen, dann leidet oft auch die Seele mit, wodurch der Mensch es nicht schafft, die alltäglichen Aufgaben des Lebens allein zu meistern. Den Alltag zu bewältigen fällt schwer, weil die Seele erkrankt ist und von außen Hilfe benötigt, wenn der Mensch aus eigener innerer Kraft oder durch seinen Glauben sein Leben nicht stabilisieren kann. Diese Hilfe zu geben, ist bis heute die Pflicht der Gemeinschaft im Islam gegenüber den einzelnen Mitgliedern, die sie brauchen. Im Laufe der Zeit haben die beiden anderen monotheistischen Religionen, die im Islam „*Ahl al-Kitāb*" (= Buchbesitzer) genannt werden, diese Aufgabe auf Fachtheologen geschoben und dadurch eine Masse der Gläubigen entlastet und die Arbeit der Seelsorger[1] systematisiert und spezialisiert. Im Islam gibt es dieses System noch nicht. Aber einzelne individuelle Modelle von Freiwilligen sind in vielen islamischen Ländern vorhanden. Dies stellt jedoch die Ausnahme und nicht die Regel dar.

1 Das Wort „Seelsorger" umfasst in diesem Artikel Seelsorger männlichen und weiblichen Geschlechts.

1. Das Prinzip der Seelsorge

Der Islam erlaubt es, sich von den anderen helfen zu lassen, um sich selbst zu heilen. Der Allheiler ist nur Allah und „Allheiler" (= Al-Schafi) ist einer seiner schönsten Namen. Prophet Abraham sagte:

الَّذِي خَلَقَنِي فَهُوَ يَهْدِينِ * وَالَّذِي هُوَ يُطْعِمُنِي وَيَسْقِينِ * وَإِذَا مَرِضْتُ فَهُوَ يَشْفِينِ * وَالَّذِي يُمِيتُنِي ثُمَّ يُحْيِينِ *وَالَّذِي أَطْمَعُ أَن يَغْفِرَ لِي خَطِيئَتِي يَوْمَ الدِّينِ

„Der mich (Abraham) erschaffen hat; und Er ist es, Der mich richtig führt und Der mir Speise und Trank gibt. Und wenn ich krank bin, ist Er es, Der mich heilt, und (Er ist es,) Der mich sterben lassen wird und mich dann wieder zum Leben zurückbringt, und von Dem ich hoffe, dass Er mir meine Fehler am Tage des Gerichts vergeben werde."[2]

Der Mensch ist verantwortlich für seinen Körper und gleichzeitig für dessen Schutz. Er wird, wie der Gesandte uns berichtete, danach am Tag der Auferstehung gefragt[3]. Gleichzeitig gilt eine Krise, egal welche harte Lage oder unangenehme Erlebnisse, als eine Prüfung Gottes:

أَمْ حَسِبْتُمْ أَن تَدْخُلُواْ الْجَنَّةَ وَلَمَّا يَأْتِكُم مَّثَلُ الَّذِينَ خَلَوْاْ مِن قَبْلِكُم مَّسَّتْهُمُ الْبَأْسَاء وَالضَّرَّاء وَزُلْزِلُواْ حَتَّى يَقُولَ الرَّسُولُ وَالَّذِينَ آمَنُواْ مَعَهُ مَتَى نَصْرُ اللّهِ أَلا إِنَّ نَصْرَ اللّهِ قَرِيبٌ

„Oder meint ihr etwa, ihr würdet ins Paradies eingehen, ohne (dass etwas) Ähnliches über euch gekommen sei wie über diejenigen, die vor euch dahingegangen sind? Not und Unheil erfasste sie, und sie sind erschüttert worden, bis der Gesandte und diejenigen, die mit ihm gläubig waren, sagten: ‚Wann kommt die Hilfe Allahs?' Doch wahrlich, Allahs Hilfe ist nahe."[4]

Der Islam bietet im Koran eine breite Palette an Informationen und in der Sunna über den Umgang mit Hilfesuchenden und Seele-Ermüdeten, weil der Mensch als schwaches Lebewesen im Koran beschrieben wurde:

يُرِيدُ اللّهُ أَن يُخَفِّفَ عَنكُمْ وَخُلِقَ الإِنسَانُ ضَعِيفًا

„Allah will eure Bürde erleichtern; denn der Mensch ist schwach erschaffen."[5]

Diese Schwäche enthält in sich auch die Sorge und den Kummer, die materielle und die seelische Last dieser Welt. Leidet die Seele oder der Körper, so reflektieren sich diese Leiden aufeinander und die Seele spürt das Leid des Körpers wie im Fall der Schmerzen oder der Körper spürt das Leid der Seele wie im Fall der Trägheit und des Steuerungsverlusts. Aber Gott verspricht den Gläubigen, dass dies kein Dauerzustand ist und sagt:

فَإِنَّ مَعَ الْعُسْرِ يُسْرًا *إِنَّ مَعَ الْعُسْرِ يُسْرًا

---

2 Koran 26:78-89.
3 Sunan Al-Tirmiḏī 2341.
4 Koran 2:214.
5 Koran 4:28.

„Also, wahrlich, mit der Drangsal[6] geht Erleichterung einher; wahrlich, mit der Drangsal geht Erleichterung (einher).“[7]

Ähnlich wird auch nochmal im Koran betont:

لَايُكَلِّفُ اللَّهُ نَفْسًا إِلَّا مَا آتَاهَا سَيَجْعَلُ اللَّهُ بَعْدَ عُسْرٍ يُسْرًا

„Allah fordert von keiner Seele etwas über das hinaus, was Er ihr gegeben hat. Allah wird nach einer Bedrängnis Erleichterung schaffen.“[8]

Je länger diese Krise andauert und der gläubige Muslim sie mit Geduld und Allahs Dankbarkeit empfängt, desto höher ist die Belohnung:

إن عظم الجزاء مع عظم البلاء، وإن الله إذا أحب قوما ابتلاهم، فمن رضي فله الرضا ومن سخط فله الرضا
ومن سخط فله السّخْط

„Wahrlich, die Größe der Belohnung ist die Größe der Prüfung. Und wenn Gott eine Gruppe liebt wird Er sie prüfen, wer damit zufrieden ist, mit dem wird Er zufrieden sein und wer damit unzufrieden ist, mit dem wird Er unzufrieden sein“[9]

Ein bekanntes Beispiel für die Krankheit der Propheten und deren besondere Fähigkeiten, wie die Geduld und das Ertragen von Schmerzen und/oder das Ertragen der Isolation während dieser Krankheit, ist der Fall der Krankheit des Propheten Ayoub (Hiob a.s.):

وَأَيُّوبَ إِذ نَادَى رَبَّهُ أَنِّي مَسَّنِيَ الضُّرُّ وَأَنتَ أَرْحَمُ الرَّاحِمِينَ * فَاسْتَجَبْنَا لَهُ فَكَشَفْنَا مَابِهِ مِن ضُرٍّ وَآتَيْنَاهُ أَهْلَهُ
وَمِثْلَهُم مَّعَهُمْ رَحْمَةً مِّنْ عِندِنَا وَذِكْرَى لِلْعَابِدِينَ

„Und (gedenke) Hiobs als er zu seinem Herrn rief: ‚Unheil hat mich geschlagen, und Du bist der Barmherzigste aller Barmherzigen.‘ Da erhörten Wir ihn und nahmen sein Unheil hinweg, und Wir gaben ihm seine Familie (wieder) und noch einmal so viele dazu – aus Unserer Barmherzigkeit und als Ermahnung für die (Uns) Verehrenden.“[10]

"وَاذْكُرْ عَبْدَنَا أَيُّوبَ إِذْ نَادَى رَبَّهُ أَنِّي مَسَّنِيَ الشَّيْطَانُ بِنُصْبٍ وَعَذَابٍ * ارْكُضْ بِرِجْلِكَ هَذَا مُغْتَسَلٌ بَارِدٌ
وَشَرَابٌ *وَوَهَبْنَا لَهُ أَهْلَهُ وَمِثْلَهُم مَّعَهُمْ رَحْمَةً مِّنَّا وَذِكْرَى لِأُوْلِي الْأَلْبَابِ"

„Und gedenke Unseres Dieners Hiob, als er seinen Herrn anrief: ‚Satan hat mich berührt mit Mühsal und Pein.‘ ‚Stampfe mit deinem Fuß auf. Hier ist kühles Wasser zum Waschen und zum Trinken.‘ Und Wir schenkten ihm seine Angehörigen (wieder) und noch einmal so viele dazu von Uns als Barmherzigkeit und als Ermahnung für die Verständigen“[11]

---

6 Auch übersetzt mit „dem Schweren“.
7 Koran 94:5-6.
8 Koran 65: 7.
9 Sunan Al-Tirmithi 2396. HH; im Weiteren: HH = Ḥadith Hassan, HS = Ḥadith Ṣaḥîḥ.
10 Koran 21:83-84.
11 Koran 38:41-43.

Aber diese Seele, die lebendig und aktiv ist und manchmal leidet, braucht Hilfe. Die erste Hilfe ist von Gott selbst, dass die Gläubigen sich an ihn wenden und ihn um Hilfe bitten. Aber auch der Gesandte erlaubte, dass die Muslime ihren Brüdern und Schwestern gegenseitig helfen. Der Gesandte Gottes erhob die Stellung der Hilfe und Erleichterung der Last des anderen Bruders hoch und sagte:

من نفس عن مؤمن كربة من كرب الدنيا نفس الله عنه كربة من كرب يوم القيامة

„Wahrlich, wer eine der weltlichen Krisen eines Frommen erleichtert (bzw. entfernt), wird Gott eine seiner Jenseits Krisen erleichtern (bzw. entfernen).“[12]

Und damit wurde die erste Regel, Forderung und Förderung der Seelsorge und die Hilfe in der Sunna festgelegt. Eine Erweiterung dieser Hilfe, unabhängig von welcher Art sie ist, steht im folgenden Ḥadith:

خير الناس أنفعهم للناس

„Der Wohltätigste unter den Menschen ist derjenige, der den Menschen nützt.“[13]

Dadurch vermehren sie ihre *ḥasanāt* (gute Taten) bei Gott. Also können sie eine sozial-religiöse aktive und passive Hilfe dadurch leisten, den anderen Betroffenen zu helfen, ihre körperlichen und seelischen Leiden zu mindern. Die Aktivierung der Gesellschaftshilfe und der Lohn dafür ist im folgenden Ḥadith zu sehen, in dem der Gesandte die Gemeinschaft fordert sich gegenseitig zu helfen und er sagte:

من إستطاع منكم أن ينفع أخاه فليفعل

„Wer von euch seinem Bruder helfen (von Nutzen sein) kann, der soll das tun.“[14]

Diese Hilfe und Unterstützung soll mit einer feinen guten Art gebunden werden, eine andere Art kann den Betroffenen stören und vielleicht Negatives erzeugen. Der Gesandte (s.a.w.s.) sagte:

عن عبد الرحمن بن هلال العبسي قال سمعت جريرا يقولا سمعت رسول الله صلى الله عليه وسلم يقول :
من يحرم الرفق يحرم الخير

„Wahrlich, wer den sanften Umgang „mit Allem“ nicht besitzt, bekommt die Güte nicht“[15].

Im deutschen Rechts- und Religionssystem gibt es drei etablierte Arten von Seelsorge, die die Religionsgemeinschaften, zum Teil seit mehr als 200 Jahren mit gutem Erfolg praktizieren: Die Krankenhaus-, Gefängnis- und Notfallseelsorge.

---

12 Ṣaḥîḥ Muslim 2699, HS.
13 Ḥadith in Al-Kaḥḥal, HH.
14 Ṣaḥîḥ Muslim 4077, HS.
15 Ṣaḥîḥ Muslim 4695, HS.

Muslime, die seit ca. 60 Jahren in Deutschland sind, verfügen diesbezüglich häufig über keine professionelle Erfahrung. Anderen Menschen zu helfen und Seelsorge anzubieten ist bis heute eine einfach geführte Gemeinschaftsaufgabe aller Glaubensgeschwister durch Familienangehörige, Freunde und Moscheen. Die häufig bekannte Seelsorge, die religiös sehr umfangreich etabliert ist, sind Krankenbesuche.

Es stürmen fast alle Verwandten, Freunde und Bekannten zu den betroffenen Kranken. Manchmal belagern sie die Krankenhäuser und verhindern dadurch die Arbeit des Krankenhauspersonals. Sie spenden viel Trost und Mitleid. Manchmal auch in übertriebener, aber auf liebe Art und Weise, so dass der Patient belastet wird und keine Ruhe findet, um sich mit sich selbst auseinandersetzen zu können und nachzudenken, welchen Sinn und Bedeutung diese Erkrankung für ihn hat. Bei Unfällen ist es ähnlich wie bei einem Krankheitsfall, aber mit einem Unterschied und zwar, dass es sich hier um die betroffenen Familien handelt, die einen ihrer Angehörigen verloren haben. Die Notfallseelsorge ist eine intensive und kurzfristige Arbeit.

2. Krankenhaus-Seelsorge

Die Krankenhäuser in Deutschland sind überall verteilt. Zum Teil gehören sie den Ländern, wie die staatlichen Krankenhäuser und Universitätskliniken bzw. Medizinischen Hochschulen. Ein Teil der Krankenhäuser gehört den Gemeinden oder Privatpersonen. Ein nicht zu vernachlässigender Teil untersteht der religiösen Stiftung der beiden Kirchen und auch einige Krankenhäuser den jüdischen Gemeinden, wie in Frankfurt und Berlin. Viele Muslime gehen gerne zu den religiösen Krankenhäusern, weil sie dort mindestens das Gefühl haben in monotheistisch gläubigen Händen zu sein[16]. In fast allen diesen Häusern, besonders in großen, gibt es angestellte Fachseelsorger beider Religionen. Leider gibt es in Deutschland bis heute keine muslimischen Krankenhäuser. Es gibt nur einzelne kleine Kliniken und das, obwohl der Bedarf an muslimischen Seelsorgern sehr groß ist. Es fehlt an muslimischen Fachseelsorgern, die psychologisch gut geschult sind. Die Finanzlage der muslimischen Gemeinden, die noch nicht so weit sind, dass sie ihre ehrenamtlichen Imame festeinstellen bzw. „verbeamten" können, erlaubt es nicht dieses Zusatzfach „Seelsorger" zu finanzieren und zu etablieren. Es fällt schwer, einen Vergleich zu führen zwischen einem Pastor oder Priester, der sich fachmännisch durch Praktika oder zusätzliche Fachseminare als Seelsorger qualifiziert hat und einem Imam, der diese Ausbildung nicht hat. Außerdem spielt die über 200jährige Erfahrung der beiden Kirchen eine bedeutende Rolle, in deren Verlauf sie Millionen von einfachen, komplizierten und

16 Kirchliche Kindergärten, zum Beispiel, haben manchmal mehr als 70% muslimische Kinder.

seltenen Seelsorgefällen betreut haben. Es ist auch zu berücksichtigen, dass Seelsorge ein sensibles Gebiet ist, welches Ruhe, Geduld und Erfahrung verlangt.

Seit einigen Jahren arbeiten glücklicherweise Kirchenangehörige und Muslime zusammen und bilden gemeinsam ehrenamtliche Seelsorger für Notfall- und Krankenhausseelsorge aus. Mannheim, Köln, die Telefon-Seelsorge in Berlin und neulich das neue Pilot-Projekt „Seelischer Beistand für muslimische Patienten" in Hannover, sind gute Beispiele für eine ernsthafte und kooperative Zusammenarbeit mit den evangelischen und katholischen Kirchen. 10 Kandidaten sollen bald mit ihrer Ausbildung im Jahr 2012 in Hannover starten. Dadurch werden die christlichen Seelsorger zum Teil entlastet und bei muslimischen Patienten springen ehrenamtliche muslimische Seelsorger ein und versuchen, wie oben berichtet, ihren Brüdern und Schwestern islamisch und „fachmännisch" zu helfen. Den islamischen Part in der Ausbildung übernehmen muslimische Theologen bzw. Fachleute. Wichtig dabei ist der psychologische Aspekt und der Part eines Zweitgesprächs, die bei den meisten muslimischen Seelsorgern fehlen.

Langfristig sind beide bestrebt, diese Ausbildung zu standardisieren und fest zu etablieren, das hilft u.a. bei einem Umzug des Seelsorgers in ein anderes Gebiet, wo er seine Tätigkeit ohne Probleme fortsetzen kann. Bei manchen Seelsorge-Ausbildungsfaltblättern wird auch angegeben, nach welchem Standard diese Ausbildung gilt. Es ist auch empfehlenswert, diese Ausbildung in die islamischen Länder, in denen es so etwas noch nicht gibt, zu exportieren und dort zu verbreiten. Außerdem ist zu empfehlen, regelmäßige Treffen und Tagungen der Seelsorger aller drei Religionen zu veranstalten und Informationen und Erfahrungen auszutauschen, dadurch werden auch Ängste und Bedenken seitens der Seelsorger übereinander abgebaut.

Nichtmuslime lernen auch von Muslimen ihren alltäglichen Umgang mit deren Religiosität. Ganz besonders über ihr täglich fünfmal zu verrichtendes Gebet, das sog. Pflichtgebet und das Fasten im Monat Ramadan, welche in der Gesellschaft sichtbar werden. Auf vielen Veranstaltungen und Vorträgen wird darüber diskutiert, dass Muslime offen über ihre Religiosität reden und Christen leider nicht. Erwähnenswert ist auch hier der unterschiedliche Umgang beider Religionen mit den Kranken und Gefangenen.

Die kollektive Seelsorge, die der Gesandte (s.a.w.s.) von der Umma (Gemeinschaft) verlangte, wird ihre Rolle durch die Standardisierung und Spezialisierung der Seelsorgeausbildung nicht verlieren oder sich abschwächen, sondern sie bleibt so wie sie war. Aber in bestimmten Fällen, wie beispielsweise bei der Depression, können viele Besucher diese kollektive Aufgabe nicht erfüllen und die entscheidende Hilfe sollte in die Hände einer fachmännischen Seelsorge gegeben werden.

Die Kenntnisse von anderen monotheistischen Religionsgemeinden zu übernehmen, ist islamisch bedenkenlos, so lange sie der islamischen Grundlehre nicht widersprechen. Beispiele aus den Lebzeiten des Gesandten und der Geschichte des Islams gibt es genug.

3. Die Gefangenen: meist vergessene Menschen

Die Gefängnisstrafe im Islam ist weder eine Erniedrigung noch ein Racheakt, sondern eine Abschreckung zum Nichtwiederholen dieser Tat[17] und das Beruhigen der Betroffenen bzw. Beschädigten, oder wenn man unschuldig im Gefängnis sitzt, wie der Fall des Propheten Yusuf (Josef a.s.) (s. unten):

قال أبو هريرة : إن رسول الله صلى الله عليه وسلم : " أتي برجل قد شرب، فقال رسول الله صلى الله عليه وسلم: اضربوه، فمنا الضارب بيده، والضارب بنعله، والضارب بثوبه، فلما انصرف، قال: يعني: القوم أخزاه الله، فقال رسول الله صلى الله عليه وسلم: لا تقولوا هكذا، لا تعينوا عليه الشيطان، ولكن قولوا: رحمك الله "

> „Ein Mann wurde dem Gesandten präsentiert (s.a.w.s.), der (Berauschendes) trinkt. Der Gesandte (s.a.w.s.) sagte: ‚schlagt ihn (als Strafe).‘ Abu Hurairah sagte, dass manche von ihnen ihn mit Hand, manche ihn mit Schuh und manche mit dem Kleid ihn schlugen. Die Gefährten sagten dem Bestraften: ‚Gott erniedrigt dich[18]‘. Der Gesandte (s.a.w.s.) antwortete: ‚Sagt so was nicht. Helft dem Satan nicht gegen ihn, sondern sagt: „Gott erbarmt sich deiner!“‘“[19]

Die Gefängnisseelsorge ist, meiner Meinung nach wichtiger als die Unfallseelsorge. Die Anzahl der Brüder und Schwestern, die leider kriminelle Taten verübten oder unschuldig im Gefängnis sitzen, ist viel höher als die der Unfälle[20] (mehrere tausend Muslime sitzen in niedersächsischen Gefängnissen ein im Vergleich zu den Informationen von Unfallseelsorgern, dass Unfälle im Vergleich dazu ein selteneres Phänomen darstellen). Die Gefangenen werden zwei Mal, direkt oder indirekt, bestraft: Erstens bekommen sie eine Strafe vom Staat und zweitens werden sie damit bestraft, dass sie seltener als Kranke besucht werden. Manchmal entwickelt sich die Lage zum Schlechteren und Gefangene kapseln sich ab, werden depressiv und/oder ihre Kriminalität steigert sich, bzw. sie werden rückfällig oder gar radikal, so dass manche aus dem Gefängnis entlassen werden und viel krimineller sind oder anders denken als vorher. Die kleine „Minderheit“ der muslimischen Gemeinschaft verliert somit ein weiteres wichtiges Mitglied, das Gutes in der Gesellschaft leisten soll. Wenn jemand verstirbt oder bei einem Unfall umkommt, ist er/sie nicht mehr aktiv und Allahs Barmherzigkeit, wenn Er will, beendet das Leid. Lebendige leiden immer noch.

---

17 Hassan Abu Ghuddah, *أحكام السجن ومعاملة المساجين في الإسلام*. Al-Manar, Emirat Kuwait 1987.
18 Ein Fluch-ähnlicher Spruch.
19 Sunan Al-Nassaaii 5107 und Ṣaḥîḥ Al-Buchari. HS.
20 Der Gesandte duldete die Trauer im Sterbefall öffentlich nicht mehr als drei Tage. Die Trauer vom siebten, vierzigsten, zweiundfünfzigsten Tag oder einem Jahr ist in der sunnitischen Rechtsschule nicht religiös begründet und gilt als Volksgewohnheit.

Das Gewicht der Gefängnisseelsorge soll viel größer sein als das Gewicht der Unfallseelsorge, ohne Letzteres zu vernachlässigen. Besonders bei den Jugendlichen, die manchmal durch den Dschungel der Technologie, Freiheit und Elterntradition irren oder ihren roten Faden im Leben nicht finden. Sie brauchen mehr Aufmerksamkeit, Liebe und Gehör und nicht das Ausprobieren, wonach die Schäden repariert werden müssen, oder die Suche nach Bestätigung, welche zur Folge hat, in kritischen Milieus zu landen.

Ein bekanntes Beispiel eines Gefängnisaufenthaltes eines unschuldigen *jungen* Propheten ist der Fall Yusuf (a.s.). Die Sure Yusuf wurde nach ihm benannt und das ist eine mekkanische Sure. Sie ist auch die einzige Sure, die komplett dem Gesandten (s.a.w.s.) auf einmal offenbart wurde, um ihn, der Gelehrtenmeinung zufolge, zu unterstützen. Diese Sure enthält gleichzeitig viele Lehren für das muslimische Leben, besonders für Jugendliche.

Fest etablierte Gefängnisse existierten in der frühislamischen Zeit auf der arabischen Halbinsel wenig. Der Gesandte (s.a.w.s.) und der Kalif Abu Bakr (r.a.) hatte Häuser und bewachten Zelte als provisorische Gefängnisse, welche vorübergehend benutzt wurden. Kalif ʿUmar ibn al-Ḫaṭṭāb (r.a.) erweiterte diese Unterbringungsanstalten um Rehabilitations- und Unterbringungsorte für Alkoholiker und Sündige, die ihre Taten wiederholten, indem er ein Haus für den Staat kaufte und als Gefängnis einrichtete. Der vierte rechtgeleitete Kalif ʿAlī ließ ein Gefängnis bauen. Mit der Erweiterung des islamischen Staates und dem Gewinn neuer Gebiete sind konventionelle Gefängnisse erweitert worden. Die erste bekannte direkte Seelsorge wurde über den frommen rechtgeleiteten Kalif ʿUmar ibn ʿAbd al-ʿAzīz berichtet, indem er seinen Mitarbeitern befahl, die Gefangenen gut zu behandeln und in die Nähe ihrer Eltern und Familie zu sperren, damit sie schnelle Reue zeigen[21] und aufhören Übles zu tun. In einigen islamisch geprägten Staaten wie z.B. in der Türkei, Saudi Arabien, Kuwait und Jordanien bietet der Staat im Gefängnis das gemeinsame Pflicht-Freitagsgebet an. Gott sagte:

“يَاأَيُّهَا الَّذِينَ آمَنُوا إِذَا نُودِي لِلصَّلَاةِ مِن يَوْمِ الْجُمُعَةِ فَاسْعَوْا إِلَى ذِكْرِ اللَّهِ وَذَرُوا الْبَيْعَ ذَلِكُمْ خَيْرٌ لَّكُمْ إِن كُنتُمْ تَعْلَمُونَ“

„O ihr, die ihr glaubt, wenn zum Freitagsgebet gerufen wird, dann eilt zum Gedenken Allahs und stellt den Geschäftsbetrieb ein. Das ist besser für euch, wenn ihr es nur wüsstet.“[22]

Ein angestellter Imam verrichtet das Freitagsgebet. Dieser führt auch Gespräche mit Gefängnisinsassen, informiert sie in religiösen Angelegenheiten und bemüht sich dabei, den übrigen Bedürfnissen der Inhaftierten gerecht zu werden. Gleichzeitig soll das Verrichten des Gebets den Menschen helfen, das Üble zu unterbinden:

---

21 Abu Ghuddah, *أحكام السجن ومعاملة المساجين في الإسلام*.

22 Koran 62:7, diese Sure heißt „الْجُمُعَة Al-Dschumuàh“ und bedeutet „der Freitag“.

اتْلُ مَا أُوحِيَ إِلَيْكَ مِنَ الْكِتَابِ وَأَقِمِ الصَّلَاةَ إِنَّ الصَّلَاةَ تَنْهَى عَنِ الْفَحْشَاءِ وَالْمُنكَرِ وَلَذِكْرُ اللَّهِ أَكْبَرُ وَاللَّهُ يَعْلَمُ مَا تَصْنَعُونَ

„Verlies, was dir von dem Buche offenbart wurde, und verrichte das Gebet. Wahrlich, das Gebet hält von schändlichen und abscheulichen Dingen ab; und Allahs zu gedenken, ist gewiss das Höchste. Und Allah weiß, was ihr begeht."[23]

Um schlechte Taten zu unterlassen und Schäden zu vermeiden, ist die muslimische Gemeinschaft verpflichtet Streitereien unter den Muslimen zu unterbinden und deren Versöhnung voran zu bringen:

إِنَّمَا الْمُؤْمِنُونَ إِخْوَةٌ فَأَصْلِحُوا بَيْنَ أَخَوَيْكُمْ

„Die Gläubigen sind ja Brüder. So stiftet Frieden zwischen euren Brüdern".[24]

Der Gesandte berichtet über die positive Eigenschaft eines Muslims, als man ihn danach fragte, und sagte:

من سلم المسلمون من لسانه ويده

„Der Muslim, ist derjenige, der den Muslimen keinen Schaden zufügt, weder durch seine Zunge noch durch seine Hand".[25]

In Bezug auf die Sinnhaftigkeit der Gefängnisse soll es auch eine Rolle spielen, die Gefangenen zu rehabilitieren, indem man sie aufmerksam auf eine bessere Zukunft, außerhalb des Gefängnisses, macht. Die Einschränkung der Freiheit hilft den Gefangenen sich mit ihren Taten auch im religiösen Sinne auseinander zu setzen, besonders wenn sie die Rechte anderer übertreten haben. Als Prinzip der Gefängnisseelsorge kann man eine schöne *āya* zitieren, die der rechtgeleitete und fromme Kalif ʿUmar ibn ʿAbd al-ʿAzīz als letzte *āya* bei der Freitagspredigt bis heute durchsetzte:

إِنَّ اللَّهَ يَأْمُرُ بِالْعَدْلِ وَالإِحْسَانِ وَإِيتَاءِ ذِي الْقُرْبَى وَيَنْهَى عَنِ الْفَحْشَاءِ وَالْمُنكَرِ وَالْبَغْيِ يَعِظُكُمْ لَعَلَّكُم تَذَكَّرُونَ

„Wahrlich, Allah gebietet, gerecht (zu handeln), uneigennützig Gutes zu tun und freigebig gegenüber den (Bluts-)Verwandten zu sein; und Er verbietet, was schändlich und abscheulich und gewalttätig ist. Er ermahnt euch; vielleicht werdet ihr die Ermahnung annehmen."[26]

Gelehrten zufolge finden sie diese *āya* als „*muḥkama*", d.h. sie enthält Grundsätze und Grundregeln des Umgangs für hochwertige positive Eigenschaften und gegen negative Eigenschaften, die die Gesellschaft zerstören können.

Nach Absitzen der Gefängnisstrafe soll der Beschuldigte, nach dem islamischen Recht eine *tawba* (religiöse Reue) zeigen. Danach wird Gott seine Reue annehmen und verzeihen. Die Gesellschaft soll das auch akzeptieren:

---

23 Koran 29:45.
24 Koran 49:10.
25 Sunan Al-Tirmithi 2552, HS.
26 Koran 16:90.

فَمَن تَابَ مِن بَعْدِ ظُلْمِهِ وَأَصْلَحَ فَإِنَّ اللهَ يَتُوبُ عَلَيْهِ إِنَّ اللهَ غَفُورٌ رَّحِيمٌ

„Aber wer es bereut nach seiner Freveltat und sich bessert, von dem wird Allah die Reue annehmen; denn Allah ist Allvergebend, Barmherzig."[27]

Historisch gesehen gab es, seit der großen Einwanderungswelle in den neunzehnhundertfünfziger Jahren in Deutschland, einige Einzelfälle, aber seltene und nicht regelmäßige Seelsorge-Besuche von Imamen und ehrenamtlichen Seelsorgern in Gefängnissen. In Niedersachsen mehrten sich diesbezüglich die Unternehmungen seit 1998. Die ehrenamtlichen Seelsorger und Imame berichten im Allgemeinen, dass ihr Besuch positiv angenommen wurde, sowohl von den Gefangenen als auch vom JVA-Personal. Sie wünschen sich in diesem Bereich mehr Aktivitäten, was an die Grenze der Finanzierung dieser Aktivitäten stößt. Auf der anderen Seite spielt die deutsche Sprache bei solchen Treffen eine entscheidende Rolle, und das unabhängig von der Nationalität des Gefangenen. In seltenen Fällen gab es Seelsorger der gleichen Nationalität des Gefangenen. Es gab z.B. ab und zu eine Gruppe von Seelsorgern, die mehr als drei Sprachen konnten (meistens Türkisch, Arabisch und Deutsch). Auf der anderen Seite verlangt Gott von den Menschen die Sprache des Volkes, bei dem sie sich behausen lässt, zu lernen:

وَمَا أَرْسَلْنَا مِن رَّسُولٍ إِلاَّ بِلِسَانِ قَوْمِهِ لِيُبَيِّنَ لَهُمْ

„Und Wir schickten keinen Gesandten, es sei denn mit der Sprache seines Volkes, auf dass er sie aufkläre."[28]

Es ist noch zu früh über irgendwelche festen bzw. empirischen Ergebnisse zu sprechen, aber mit großer Wahrscheinlichkeit kann man in den nächsten zehn Jahren mehr darüber berichten.

وَفَوْقَ كُلِّ ذِي عِلْمٍ عَلِيمٌ

„und über jedem, der Wissen hat, ist der Eine, Der noch mehr weiß."[29]

---

27 Koran 5:39.
28 Koran 14:4.
29 Koran 12:76.

Literatur

Abu Ghuddah, Hassan, *أحكام السجن ومعاملة المساجين في الإسلام*, Al-Manar, Emirat Kuwait 1987.
Rassoul, MA. (Hg.), *Al-Quran Al-Karim und seine ungefähre Bedeutung in deutscher Sprache*, Islamische Bibliothek, Köln 1988.
Ḥadîth-Enzyklopädie, größte Online Bibliothek und Lexikon aller neuen Haupt-Ḥadîth-Bücher im Islam, 2010, URL: http://Ḥadîth.al-islam.com (letzter Zugriff: 11.12.2012).

Schuld und Vergebung im Islam unter Berücksichtigung seelsorgerlicher Konsequenzen

Von Misbah Arshad

1. Einleitung

Die Suche nach dem ewigen Leben und damit dem ewigen Glück beschäftigt den Menschen seit Anbeginn der Zeit. Für den gläubigen Menschen ist dieses Ziel nur durch das rechte Verhältnis zu Gott zu erreichen. Er ist stets darum bemüht, eine versöhnte Beziehung zwischen sich und Gott herzustellen bzw. aufrechtzuerhalten, um sich damit die ewige Glückseligkeit bzw. das Heil zu sichern. Dieses Bemühen um das rechte Verhältnis setzt einen Zustand der Schuldhaftigkeit bzw. Schuldfähigkeit des Menschen voraus.[1] Sowohl im Christentum als auch im Islam spielt die rechte Beziehung zu Gott eine zentrale Rolle. In beiden Glaubenstraditionen gibt es eine ausgeprägte Vorstellung von Schuld und ihrer Bewältigung.

Der Gläubige kann sich gewiss sein, dass Gott voller Vergebung und Barmherzigkeit ist. Aus islamischer Sicht hat sich Gott die Barmherzigkeit selbst vorgeschrieben[2] und er versichert den Gläubigen, dass seine Barmherzigkeit seinen Zorn überwiegt[3]. Auch im Christentum hält Gott nicht ewig an seinem Zorn fest und ist barmherzig zu den Menschen und vergibt ihnen ihre Schuld.[4] Dieses

---

1 Anton Magnus Dorn, *Schuld – was ist das? Versuch eines Überblicks; das Phänomen Schuld in Literatur, Psychologie, Verhaltensforschung, Jurisprudenz, Philosophie und Theologie*, Auer, Donauwörth 1976, S. 136.

2 Koran 6:54: „Und wenn jene zu dir kommen, die an Unsere Botschaft glauben, so sprich: ‚Frieden sei mit euch! Sich Selber hat euer Herr die Barmherzigkeit vorgeschrieben, so dass Er nachsichtig und barmherzig ist, wenn einer von euch aus Unwissenheit etwas Böses tut und danach umkehrt und sich bessert.'"; die in diesem Artikel verwendeten Koranverse sind ausschließlich aus folgender Koranübersetzung entnommen: Murad Wilfried Hofmann/Max Henning, *Der Koran. Das heilige Buch des Islam*, Diederichs, Kreuzlingen [u.a.] 2005.

3 Abū-'Abdallāh Muhammad Ibn-Ismā'īl al Buḫārī/Abū-r-Riḍā' Muḥammad Ibn-Aḥmad Ibn Rassoul, *Auszüge aus dem Ṣaḥīḥ al-Buḫāryy*, Islamische Bibliothek, Köln [8]1998, Nr. 3194: „Nachdem Allah die Schöpfung vollbracht hatte und ihr ihre Bestimmung gab, schrieb Er in Seinem Buch nieder – und dieses befindet sich bei Ihm auf dem Thron: ‚Wahrlich, Meine Barmherzigkeit überwiegt Meinen Zorn.'"

4 Micha 7,18-19: „Wer ist ein Gott wie du, der du Schuld verzeihst und dem Rest deines Erbvolkes das Unrecht vergibst? Gott hält nicht für immer fest an seinem Zorn; denn er liebt es, gnädig zu sein. Er wird wieder Erbarmen haben mit uns und unsere Schuld zertreten. Ja, du wirfst all unsere Sünden in die Tiefe des Meeres hinab."; zit. nach Katholische Bibelanstalt, *Einheitsübersetzung der Heiligen Schrift*, Stuttgart 1980.

Wissen um die Vergebungsbereitschaft Gottes lässt den Gläubigen auf ein glückliches Leben im Diesseits und Jenseits hoffen. Gott vergibt jedoch nur demjenigen, der seine Schuld anerkennt und umkehrt.

Die Vokabel „Schuld" wird auf verschiedenen Ebenen gebraucht und kann einen rechtlichen, ethisch-philosophischen, psychologischen und letztlich religiösen Charakter aufweisen. Im umfassenden Sinne ist damit „das Verantwortlichsein für ungesetzliches Handeln, für die Verletzung sittlicher, moralischer Gebote und Pflichten" gemeint[5]. In religiöser Hinsicht handelt es sich dabei um die Schuld des Menschen vor Gott bzw. um eine „Verfehlung gegen Gott"[6], was in der Regel als „Sünde" bezeichnet wird. „Sünde" ist ein theologischer Begriff, der eng mit dem Begriff der Schuld zusammenhängt und etymologisch schwer von ihm abzugrenzen ist.[7] Für die theistischen Religionen kann Sünde als eine „[…] Verletzung kultischer Vorschriften, göttlicher Gebote oder in göttlichen Namen festgesetzter Ordnungen wie gesellschaftlichen und rechtlichen Normen, Verstöße gegen Gott bzw. eine Störung der Beziehung zu ihm"[8] definiert werden. Durch die Vergebung Gottes kann das durch die Sünde verursachte gestörte Verhältnis zwischen Gott und Mensch wiederhergestellt werden.

Für den Gläubigen hat die Vergebung seiner Sünden bedeutende seelsorgerliche Konsequenzen. Der Begriff der Seelsorge wird durch das Zusammenfügen der beiden Begriffe „Seele" und „Sorge" gebildet. Mit Sorge ist im Allgemeinen ein Gefühl gemeint, dass den Menschen bedrückt und zu innerer Unruhe und Angst führt. Hervorgerufen wird dieses Gefühl durch eine unangenehme oder schwierige Lage, der man ausgesetzt ist oder man hat die Befürchtung, ihr in der Zukunft ausgesetzt zu sein.[9]

In Bezug auf das Thema dieses Artikels kann der schuldhafte bzw. sündhafte Zustand des Menschen als eine „unangenehme oder schwierige Lage" betrachtet und das hoffnungsvolle Bemühen des Sünders um die Vergebung Gottes als eine Sorge um seine Seele angesehen werden. Die Sorge des Sünders kann sich sowohl auf eingetretene Ereignisse im Diesseits oder noch einzutretende Geschehnisse im Jenseits beziehen. Analog dazu kann die Vergebung bereits im Diesseits oder erst im Jenseits erfolgen. Damit dem Sünder seine Sorgen genommen werden, bedarf es der Vergebung Gottes, denn nur wer von seiner

---

5 *„Schuld"*, in: Berlin-Brandenburgische Akademie der Wissenschaften (Hg.), *Das digitale Wörterbuch der deutschen Sprache des 20. Jahrhunderts (DWDS)*, Berlin-Brandenburgische Akad. der Wiss, Berlin 2008, URL: http://www.dwds.de/?qu=Schuld&submit_button=Suche&view=1 (letzter Zugriff: 27.01.2013).

6 Dorn, *Schuld*, S. 14.

7 Ebd.

8 *„Sünde"*, in: Michael Buchberger/Walter Kasper (Hg.), *Lexikon für Theologie und Kirche*, Herder, Frei-burg [u.a.] 32001, Bd. 9, Sp. 1118.

9 *„Sorge"*, in: *DWDS*, URL: http://www.dwds.de/?qu=Sorge&submit_button=Suche& view=1 (letzter Zu-griff: 27.01.2013).

Schuld befreit wird, kann als Mensch in seiner Gesamtheit mit innerer Zufriedenheit leben und sterben.

Gottes Vergebung nimmt die Schuld des Sünders und verleiht ihm auf diese Weise Halt und Trost. Sie befreit den Menschen aus seiner inneren Not, die aus seiner Schuldhaftigkeit gegenüber Gott entstanden ist.[10] Die Linderung bzw. Beseitigung dieser Not und der Sorge des Sünders ist als seelsorgerlich zu bewerten, weil dadurch nicht nur die seelischen Schmerzen behoben werden, sondern zudem dem Menschen Halt und Trost gespendet wird. Halt zu geben und Trost zu spenden sind seelsorgerliche Handlungen und aus diesem Grund kann die Vergebung als ein seelsorgerlicher Akt angesehen werden.[11]

Aus katholischer Sicht wird als Seelsorge tendenziell das gesamte kirchliche Handeln bezeichnet. Dieses Handeln bringt das zum Ausdruck, zu dessen Vollzug die Kirche von Jesus Christus beauftragt wurde: Nämlich das Heil des Menschen durch die Nachfolge Christi herbeizuführen, indem der Mensch Gott verherrlicht. Aus diesem Grund hat alles kirchliche Tun der Seelsorge zu dienen und ist nach ihr auszurichten.[12]

Im Gegensatz zum Christentum kennt der Islam eine „Vermittlung der Gnade" nicht und damit auch kein Priestertum. Aus diesem Grund konnte sich in ihm eine institutionalisierte Seelsorge nicht installieren. Nach dem Islamwissenschaftler Smail Balic gibt es jedoch in muslimischen Ländern Berufsgruppen, die sich zumindest teilweise mit der Aufgabe der Seelenbetreuung beschäftigen. Darunter fallen Imame, Religionslehrer, Gelehrte, Mystiker und charismatische Persönlichkeiten. Diese führen im Islam freiwillig durch, was im Christentum den Ordinierten als Aufgabe zugewiesen ist.[13]

In diesem Artikel soll das islamische Verständnis von Schuld und Vergebung aufgezeigt werden. Da dieser Themenkomplex für den gläubigen Menschen seelsorgerliche Konsequenzen beinhaltet, wird das Verständnis von Schuld und Vergebung zudem unter einer seelsorgerlichen Perspektive näher betrachtet werden.

---

10 Nach DWDS werden Seelsorgeempfänger als Menschen betrachtet, die in innerer und äußerer Not stehen. Dort wird Seelsorge als eine „Betreuung des einzelnen, in innerer und äußerer Not stehenden Menschen" definiert, siehe *„Seelsorge"*, in: DWDS, http://www.dwds.de/?qu=Seelsorge&submit_button=Suche&view=1 (letzter Zugriff: 27.01.2013).

11 Vgl. Sibylle Rolf, *Vom Sinn zum Trost. Überlegungen zur Seelsorge im Horizont einer relationalen Ontologie*, Heidelberger Studien zur praktischen Theologie 6, Lit, Münster 2003, S. 25.

12 N. Mette, *„Seelsorge (christlich)"*, in: Adel Theodor Khoury (Hg.), *Lexikon religiöser Grundbegriffe. Judentum – Christentum – Islam*, Styria, Graz [u.a.] 1987, S. 974f.

13 S. Balic, *„Seelsorge (islamisch)"*, in: Ebd., S. 975.

2. Schuld und Vergebung

„O meine Diener, die ihr euch gegen euch selber vergangen habt! Verzweifelt nicht an Allahs Barmherzigkeit; seht, Allah verzeiht die Sünden allzumal. Er ist gewiss der Vergebende, der Barmherzige.“[14]

2.1 Ursprung und Wesen der Sünde

Die muslimischen Gelehrten haben sich sehr früh und intensiv mit dem Thema Sünde und ihrer Entstehung auseinandergesetzt. Die Lehren des berühmten Theologen und Mystikers, Abū Ḥāmid Muḥammad bin Muḥammad al-Ġazālī[15] (gest. 1111), über das Wesen der Sünde und der Umkehr waren und sind in der sunnitischen islamischen Theologie maßgebend in dieser Frage. Unter Berücksichtigung seiner Lehren soll im Folgenden anhand von Koranversen und Ḥadithen der Ursprung und das Wesen der Sünde im Islam analysiert werden.

2.1.1 Die erste Sünde

Im Islam ist die Erzählung von der Sünde des Ǧinn namens Iblīs der Sünde Adams vorgeschaltet. Dieser Ǧinn, der nach seinem Fall zum Teufel und somit zum Feind des Menschen werden sollte, weigerte sich dem Befehl Gottes zu folgen und sich vor dem aus Erde geschaffenen Adam niederzuwerfen[16], der Statthalter und Nachfolger[17] Gottes auf Erden sein sollte.[18] Hochmütig rechtfertigt er sich vor Gott und gibt an, dass er besser sei, denn er sei im Gegensatz zu Adam aus Feuer erschaffen.[19] Iblīs wird aufgrund seines Ungehorsams aus dem Paradies vertrieben und auf ihm lastet ein Fluch bis zum Tage des Gerichts. Aufgrund dieser Tatsache schwört der Teufel, dass er künftig den Menschen vom rechten Weg abbringen werde.[20] Währenddessen spricht Gott zu Adam: „O Adam! Du und deine Frau, bewohnt das Paradies und eßt, wovon ihr wollt. Nähert euch jedoch nicht diesem Baum, sonst tut ihr Unrecht.“[21] Analog zum zweiten Schöpfungsbericht der Bibel ist hier von einem Verbot, nicht von den Früchten eines bestimmten Baumes zu essen, die Rede. Durch die Einflüsterung des Teufels werden jedoch Adam und Eva ungehorsam gegenüber Gott. Daraufhin

14 Koran 39:53.
15 Die Transkription der arabischen Bezeichnungen werden ausschließlich nach den Regeln der Deutschen Morgenländischen Gesellschaft (DMG) durchgeführt.
16 Koran 15:28-33.
17 Koran 2:20.
18 Koran 2:30.
19 Koran 7:12.
20 Vgl. Koran 15:39; 38:82.
21 Koran 7:19.

werden sich beide ihrer Scham und Blöße bewusst[22] und aus dem Paradies vertrieben: „[…] ‚Hinab mit euch! Einer sei des anderen Feind. Auf der Erde sollt ihr eueren Wohnsitz und Nießbrauch auf Zeit haben.‘ […] ‚Auf ihr sollt ihr leben und auf ihr sollt ihr sterben, und aus ihr sollt ihr hervorgeholt werden.‘“[23] In diesem Vers werden die Folgen der Sünde Adams deutlich umrissen: Wegen der Vertreibung aus dem Paradiese soll der Mensch auf der Erde eine gewisse Zeit verweilen und dort soll er geboren werden und aus ihr soll er durch den Tod scheiden, bis er wiederauferweckt wird. Desweiteren wird hier betont, dass der Mensch Feind des Teufels ist und umgekehrt.[24] Adam bekennt seine Missetat und bittet Gott um Vergebung und bereut seine Tat vor ihm.[25] Daraufhin verzeiht Gott ihm und wendet sich ihm wieder gnädig zu und leitet ihn recht.[26] Diese Zuwendung geht mit der Erwählung Adams einher: „So ist Adam Träger der Offenbarung Gottes und der erste Prophet, der die Lehren und die Rechtsbestimmungen Gottes an seine Nachkommenschaft weiterzugeben hat.“[27]

Die islamische Theologie spricht zwar von einer Ursünde Adams und seiner Vertreibung aus dem Paradies, lehnt jedoch die Lehre von der Erbsünde ab, denn Gott hat Adam verziehen und seine Reue angenommen. Die Schuld Adams wird nicht übertragen oder geerbt. Von daher erübrigt sich für den Islam jede Erlösungstheologie.[28] Ein Mittler zwischen Gott und dem Menschen ist nicht nötig, denn der Mensch ist selbst im Stande, das Heil zu erlangen. Der Mensch wird rein geboren und wird solange rein bleiben, bis er sich aus eigenem Willen gegen Gott versündigt. Auf diese Weise steht er in der Eigenverantwortung für sein Tun und Lassen.[29] Desweiteren darf der Mensch nicht für die Sünden anderer verantwortlich gemacht werden. Diesbezüglich wird im Koran festgehalten: „[…] Jede Seele belastet nur sich selbst. Und keine belastete (Seele) soll einer anderen Last tragen.“[30]

Gott hat den Menschen vor allen anderen Geschöpfen ausgezeichnet[31] und erwartet aus diesem Grund von ihm Treue und Gehorsam. Aus islamischer Sicht ist das Leben des Menschen eine Bewährungsprobe, in der Gott die Menschen Prüfungen aussetzt, um festzustellen, wer am besten handelt: „Er ist es, der die Himmel und die Erde in sechs Tagen erschaffen hat […] damit Er euch prüfe,

---

22 Koran 7:22.

23 Koran 7:24-25.

24 *Die Bedeutung des Korans: Mašrūʿ tarǧamat maʿāni l-Qurʾān al-karīm ilā l-luġa al-almāniyya* , Bd. 3, SKD Bavaria, München 1996, S. 559.

25 Koran 7:23; 2:37.

26 Koran 20:122.

27 Adel Th. Khoury, *„Adam“*, in: Ders./Ludwig Hagemann/Peter Heine, *Islam-Lexikon. Geschichte – Ideen – Gestalten*, Herder, Freiburg i. Br. 1991, S. 38ff.

28 Ludwig Hagemann, *„Sünde“*, in: *Islam-Lexikon*, S. 698ff.

29 Ludwig Hagemann, *„Erlösung“*, in: *Islam-Lexikon*, S. 207.

30 Koran 6:164.

31 Koran 17:70.

wer von euch am besten handelt. […].“[32] Ein weiterer Vers weist ebenfalls auf den Prüfungscharakter des irdischen Lebens hin: „[…] und Wir stellen euch auf die Probe, mit Bösem und Gutem. Und zu Uns kehrt ihr zurück.“[33] In diesem Koranvers wird erwähnt, dass der Mensch auch durch etwas Gutes auf die Probe gestellt werden kann. Dies kann zum Beispiel der Fall sein, wenn Gott dem Menschen viel Reichtum und Wohlhaben auf Erden geschenkt hat und dieser vergisst Gott und ist ihm nicht dankbar für seine Gaben. Diesen Menschen hat Gott durch etwas Gutes geprüft und er hat die Prüfung nicht bestanden, da er Gottes nicht gedenkt und ihm undankbar ist.

Gemäß der koranischen Erzählung bzgl. der ersten Sünde wird deutlich, dass die erste Ursache von Sünde und Schuld des Menschen in der Einflüsterung des Teufels zu sehen ist. Zuerst hat sich der Teufel gegen die Erschaffung des Menschen gewehrt und sich zudem geweigert dem Befehl Gottes nachzukommen und vor Adam niederzufallen. Aufgrund dessen erklärt Gott den Teufel zum Feind des Menschen, der sie zur Verdammnis bringen möchte: „Satan ist wirklich euer Feind. So betrachtet ihn auch als Feind. Er lädt ja seine Anhänger dazu ein, Gefährten der Feuersglut zu werden.“[34] Nach der Verfluchung und der Vertreibung aus dem Paradies schwört der Teufel, dass er die Menschen vom rechten Weg abbringen und sie von allen Seiten heimsuchen werde. Diese Heimsuchung wird im Koran sehr plastisch dargestellt. Von allen Seiten wird der Teufel den Menschen auflauern und ihn vom geraden Weg abbringen:

> „Wie du mich in die Irre gehen ließest, werde ich ihnen auf Deinem geraden Weg auflauern. Dann will ich von vorn und von hinten, von ihrer Rechten und von ihrer Linken über sie kommen, und Du wirst die Mehrzahl von ihnen undankbar finden.“[35]

Sünde und Schuld sind aber nicht nur die Folgen von den Einflüsterungen des Teufels, denn im Koran heißt es, dass der Mensch selbst die Möglichkeit der Sünde in sich trägt, denn „[…] der Mensch ist zum Bösen geneigt […]“[36] und er ist schwach erschaffen.[37] Widerfährt ihm Gutes, so ist er froh und hoffnungsvoll gestimmt, erleidet er jedoch schlechte Zeiten, so verzweifelt er: „Wenn Wir die Menschen Barmherzigkeit kosten lassen, freuen sie sich darüber. Wenn sie aber ein Übel für das trifft, was ihre Hände vorausschickten, verzweifeln sie.“[38] Ist der Mensch in Not, so fleht er Gott an und wenn die Notsituation überwunden ist, wendet er sich von Gott ab und vergisst seine Gaben.[39] In einem weiteren

32 Koran 11:7.
33 Koran 21:35.
34 Koran 35:6.
35 Koran 7:16f.
36 Koran 12:53.
37 Koran 4:28.
38 Koran 30:36.
39 Koran 16:53f.

Koranvers wird betont, dass der Mensch sich selbst Unrecht tut, wenn er sündigt: „O meine Diener, die ihr euch gegen euch selber vergangen habt! Verzweifelt nicht an Allahs Barmherzigkeit; seht, Allah verzeiht die Sünden allzumal. Er ist gewiss der Vergebende, der Barmherzige.“[40]

Auf diese Weise ist der Mensch nicht nur Opfer der Einflüsterungen des Teufels, sondern er lässt sich auch durch sein Inneres irreleiten und steht in der Eigenverantwortung für sein Tun und sein Vergehen.

Bevor das nächste Kapitel begonnen wird, soll kurz darauf eingegangen werden, wozu die Sünde aus islamischer Sicht überhaupt existiert. Dazu sollen zwei Ḥadithe herangezogen werden, in denen der Prophet Muhammad Folgendes zu dieser Frage sagt: „Ich schwöre bei Dem, in dessen Hand ich mich befinde; würdet ihr überhaupt nicht sündigen, so befürchte ich, dass ihr einem größeren Wahn verfallen würdet.“[41]

Und: „Ich schwöre bei Dem, in dessen Hand ich mich befinde; würdet ihr überhaupt nicht sündigen, so würde Gott an eurer Stelle ein anderes Volk erschaffen, das sündigt und um Vergebung bittet, damit Er ihnen vergibt.“[42]

Beide Überlieferungen beginnen mit einem Schwur, was auf die Wichtigkeit der darauf folgenden Aussagen hindeutet. Die Aussage des ersten Ḥadithes besagt, dass die Funktion der Sünde darin besteht, dass der Mensch seine Fehlerhaftigkeit erkennt und nicht hochmütig gegenüber Gott wird und sich ihm gleichsetzt. Der zweite Ḥadith betont die Natürlichkeit der Sünde: Es gehört zu den Wesenseigenschaften des Menschen, dass er Fehler begeht, denn – wie oben bereits erwähnt – ist der Mensch schwach erschaffen[43]. Auf diese Weise ist die Sündhaftigkeit des Menschen gottgewollt, denn anderenfalls wäre die Vergebung Gottes überflüssig und der Mensch wäre der göttlichen Gnade beraubt. Aus islamischer Sicht gilt Gott als Schöpfer aller Dinge.[44] Sowohl das Gute als auch das Böse wurden von ihm erschaffen, um den Menschen zu prüfen.[45]

2.1.2 Das Wesen der Sünde

In der islamischen Theologie werden alle Taten des Menschen gemäß ihrer Werte in fünf Kategorien eingeteilt:

---

40 Koran 39:53.

41 Imam Zakiyud-Din Abdul-azhim Al-Mundhiry, *Inspiriting & Disheartening*, English Translation of At-Targhib Wat-Tarhib, Umm Al-Qura, Makkah 2005, S. 299.

42 Ibn al-Ḥajjāj al-Qushayrī Muslim/Abdul Hamid Ṣiddīquī, *Ṣaḥiḥ Muslim. Being traditions of the sayings and doings of the prophet Muḥammad as narrated by his companions and compiled under the title al-Jāmi'-uṣ-ṣaḥīḥ*, Nr. 6620, Sh. Muhammad Ashraf, Lahore 1975.

43 Koran 4:27f.

44 Koran 39:62.

45 Vgl. Koran 4:78; 21:35.

1. Geboten (*farḍ*): Handlungen, die dem Menschen von Gott als Pflicht auferlegt sind. Wenn er diese vollzieht, wird er von Gott belohnt, wenn er sie hingegen unterlässt, wird er dafür bestraft.
2. Empfohlen (*mandūb*): Handlungen, die als wünschenswert betrachtet werden und dem Leben des einzelnen und der Gemeinschaft dienlich sind. Das Unterlassen dieser Handlungen wird nicht bestraft, jedoch wird ihre Durchführung belohnt.
3. Erlaubt (*mubāḥ*): Handlungen, die ihrem Wesen nach als neutral zu betrachten sind. Es ist weder eine Pflicht noch eine verbotene Handlung. Aus diesem Grund verdient sie weder Strafe noch Belohnung.
4. Verpönt (*makrūh*): Handlungen, die dem Gehorsam gegenüber Gott hinderlich sind. Sie sind nicht verboten, jedoch wird ihre Unterlassung belohnt.
5. Verboten (*ḥarām*): Handlungen, deren Unterlassung geboten ist. Ihre Unterlassung wird belohnt und ihre Durchführung bestraft.[46]

Gebotenes zu erfüllen und Verbotenes zu unterlassen ist die moralische Pflicht jedes mündigen Muslims.[47] In der islamischen Theologie gilt die Regel: „Alles, was nicht verboten ist, ist erlaubt, was aber selbst verboten ist oder mit Verbotenem verknüpft oder darauf gegründet ist, wird von Gott nicht angenommen."[48] Anders ausgedrückt besagt diese Regel, dass alles, was zum Verbotenen führt, selbst verboten ist. Jedoch spielt die Absicht bei der Durchführung der Taten eine entscheidende Rolle, denn nach einem Prophetenspruch heißt es, dass die Taten nach den Absichten bemessen werden: „Wahrlich, die Taten sind entsprechend den Absichten, und jedem Menschen steht das zu, was er beabsichtigt hat."[49] Dieser Ḥadith weist darauf hin, dass die Absicht eines Menschen einen Maßstab für die Bewertung seiner Taten darstellt. Ist die Absicht gut, so ist die nach ihr folgende Tat auch gut und wenn sie schlecht ist, so ist die darauffolgende Tat auch als schlecht zu bewerten.

Im Arabischen werden für „Sünde" verschiedene Begriffe verwendet. Die in Zusammenhang dieser Arbeit wichtigen Termini sind *ḫaṭaʾ*, *ḫaṭīaʾ*, *iṯm* und *ḏanb*. Bei *ḫaṭaʾ* handelt es sich um einen Missgriff, den man in Gedanken und Handeln begehen kann, daher kann *ḫaṭaʾ* auch als Irrtum, Versehen oder als Verfehlen des Zieles übersetzt werden. Als *Terminus technicus* wird unter *ḫaṭaʾ* „eine gesetzwidrige Handlung verstanden, bei der der Vorsatz, eine Gesetzwidrigkeit zu begehen, fehlt"[50], d.h. es handelt sich um ein Vergehen, das nicht be-

---

46 Aḥmad A. Reidegeld, *Handbuch Islam. Die Glaubens- und Rechtslehre der Muslime*, hrsg. v. Hasan Özdogan, Spohr, Kandern im Schwarzwald 2005, S. 132-38.

47 Koran 3:104.

48 Reidegeld, *Handbuch Islam*, S. 136.

49 Abdullah Frank Bubenheim, *Ḥadīṯ für Schüler. An-Nawawyy's Vierzig Ḥadīṯe mit Kommentar*, Hadith Nr. 1, Köln 1993.

50 *„Khaṭaʾ"*, in: Arent J. Wensinck, *Handwörterbuch des Islam*, Brill, Leiden 1976, S. 306f.

absichtigt war. Es kann sich dabei um eine Sünde handeln, muss es aber nicht.[51] Dahingegen handelt es sich bei *ḫaṭīa*ʾ per definitionem um „eine mit Vorsatz begangene Sünde" und bedeutet ursprünglich so viel wie „daneben treffen" oder „einen Fehler machen".[52] *Iṯm* und *ḏanb* werden in der Regel synonym zu *ḫaṭīa*ʾ benutzt.

In der islamischen Theologie ist die Sünde ihrem Wesen nach das Lassen oder Tun einer Handlung, die dem Befehl Gottes (*ḥukm*) widerspricht.[53] Als „Tat" sind hier sowohl Worte als auch Gedanken gemeint, wobei Gedanken nur dann Sünde sein können, wenn sie ausgeführt werden. Demnach ist Sünde ein Ungehorsam gegen Gottes Befehl und Gesetz und verursacht, wie Ġazālī es ausdrückt, das „Fernsein vom Geliebten".[54]

Nach Ġazālī lassen sich die Sünden auf Organe und Glieder des Menschen verteilen. Der Sitz mancher Sünden ist dann das Herz, wie zum Beispiel bei Unglaube oder Heuchelei – andere Sünden liegen dann beim Auge, beim Ohr oder der Zunge usw.[55] Desweiteren werden die Sünden in kleine (*ṣaġāʾir*) und große (*kabāʾir*) Sünden unterteilt. Eine solche Unterteilung wird bereits im Koran vorgenommen. So sagt zum Beispiel Gott im Koran:

„Wenn ihr die großen Sünden meidet unter dem, was euch verboten ist, werden Wir eure (geringeren) Vergehen auslöschen und euch in einen ehrenvollen Ort einführen"[56] und „Diejenigen, welche die großen Sünden und Schändlichkeiten meiden – bis auf leichte Verfehlungen – fürwahr dein Herr verzeiht in umfassender Weise [...]."[57]

Neben der Unterteilung in kleine und große Sünden, weisen diese Verse darauf hin, dass kleinere Sünden demjenigen nachgelassen werden, der große Sünden meidet. Nach Ġazālī soll die Bezeichnung der großen Sünde auf diejenigen Taten angewendet werden, für deren Durchführung mit dem Höllenfeuer gedroht wird.[58] Auch nach Abū Ṭālib al-Makkī (gest. 996), einem berühmten Ḥadithgelehrten und Mystiker, gelten Sünden als groß, wenn für sie eine Strafe ansteht.[59]

---

51 Ebd.

52 *„Khaṭīʾa"*, in: Ebd., S. 307ff.

53 Abū-Ḥāmid Muḥammad Ibn-Muḥammad al Ġazzālī/Richard Gramlich, *Muḥammad al-Ġazzālīs Lehre von den Stufen zur Gottesliebe*, die Bücher 31-36 seines Hauptwerkes, Freiburger Islamstudien 10, Steiner, Stuttgart 1984, A. 82.

54 Ebd., A. 174.

55 Ebd., A. 89.

56 Koran 4:31.

57 Koran 53:32.

58 Ġazzālī/Gramlich, *Lehre von den Stufen zur Gottesliebe*, A. 99.

59 Muḥammad Ibn-ʿAlī Abū Ṭalib al-Makkī/Richard Gramlich, *Die Nahrung der Herzen: Abū Ṭalib al-Makkīs Qūt al-qulūb*, Freiburger Islamstudien, 16,1, Steiner, Stuttgart 1992, 32.74.

In Bezug auf große Sünden gibt es auch zahlreiche Ḥadithe. So zum Beispiel wird berichtet, dass der Prophet Muhammad, als er über die größten Sünden befragt wurde, Folgendes sagte: „(Es sind): Die Beigesellung Allahs (*širk*), das Ungütigsein gegen die Eltern, die Tötung eines Menschen und das falsche Zeugnis."[60] Der Prophetengefährte Ibn ʿAbbās sagt zu großen und kleinen Sünden Folgendes: „Keine Sünde ist schwer, wenn um Vergebung gebeten wird, und keine Sünde ist leicht, wenn der Missetäter darin verharrt."[61]

Dieser Ausspruch besagt, dass jede Sünde, mag sie noch so schwer sein, vergeben werden kann, solange man darum bittet. Auf der anderen Seite wird eine noch so kleine Sünde zu einer großen Sünde, solange man in ihr verharrt. Aus diesem Grund wird angeraten, dass man versucht sowohl leichte als auch schwere Sünden gänzlich zu vermeiden.

Nach Ġazālī gibt es drei Grade, die für die Beurteilung von Sünden als Maßstab gelten. Diese sind:

1. Sünden die Gott betreffen. Diese wiegen am schwersten, denn sie richten sich gegen Gott und seine Offenbarung, wie zum Beispiel die Beigesellung Gottes oder der Unglauben. Diese Sünden verwehren den Eintritt ins Paradies und machen das Heil des Menschen damit direkt unmöglich.
2. Sünden, die den Menschen betreffen und sich gegen sein Leben richten, es vernichten oder zumindest beeinträchtigen, wie zum Beispiel Mord, Totschlag und Gewaltanwendung.
3. Sünden, die sich gegen die Mittel, die zur Erhaltung des Lebens notwendig sind, richten, wie zum Beispiel Eigentumsdelikte, Raub oder Diebstahl.[62]

Man ist sich darüber einig, dass die aller schwerste Sünde die Beigesellung Gottes (*širk*) ist, denn diese Sünde wird im Gegensatz zu allen anderen Sünden nicht vergeben: „Siehe, Allah vergibt nicht, daß man Ihm Götter beigesellt, doch verzeiht Er im übrigen, wem er will. Wer Allah Götter beigesellt, hat eine gewaltige Sünde ersonnen."[63]

Weiterhin haben diejenigen keine Vergebung zu erwarten, die im Unglauben (*kufr*) sterben: „Diejenigen, die ungläubig sind und von Allahs Weg abhalten und schließlich als Ungläubige sterben, ihnen verzeiht Allah nicht."[64] Mit Unglauben ist die Ablehnung oder die Infragestellung der Glaubensgrundlagen des Islams gemeint. Wenn Gottes Existenz geleugnet oder angezweifelt wird, gilt das als Unglaube. Dasselbe gilt für die restlichen Glaubensgrundlagen, nämlich den Glaube an die Engel, die Propheten, die Offenbarungen, das Jenseits

---

60 Abū-ʿAbdallāh Muhammad Ibn-Ismāʿīl al Buḫārī/Abū-r-Riḍā' Muḥammad Ibn-Aḥmad Ibn Rassoul, *Auszüge aus dem Ṣaḥīḥ al-Buḫāryy*, Nr. 2653, Islamische Bibliothek, Köln [8]1998; vgl. auch Nr. 5977; Nr. 2766; Nr. 6001.

61 *„Khaṭī'a"*, in: Wensinck, *Handwörterbuch des Islam*, S. 308.

62 Ġazzālī/Gramlich, *Lehre von den Stufen zur Gottesliebe*, A. 102-105.

63 Koran 4:48; vgl. Koran 4:116.

64 Koran 47:34.

und an die Bestimmung (*qadar*). Jegliche Infragestellung oder Leugnung dieser Grundlagen führt zum Unglauben. In diesem Fall und im Falle der Beigesellung nützt nicht einmal die Fürbitte (*šafāʿa*) des Propheten Muhammad.[65] In allen anderen Fällen ist die Vergebung der Sünden grundsätzlich möglich. Als Voraussetzung dafür ist der Glaube[66] und das Befolgen der Sunna des Propheten: „Sprich: ‚Wenn ihr Allah liebt, dann folgt mir. Dann wird euch Allah lieben und euch eure Sünden verzeihen, denn Allah ist verzeihend und barmherzig!'"[67] Man kann somit festhalten, dass grundsätzlich derjenige, der glaubt, auf die Vergebung Gottes hoffen kann.

2.2 Konzeption der Vergebung im Islam

> „Oh Sohn Adams! Gewiss werde Ich dir vergeben, solange du Mich demütig darum bittest und (auf Vergebung) hoffst, was auch immer du getan haben magst. Oh Sohn Adams, sogar wenn deine Sünden bis zum Himmel reichen, und du Mich um Vergebung bittest, werde Ich dir vergeben. Oh Sohn Adams, wenn du zu Mir kämest mit einer Welt voller Sünden, und Mich träfest, ohne dass du mir etwas beigesellt hast, würde Ich dir gewiss in gleichem Maße Verzeihung entgegenbringen."[68]

Diese göttliche Rede besagt, dass Gott die Vergebung für jede Sünde zusichert, solange man bereit ist umzukehren und Reue im Herzen empfindet. Jedoch wird hier das Prinzip der Hoffnung betont: „solange du Mich demütig darum bittest und (auf Vergebung) hoffst". Aus islamischer Sicht soll sich das Leben eines Muslim zwischen Angst vor Gottes Strafe und der Hoffnung auf seine Vergebung abwickeln und im Rahmen dieser Spanne soll er sich an Gott wenden: „Und stiftet auf Erden kein Verderben, nachdem in ihr Ordnung herrscht. Und ruft Ihn an in Furcht und Hoffnung. Siehe, Allahs Barmherzigkeit ist denen nahe, die Gutes tun."[69]

Der Muslim soll sich somit nicht gewiss sein, dass seine Umkehr auf jeden Fall angenommen wird. Diese Haltung rührt daher, dass Gott im Gegensatz zum Menschen allwissend und allweise ist. Würde der Muslim davon ausgehen, dass Gott ihm aufgrund seiner Umkehr verzeihen muss, würde er etwas beschließen, was allein in Gottes Entscheidung und Macht steht. Gott ist jedoch frei von jeglicher fremden Bindung und nur er kann sich selbst zu etwas verpflichten.

Auf das genauere Wesen der Umkehr und der Reue soll im nächsten Kapitel näher eingegangen werden, worauf anhand von Koranversen und Ḥadithen eine Umreißung des Vergebungsaktes Gottes und seiner Bedingungen folgen soll.

---

65 Koran 9:80; 63:6.

66 Koran 46:31.

67 Koran 3:31.

68 Yaḥyā ibn Šaraf al-Nawawī/Halima Krausen/Manfred Kh. Röhner, *Riyâd-us-sâlihîn*, (Gärten der Tugendhaften), SKD-Bavaria, München 1999, Hadith 442.

69 Koran 7:56.

2.2.1 Umkehr und Reue

Im Koran und in den Überlieferungen des Propheten wird immer wieder bestätigt, dass Gott barmherzig und reich an Vergebung ist.[70] Die Vergebung aller Sünden ist grundsätzlich möglich, es sei denn, es handelt sich um die Beigesellung Gottes oder den Unglauben, denn diese Formen der Sünde sind nicht vergebbar.[71] Auf diese Weise gilt der Glaube an sich als eine absolute Vorbedingung für die Akzeptanz der Umkehr des Sündigen und dessen Vergebung durch Gott.[72] Ist diese Voraussetzung erfüllt, kann derjenige, der sich schwer vergangen und gesündigt hat, durch die Umkehr die Vergebung seiner Sünden erlangen. Aus diesem Grund ruft der Koran zur Umkehr (*tawba*) und Reue (*nadam*) auf, denn sie gelten neben dem Glauben als eine weitere Voraussetzung für die Vergebung der Sünden.[73] Wer also um Vergebung bittet, wird sie erhalten, denn „[…] Siehe, Allah liebt die sich Bekehrenden und liebt die sich Reinigenden.“.[74] Desweiteren heißt es nach einem Prophetenspruch: „Der Umkehrende ist Gottes Freund. Wer von der Sünde umkehrt, ist wie einer, der keine Sünde hat.“[75] In dieser Überlieferung wird ebenfalls betont, dass Reue und Umkehr zur Vergebung von Sünden führt.

Als der große Mystiker und Islamgelehrte Ḥasan al-Baṣrī (gest. 728) über die aufrichtige Umkehr befragt wurde, sagte er: „Sie ist eine Reue im Herzen und eine Bitte um Vergebung mit der Zunge und ein Ablassen mit den Gliedern und eine Entschlossenheit, es nicht wieder zu tun.“[76] Das heißt mit anderen Worten, dass eine Umkehr nur dann als aufrichtig gilt, wenn sie im Herzen gespürt wird und wenn der Reuende die Sünde wahrhaftig und ehrlich bekennt und damit sein Unrecht eingesteht und darüber hinaus entschlossen ist, die sündhafte Handlung nicht zu wiederholen.[77] Hier wir die Dreidimensionalität der Umkehr hervorgehoben, die sich auch bei Ġazālī findet, nämlich in der Erkenntnis, dem Zustand und der Handlung.[78] Auf diese drei Bedingungen der Umkehr soll hier näher eingegangen werden. Wichtig dabei zu beachten ist, dass die erste Bedingung zur zweiten führt und die zweite zur dritten.

70 Vgl. Koran 2:173, 182, 192, 199, 218.
71 Koran 4:48,116.
72 Koran 20:73; 26:51; 46:31.
73 Koran 42:25; 4:17.
74 Koran 2:222.
75 Zit. in: Abū Ṭalib al-Makkī/Gramlich, *Die Nahrung der Herzen*, 32.3.
76 Zit. in: Ebd., 32.4.
77 Zit. in: Ebd., 32.5.
78 Ġazzālī/Gramlich, *Lehre von den Stufen zur Gottesliebe*, A. 5.

Bedingungen der Umkehr[79]:

1. Erkenntnis: Damit ist das Bewusstsein in Bezug auf die Schuldhaftigkeit gemeint und das Wissen darum, dass die Sünde großen Schaden anrichten kann. Ohne Erkenntnis ist das Bewusstsein über die Sünde nicht existent und somit entbehrt die Umkehr ihres Grundes. Erst wenn der Grund der Umkehr in Form der Erkenntnis Einkehr in das Bewusstsein findet, kann die Umkehr stattfinden. Wenn eine Sünde nicht als Sünde erkannt wird, kann keine Abwendung von dieser eintreten. Mit anderen Worten gesagt: Für denjenigen, der Unrecht nicht als Unrecht erkennt, steht nicht zur Debatte von dieser Handlung umzukehren, denn für ihn ist nichts Negatives zu vermerken, weshalb die Umkehr stattfinden soll. Somit bleibt die Erkenntnis eine notwendige Bedingung der Umkehr.
2. Zustand: Damit ist das Gefühl der inneren Unzufriedenheit gemeint. Der Sünder soll den Schmerz in seinem Herzen empfinden und über sein fehlerhaftes Tun bedauert sein. Es kann sein, dass die Sünde als Sünde erkannt wird und dennoch statt Reue die Freude der Sünde empfunden wird und diese auch als Freude im Bewusstsein bleibt. Das würde Zufriedenheit zur Folge haben. Jedoch sollen Unzufriedenheit und Schmerz der Sünde empfunden werden. Ist beispielsweise ein Ehebruch begangen worden, so soll nicht die Freude daran das dominierende Gefühl sein, sondern der Schmerz der Übertretung eines Gebotes. Dann erst ist der nächste Schritt auf dem Wege zur Umkehr vollzogen. Die innere Reue hat eine bittere Wahrnehmung des Geschehens zur Folge. Die „Süße" der Sünde sollte die Faktizität der Sünde nicht mehr überschatten, sondern sich als vergängliche Illusion bewahrheiten.
3. Handlung: Darunter versteht man den Vorsatz, der in der Absage in der Gegenwart und Zukunft und der Wiedergutmachung des Vergangenen besteht. Eine Reue ist keine Reue, wenn sie nicht zeitlos ist, d.h. im Moment der Reue erkennbar wird, dass sie für immer gelten soll. Am Beispiel des Ehebruchs soll der Reuende Klarheit für sich geschaffen haben, dass auch in Zukunft der Ehebruch keine „gute Handlung" sein wird. Damit soll auch der Entschluss mit einhergehen, dass bei der nächsten Gelegenheit diese nicht angestrebt wird, sondern auf jeden Fall zu unterlassen ist. Erst mit diesem Entschluss und der zukünftigen Absicht wird schließlich die Umkehr vollzogen und der Reuende der göttlichen frohen Botschaft für die Umkehr gerecht.

Sünden Menschen gegenüber müssen in irgendeiner Weise wieder gutgemacht werden, damit sie als getilgt gelten. Es wird überliefert, dass ein Junge im Sterben lag und dieser hatte sich mit seiner Mutter zerstritten und hatte ihr Unrecht getan. Im Sterbebett liegend war der Sohn sich seiner Schuld bewusst und war unruhig. Als der Prophet dies erfuhr, bat er die Mutter herbei und fragte sie, ob sie ihren Sohn vor dem Höllenfeuer bewahren möchte, indem sie ihm verzeiht.

79 Ebd., A. 5-8.

Sie bejahte die Frage des Propheten, vergab ihrem Sohn und ermöglichte damit ihrem Sohn das Paradies.[80] In dieser Geschichte wird deutlich, dass, wenn es sich um Sünden handelt, die den Mitmenschen betreffen, diese nur zwischenmenschlich verziehen werden können. Anderenfalls hätte der Prophet es nicht für nötig erachtet, um die Vergebung der Mutter zu bitten und dadurch die Schuld des Sohnes zu tilgen.

Obwohl nach einer Prophetenaussage Gott die Reue des Sünders bis zu seinem letzten Atemzug annimmt[81], wird die Reue eines Sterbenden, der die Hoffnung auf das Leben verloren hat und sich in einem sündhaften Zustand oder im Unglauben befindet, nicht angenommen. Der Grund ist darin zu sehen, dass ein Sterbender die notwendigen Bedingungen der Reue nicht erfüllen kann. Der Koran erwähnt die Bedingung der Akzeptanz der Reue folgendermaßen: „Vergebung haben bei Allah nur diejenigen zu erwarten, welche Übles in Unwissenheit taten und (recht)zeitig bereuten; diesen vergibt Allah; und Allah ist wissend und weise.“[82] Hier ist mit das „Böse“ die Sünde und mit „beizeiten“ noch zu Lebzeiten gemeint, in der die Lebenshoffnung nicht erloschen ist. Prinzipiell lässt sich daraus erschließen, dass eine zeitige Umkehr die Vergebung begünstigt. Spätere Umkehr erschwert sie und schließlich, wenn sie während des Ablebens geschieht, wird sie dann sogar unmöglich. Somit handelt es sich bei der letzteren Reue nicht um eine aufrichtige, sondern eher um eine strategische Reue. Strategisch deshalb, weil keine Möglichkeit mehr besteht dieser Reue Gewissheit zu verschaffen. Sie bleibt aus diesem Grund ohne Erfolg. Die sogenannte „Totenbettreue“ findet auch im Koran ihre Erwähnung: „Keine Vergebung haben aber jene zu gewärtigen, welche Übles taten bis, wenn der Tod sie ereilt, sie sprechen: ‚Siehe, jetzt bekehre ich mich!‘, und auch nicht jene, die als Ungläubige sterben.“[83]

2.2.2 Weitere Bedingungen der Vergebung

Gemäß einem Ausspruch des Propheten heißt es, dass derjenige nicht auf die Vergebung seiner Sünden hoffen kann, der seine Sünden seinen Mitmenschen mitteilt und sie nicht für sich behält. Der Grund ist darin zu sehen, dass Gott nicht möchte, dass der Mensch vor anderen bloßgestellt wird. In diesem Zusammenhang wird von einem „Schutzschleier“ Gottes gesprochen, den der Sündige nicht abwerfen soll. Der entsprechende Ḥadith dazu lautet:

> „Jeder in meiner Umma [Gemeinschaft] darf mit der Vergebung seiner Sünden rechnen, mit Ausnahme derjenigen, die ihre Sünden kund tun. Zum Kundtun gehört,

80 Nūr al-Dīn ʿAlī ibn Abū Bakr al Hayṯamī, *Maǧmaʿ al-zawāʾid wa manbaʿ al-fawāʾid*, VII, Dār al-Kutūb al-ʿIlmiyya, Beyrut 1967, S. 148.

81 Nawawī, *Riyâd-us-sâlihîn*, Hadith 18.

82 Koran 4:17.

83 Koran 4:18.

> daß der Mensch eine Tat in der Nacht begeht und beim Anbruch des Morgens – wo Allah ihm Verborgenheit gewährt hat – sagt: ‚Du Soundso, ich habe gestern abend soundso gemacht!' Er verbrachte doch die Nacht in der Verborgenheit, die ihm sein Herr gewährt hat und steht auf, indem er den Schutzschleier Allahs von sich abwirft."[84]

Eine weitere Konsequenz, die aus dieser Überlieferung abgeleitet werden könnte, ist die, dass der Muslim in der Regel keinen Vermittler zwischen ihm und Gott braucht, damit ihm seine Sünden vergeben werden können. Desweiteren soll man darauf achten, dass man nicht nach den Sünden anderer sucht[85] und ihn dadurch in Bedrängnis bringt. Vielmehr soll man dem Sünder dazu verhelfen, von der Barmherzigkeit Gottes Gebrauch zu machen. Dazu gibt es eine Anekdote aus dem Leben des Propheten, in der ein Gefährte zu ihm kommt und sagt: „O Gesandter Allahs, ich habe gesündigt, so vollziehe die Strafe für mich!" Der Prophet fragte aber nicht nach seiner Tat und da wurde die Gebetszeit fällig und sie gingen zusammen beten. Als das Gebet zu Ende war, kam der Gefährte wieder auf ihn zu und wiederholte sein Anliegen: „O Gesandter Allahs, ich habe gesündigt, so vollziehe die Bestimmung des Buches Allahs für mich!" Daraufhin sagte der Prophet zu ihm: „Hast du nicht mit uns gebetet?" Der Gefährte bejahte die Frage und der Prophet sagte: „Allah hat dir doch deine Sünde vergeben."[86]

In diesem Ḥadith wird deutlich, dass der Prophet absichtlich den Gefährten nicht nach der Sünde ausfragte und dem Sündigen sogar behilflich dabei war, dass ihm seine Sünde durch das Gebet vergeben wurde. Auf die Bedeutung des Gebetes bei der Sündenvergebung soll später näher eingegangen werden. Durch das Verhalten des Propheten wurde vermieden, dass dem Sünder ein weltliches Strafmaß verhängt wurde und ihm dazu verholfen, dass er von der Barmherzigkeit Gottes Gebrauch machen konnte. Wäre jedoch die Sünde öffentlich bekannt geworden, so hätte der Prophet der Gerechtigkeit willen nicht mehr die Möglichkeit gehabt von einer evtl. Strafe abzusehen.[87]

2.2.3 Vergebung durch gute Taten

Aus islamischer Sicht führen gute Taten stets zur Auslöschung begangener Sünden. Aus diesem Grund empfiehlt der Prophet, dass man nach dem Begehen einer sündhaften Tat eine gute Tat vollbringen soll, um damit die schlechte Tat auszulöschen: „Fürchte Allah, wo immer du bist, und lasse der bösen Tat die gute Tat folgen, sie damit auszulöschen, und begegne den Menschen mit gutem

---

84 Buḫārī, Rassoul, *Auszüge*, Nr. 6069.
85 Vgl. Koran 49:12 *„[...] sucht nicht nach den Fehlern anderer [...]"*.
86 Buḫārī, Rassoul, *Auszüge*, Nr. 6823.
87 Ebd., Nr. 6823, vgl. Kommentar.

Wesen."[88] Eine gute Tat kann sogar darin gesehen werden, wenn sich zum Beispiel zwei Menschen die Hand geben. Der Prophet versichert, dass ihnen ihre Sünden vergeben werden, bevor sie noch auseinander gehen: „Wenn sich zwei Muslime treffen und sich die Hand geben, werden ihnen ihre Sünden vergeben, bevor sie sich (von einander) trennen."[89] Auch durch folgenden Koranvers wird untermauert, dass im Falle der Umkehr schlechte Taten gegen gute Taten eingetauscht werden: „Außer denen, die bereuen und glauben und gute Werke tun; denn deren Böses wird Allah in Gutes umwandeln. Und Allah ist verzeihend und barmherzig."[90]

Zu den guten Taten zählen vor allem die religiösen Pflichten (*farāʾiḍ*), wie Beten, Fasten, Spenden usw. Durch die gewissenhafte Verrichtung dieser religiösen Pflichten werden vergangene Sünden vergeben.

Eine dieser religiösen Pflichten, die zur Vergebung von Sünden führt, ist die Gebetswaschung. Sie gilt als eine rituelle Reinigung, die als Vorbereitung zum Gebet vollzogen wird und dient als Symbol der inneren Reinheit und als Ausdruck der Hinwendung zu Gott. Dabei werden in der Regel in folgender Reihenfolge jeweils drei Mal die Hände, der Mund, die Nase, das Gesicht, die Arme und die Füße mit Wasser gewaschen bzw. ausgespült. In einer Überlieferung heißt es hierzu:

> „Wenn ein Muslim oder ein Gläubiger seine rituellen Waschungen vollzieht und sein Gesicht wäscht, spült das Wasser bis zum letzten Tropfen alle Sünden fort, die durch seine Augen begangen wurden; wenn er seine Hände wäscht, spült das Wasser die Sünden fort, die von seinen Händen begangen wurden; und wenn er seine Füße wäscht, wäscht das Wasser alle Sünden weg, zu denen seine Füße ihn gebracht haben, bis er daraus hervorgeht, gereinigt von allen seinen Sünden."[91]

Wenn ein Gläubiger diese Waschung ausführt, werden ihm alle Sünden, die seine einzelnen Glieder vollzogen haben, vergeben. Alle Körperteile – Augen, Hände, Füße – die mit dem Wasser in Berührung kommen, werden gereinigt und von der begangenen Sünde befreit.

Im Islam besteht für alle mündige Muslime eine Gebetspflicht. Dieses Pflichtgebet (*ṣalāt al-farḍ*) steht im Mittelpunkt der islamischen Frömmigkeit und wird fünfmal täglich durchgeführt: In der Morgendämmerung, zu Mittag, zu Nachmittag, in der Abenddämmerung und in der Nacht. Jedes Gebet besteht aus Einheiten (*rakʿa*). Eine Einheit besteht wiederum aus dem „Stehen" (*qiyām*), dem „Verbeugen" (*rukūʿ*) und dem „Niederwerfen" (*suǧūd*). Gesprochen wird das Gebet in der arabischen Sprache, wobei ein großer Teil aus dem Koran stammt.

---

88 Bubenheim, *Ḥadīṯ für Schüler*, Nr. 18.

89 Nawawī, *Riyâd-us-sâlihîn*, Hadith 887.

90 Koran 25:70.

91 al-Nawawī, *Riyâd-us-sâlihîn*, Hadith 129.

In folgendem Ḥadith wird bzgl. des Gebetes Folgendes ausgesagt: „Vermehre deine Niederwerfungen, denn jede Niederwerfung vor Allah wird deinen Rang um einen Grad erhöhen und eine deiner Sünden tilgen.“[92] In diesem Ḥadith ist die Niederwerfung im rituellen Gebet gemeint. Somit wird hier eindeutig besagt, dass durch das Gebet Sünden vergeben werden und zudem der Rang des Gläubigen sich bei seinem Herrn erhöht. Jede einzelne Niederwerfung tilgt eine Sünde. In einem weiteren Ḥadith wird das Gebet mit einem Fluss verglichen, indem der Gläubige badet und sich dadurch von Schmutz befreit und sich reinigt.

> „‚Stellt euch vor, jemand von euch hätte vor seiner Haustür einen Fluß, in dem er fünfmal am Tage baden würde. Würde dann etwas von seinem Schmutz an ihm zurückbleiben?‘ Die Leute antworteten: ‚Nichts von seinem Schmutz würde an ihm zurückbleiben.‘ Der Prophet sagte: ‚Genauso ist es mit den fünf Gebeten, durch die Allah die Sünden tilgt.‘„[93]

Der Schmutz soll hier als Sinnbild der Sünden des Menschen gelten. Somit wird auch hier wieder ausgesagt, dass das rituelle Gebet von Sünden befreit und sie tilgt und das fünfmal täglich. Im Zusammenhang des Gebetes wird auch erwähnt, dass die Engel unaufhörlich für den Gläubigen, während er sich im Gebet befindet, um Vergebung bitten: „Die Engel bitten Allah um Vergebung für jeden von euch, solange er sich in seinem Gebetsplatz aufhält [...], indem sie sagen: ‚O Allah, vergib ihm, o Allah erbarme Dich seiner.‘“[94]

Sowohl die rituelle Waschung als auch das Pflichtgebet sind Handlungen, die der Muslim täglich mehrmals durchführt. Auf diese Weise werden dem Gläubigen seine Sünden auch täglich mehrmals vergeben. Neben dem rituellen Gebet gibt es auch Bittgebete, die allein aus Worten bestehen. Der Prophet sprach folgendes Bittgebet für die Vergebung der Sünden:

> „Mein Herr, vergib mir meine Fehltritte und meine Unwissenheit, meine Überschreitungen in all meinen Angelegenheiten und auch das, was Du besser kennst als ich. O Allah, mein Gott, vergib mir meine Sünden und all meine (Mißetaten, die) ich vorsätzlich, unwissentlich und ernstlich beging und ich gebe zu, daß diese alle bei mir sind. O Allah mein Gott, vergib mir all meine (Mißetaten, die) ich einst beging und künftig begehen werde, und was ich von diesen heimlich und offenkundig tue. Du bist mit Deiner Gnade zuvorkommend und gewährst Aufschub für alles, und Du bist über alle Dinge Mächtig.“[95]

In diesem Gebet wird deutlich, dass der Gläubige davon ausgeht, dass Gott besser über seine Fehler Bescheid weiß, als er selbst. Ausgehend von Gottes Allwissenheit bittet er sogar um Vergebung von Sünden, über die er kein Wissen hat, dass er sie begangen hat. Auch die Haltung, dass das Fehler-Begehen zum

92 Ebd., Hadith 107.
93 Buḫārī, Rassoul, *Auszüge*, Nr. 0528.
94 Ebd., Nr. 0445.
95 Ebd., Nr. 6398.

Wesen des Menschen gehört, wird hier deutlich, denn es wird nicht nur für ausgeführte Fehler um Verzeihung gebeten, sondern sogar um Fehltritte, die in der Zukunft liegen.

2.2.4 Vergebung bei Krankheit

Wie bereits oben erwähnt, stellt das gesamte Leben eine Prüfung für den Muslim dar. Eine Prüfung kann nur als Prüfung angesehen werden, wenn sie Schwierigkeiten beinhaltet und für den zu Prüfenden eine Herausforderung darstellt. Leid, Trauer und Krankheit sind natürliche und schwierige Ereignisse im Leben des Menschen. Sie stellen die Geduld des Menschen auf die Probe und lassen ihn sich wieder auf das Wesentliche des Lebens besinnen. Aus islamischer Sicht wird jedoch Krankheit und Leid nicht bloß als ein Übel angesehen, denn das noch so kleinste Übel, das den Menschen trifft, ist als eine Sühne für seine Sünden zu bewerten. Folgender Ḥadith macht dies sehr deutlich, wo sogar ein kleiner Dornenstich als Sühne bezeichnet wird: „Niemals wird der Muslim Anstrengung, Krankheit, Trübsal, Kummer, Übel oder Schaden erleiden, sogar wenn ihn nur ein Dorn sticht, ohne daß Allah ihm dies als Sühne für seine Sünden zurechnet.“[96] In einem weiteren Ḥadith wird ebenfalls von der Krankheit als Sühne gesprochen. Der Prophet beschreibt hier bildhaft die positiven Wirkungen eines Übels: „Niemals wird ein Muslim von einem Übel getroffen sein, ohne daß Allah von ihm seine Sünden so abfallen läßt, wie die Blätter von den Bäumen abfallen.“[97] So wie Blätter von einem Baum abfallen, werden auch die Sünden von dem Sünder getilgt, wenn ihn ein Übel trifft.

2.2.5 Vergebung durch Fürsprache

Für den Sünder, der zu Lebzeiten keine Buße tun konnte, besteht die Möglichkeit einer Fürsprache (*šafāʿa*) im Jenseits durch den Propheten Muhammad[98], denn ihm wird das Recht zugestanden, fürbittend für die Muslime einzutreten, um ihnen damit den Weg ins Paradies zu ebnen.[99] Die Möglichkeit Fürsprache bei Gott einzulegen wird neben dem Propheten auch denjenigen gewährt, die eine hohe Stellung bei Gott haben. Denn sofern Gott will, kann er jemandem die Möglichkeit der Fürsprache einräumen.[100] Auch Engel treten fürbittend für die

96 Ebd., Nr. 5641.

97 Ebd., Nr. 5647.

98 Gemäß einem Hadith sagt der Prophet selbst, dass ihm im Gegensatz zu den anderen Propheten die Besonderheit eigen ist, dass er am Jüngsten Tag Fürsprache halten wird für die Gläubigen: *„[...] Und mir wurde die Fürsprache (am Jüngsten Tag) gegeben.“*; in: Buḫārī, Rassoul, *Auszüge*, Nr. 0438; vgl. auch den etwas längeren Hadith mit der Nr. 3340.

99 Ludwig Hagemann, *„Eschatologie“*, in: *Islam-Lexikon*, S. 212ff.

100 Vgl. Koran 20:109; 19:87; 43:86; 10:3; 34:23; 2:255.

Menschen ein und besonders am Tage des Gerichts werden sie mit der Erlaubnis Gottes Fürsprache für die Menschen halten. Die Engel werden sich an Gott wenden und um die Vergebung der Menschen bitten: „[…] O unser Herr! Du umfaßt alle Dinge in Barmherzigkeit und Wissen. So vergib denen, die sich bekehren und Deinem Pfad folgen; und bewahre sie vor der Strafe der Hölle.“[101]

Die Fürsprache des Propheten, der Engel und der Gott Nahestehenden gilt den Sündern, die ihre Schuld im irdischen Leben nicht durch gute Taten tilgen konnten und dadurch in eine schwierige und unangenehme Lage im Jenseits geraten. Durch die Fürsprache kann somit der Gläubige über den Tod hinaus die Aussicht auf Vergebung halten.

3. Zusammenfassung und seelsorgerliche Konsequenzen

Der Sünder kann als ein in Sorge und Not stehender Mensch betrachtet werden, der im Zustand der Schuldhaftigkeit gegenüber Gott verweilt und in diesem Sinne nicht mit Gott ist und deswegen von Gott getrennt ist. Dieses Getrennt-Sein kann nur durch die Vergebung Gottes aufgehoben werden, also durch ein Zugehen Gottes auf seinen Diener. Durch die Prüfungssituation des Menschen ist er in dieser Beziehung derjenige, der den Willen zum Guten oder zum Bösen zu äußern hat. Durch die Sünde findet eine Äußerung zum Bösen statt. Demgegenüber kann eine Äußerung zum Guten den Ausgleich bringen. Das kann die innere und äußere Umkehr bewirken, die zugleich ein Zugehen auf Gott bedeutet, um die Aufhebung dieser Trennung zu erzielen und damit eine erneute bzw. geläuterte Beziehung zu Gott zu ermöglichen. Ausgehend von dem Prüfungscharakter dieser Welt ist der Muslim stets darum bemüht, gottgefällige Handlungen zu vollziehen und die Taten, die in den Bereich des Verbotenen fallen, zu unterlassen. Der Absicht kommt bei der Bewertung der einzelnen Handlungen eine entscheidende Rolle zu. Auch bei der Umkehr ist diese Absicht vergebungsrelevant. Die Umkehr hat gottbezogenen Charakter und kann nicht eigennützig erfolgen, um beispielsweise das eigene Gewissen zu beruhigen oder Genugtuung zu erlangen. Wie jede Handlung des Muslims soll sie Gottgefälligkeit anstreben.

Wenn nun ein Gläubiger sündigt, bedarf es keiner Institution oder eines Gelehrten, der ihn von seiner Schuld freispricht. Der Sünder wendet sich unmittelbar an Gott und bittet ihn um Verzeihung, denn im Islam spielt die unmittelbare bzw. direkte Beziehung zu Gott eine bedeutende Rolle. Ist seine Reue und Umkehr aufrichtig, so kann er sich der Vergebung Gottes gewiss sein. Aber nicht nur das aktive Bitten um Verzeihung, sondern auch das Vollziehen guter Taten tilgt Sünden, ohne dass der Muslim dabei explizit um Vergebung bittet. Somit ist das Vollbringen guter Taten und der religiösen Pflichten allein schon als Sühne anzusehen. So kann sich der Muslim nach jeder gottgefälligen Handlung

101 Koran 40:7; vgl. auch Koran 42:5; 53:26; 21:28.

der Vergebung seiner Sünden erfreuen. Konnte er jedoch zu Lebzeiten keine Buße für seine Sünden tun, werden der Prophet, die Engel und Gott Nahestehende für ihn Fürsprache halten und Gott um seine Vergebung bitten. Der Sünder kann damit über seinen Tod hinaus Aussicht auf Vergebung halten.

Ist sich jedoch der sündige Muslim über seine Lage unsicher und weiß nicht, wie er Sühne für seine Schuld leisten soll, hat er die Möglichkeit sachkundige Beratung bei einem Imam, einem Seelsorger oder einem Mufti einzuholen. Der Koran ruft selbst dazu auf, im Falle der Unsicherheit bzw. Unwissenheit sich durch Fachkundige beraten zu lassen.[102] Die Antwort, die der Gläubige erhält, wird *fatwā* genannt und stellt eine beratende Meinung zu einer theologischen Angelegenheit dar. Diese *fatwā* ist für den Gläubigen wegweisend aber nicht bindend. Falls der Muslim mit dem Ergebnis nicht einverstanden sein sollte, ist er nicht daran gebunden, den vorgeschlagenen Weg zu gehen. Diese Praxis der Meinungseinholung durch einen Theologen ist sehr gängig unter den Muslimen und entspricht einer praktischen Seelsorge im modernen Sinne. Denn dieser Rat erfolgt meist als beratendes Gespräch, das die moderne Pastoralpsychologie in den letzten 30 Jahren als die modernste Form der Seelsorge herausgearbeitet hat.[103]

Weil im Islam Gott sich die Barmherzigkeit selbst vorgeschrieben hat und diese seinem Zorn gegenüber den Sündern und ihren Sünden überwiegt, ist dies eine frohe Botschaft, die dem Sünder aus seiner Verzweiflung hilft und ihm Hoffnung schenkt. Eine Hoffnung, die er gerade dann braucht, wenn er seinen Fehler erkennt und die Umkehr anstrebt. Gerade im Moment des Erkennens des eigenen Fehltritts besteht eben auch die Gefahr des Rückfalls in weitere Sünden. Die fatalen Folgen des Fehltritts können vor dem geistigen Auge in Vorschein treten und der Sünder stuft den irreparablen Schaden, der die Sünde ausmacht, als unüberwindbar groß ein und zweifelt an der Gnade Gottes. Das Wissen, dass seine Barmherzigkeit immer seinen Zorn übersteigt, kann diesen Zweifel beheben und eine Seelsorge für den Sünder sein. Auf diese Weise kann ein Gläubiger auf Basis der eigenen Mündigkeit wieder zu Gott finden. Jedoch kann auch ein muslimischer Seelsorger dieses Wissen dem Seelsorgebedürftigen vermitteln und den Gläubigen auf seinem Weg zu Gott begleiten. Aufgabe des Seelsorgers sollte es sein, dass er die Aussicht auf die Gnade Gottes dem Seelsorgedürftigen vor Augen hält, aber nicht durch seine Person, sondern durch die persönliche Hinwendung des Seelsorgebedürftigen an Gott. Ein Seelsorger kann auf diesem Weg behilflich sein, er stellt aber keine notwendige Bedingung dar.

102 Koran 16:43.

103 Vgl. Hellmut Santer, *Persönlichkeit und Gottesbild. Religionspsychologische Impulse für eine Praktische Theologie*, vollst. zugl. Diss., Univ. Wien, 2002, Vandenhoeck & Ruprecht, Göttingen 2003, S. 129.

Literatur

Abū Ṭalib al-Makkī, Muḥammad Ibn-ʿAlī/Gramlich, Richard, *Die Nahrung der Herzen: Abū Ṭalib al-Makkīs Qūt al-qulūb*, Freiburger Islamstudien, 16,1, Steiner, Stuttgart 1992.

Berlin-Brandenburgische Akademie der Wissenschaften (Hg.), *Das digitale Wörterbuch der deutschen Sprache des 20. Jahrhunderts (DWDS),* Berlin-Brandenburgische Akad. der Wiss., Berlin 2008.

Bubenheim, Abdullah Frank, *Ḥadīṯ für Schüler. An-Nawawyy's Vierzig Ḥadīṯe mit Kommentar*, Köln 1993.

Buchberger, Michael/Kasper, Walter (Hg.), *Lexikon für Theologie und Kirche*, Herder, Freiburg u.a.[3]2001.

Buḫārī, Abū-'AbdAllah Muhammad Ibn-Ismā'īl al/Rassoul, Abū-r-Riḍā' Muḥammad Ibn-Aḥmad Ibn, *Auszüge aus dem Ṣaḥīḥ al-Buḫāryy*, Islamische Bibliothek, Köln [8]1998.

Buḫārī, Muḥammad Ibn-Ismāīl al,*Ṣaḥīḥ al-Buḫārī. Nachrichten von Taten und Aussprüchen des Propheten Muhammad*, ausgew., aus dem Arab. übers. und hrsg. v. Dieter Ferchl, Reclam, Stuttgart 2002.

Die Bedeutung des Korans: Mašrūʿ tarǧamat maʿāni 'l-Qur'ān al-karīm ila 'l-luġa al-almānīya. SKD Bavaria, München 1996.

Dorn, Anton Magnus, *Schuld – was ist das? Versuch eines Überblicks; das Phänomen Schuld in Literatur, Psychologie, Verhaltensforschung, Jurisprudenz, Philosophie und Theologie*, Auer, Donauwörth 1976.

Ġazzālī, Abū-Ḥāmid Muḥammad Ibn-Muḥammad al/Gramlich, Richard, *Muḥammad al-Ġazzālīs Lehre von den Stufen zur Gottesliebe*, die Bücher 31-36 seines Hauptwerkes, Freiburger Islamstudien 10, Steiner, Stuttgart 1984.

Hagemann, Ludwig, *Moralische Normen und ihre Grundlegung im Islam*, Islam heute 2, Soest 1982.

Hayṯamī, Nūr ad-Dīn ʿAlī bin Abū Bakr al, *Maǧmaʿ az-Zawāʾid wa Manbaʿ al-Fawāid*, VII, Dār al-Kutūb al-ʿIlmiyya, Beyrut 1967.

Hofmann, Murad Wilfried/Henning, Max, *Der Koran. Das heilige Buch des Islam*, Diederichs, Kreuzlingen u.a. 2005.

Imam Zakiyud-Din Abdul-azhim Al-Mundhiry, *Inspiriting & Disheartening*, English Translation of At-Targhib Wat-Tarhib, Umm Al-Qura, Makkah 2005.

Katholische Bibelanstalt, *Einheitsübersetzung der Heiligen Schrift*, Stuttgart 1980.

Khoury, Adel T./Hagemann, Ludwig/Heine, Peter, *Islam-Lexikon. Geschichte – Ideen – Gestalten*, Herder, Freiburg i. Br. 1991.

Khoury, Adel Theodor (Hg.), *Lexikon religiöser Grundbegriffe. Judentum Christentum Islam*, Styria, Graz u.a. 1987.

Khoury, Adel Theodor/Heine, Peter, *Im Garten Allahs. Der Islam*, Kleine Bibliothek der Religionen 6, Herder, Freiburg 1996.

Muslim, ibn al-Ḥajjāj al-Qushayrī/Ṣiddīquī Abdul Hamid,Ṣaḥiḥ Muslim, *Being traditions of the sayings and doings of the prophet Muḥammad as narrated by his companions and compiled under the title al-Jāmiʿ-uṣ-ṣaḥīḥ*, Sh. Muhammad Ashraf, Lahore 1975.

Nawawī, Yaḥyā Ibn-Šaraf an/Krausen, Halima/Röhner, Manfred Kh., *Riyâd-us-sâlihîn*, (Gärten der Tugendhaften), SKD-Bavaria, München 1999.

Reidegeld, Aḥmad A., *Handbuch Islam. Die Glaubens- und Rechtslehre der Muslime*, hrsg. v. Hasan Özdogan, Spohr, Kandern im Schwarzwald 2005.

Rolf, Sibylle, *Vom Sinn zum Trost. Überlegungen zur Seelsorge im Horizont einer relationalen Ontologie*, Heidelberger Studien zur praktischen Theologie 6, Lit, Münster 2003.

Santer, Hellmut, *Persönlichkeit und Gottesbild. Religionspsychologische Impulse für eine Praktische Theologie*, vollst. zugl. Diss. Univ. Wien, 2002, Vandenhoeck & Ruprecht, Göttingen 2003.

Wensinck, Arent J., *Handwörterbuch des Islam*, Brill, Leiden 1976.

Seelsorge im christlichen Verständnis

Von Norbert Mette

1. Zur Terminologie und Begriffsgeschichte

Weil mit ihm leicht problematische Konnotationen einhergehen – etwa eine Abwertung des Leiblichen oder die Festschreibung eines paternalistischen Gehabes –, ist verschiedentlich versucht worden, den Begriff „Seelsorge" durch eine Bezeichnung zu ersetzen, die die Sache, um die es geht, besser treffen soll, wie z.B. Heilsdienst. Aber bis heute konnte sich keine Alternative durchsetzen.

Seinen Ursprung hat das Wort „Seelsorge" nicht in der biblischen Tradition, sondern in der hellenistischen Philosophie.[1] *Epimeleia* bezeichnet die Sorge um sich selbst – nicht im Sinne eines Um-sich-selbst-Kreisens, sondern einer Läuterung des eigenen inneren Kerns, der Seele, um zur Übernahme der Verantwortung für sich selbst und für andere fähig zu werden. Richtete sich ursprünglich – bei Platon, Aristoteles, Seneca – die Selbstsorge auch auf die Sorge um den Leib, so kam es im Zuge des Neuplatonismus zu dem verhängnisvollen Seele-Leib-Dualismus mit der über Jahrhunderte sich auswirkenden und christliches Gedankengut massiv beeinflussenden Leibfeindlichkeit.

Dieser begriffsgeschichtliche Hinweis ist insofern aufschlussreich, weil mit der Übernahme des Wortes *epimeleia* in den Sprachgebrauch der frühen Kirche zugleich die ihm anhaftende Ambivalenz Eingang in das christliche Denken fand und sich auf die Praxis der Seelsorge im weiteren Verlauf der Kirchengeschichte auswirkte: Auf der einen Seite war es ihr Verständnis im Sinne der integralen Sorge um Seele und Leib der Menschen, indem ihnen in Wort und Tat zugesprochen bzw. zugewandt wird, wonach sie suchen, „ein Leben [...], das in ihnen selbst seinen Ursprung hat"[2]. Das ließ sich von den damaligen Christgläubigen gut mit dem in Verbindung bringen, worum es auch Jesus Christus in seinem Umgang mit den Menschen zentral zu tun gewesen ist: sie aus ihren Verstrickungen in sie lähmende bzw. zugrunde richtende Zwänge zu befreien, indem er ihnen die Kraft zu einem gelingenden Leben zutraute und Wege dazu zu eröffnete, wie sie ihnen vom Geist Gottes her eingestiftet ist („Dein Glaube hat dir geholfen.") Auf der anderen Seite wirkte sich das neuplatonische dualistische Denken aus, insofern sich im seelsorgerlichen Denken und Tun ein anderer Strang herausbildete, gemäß dem die Aussicht auf heiles Leben ins Jenseits

---

1 Vgl. zum Folgenden Michael Albecht, *„Selbstsorge"*, in: HWP 9, S. 528-535; Hermann Steinkamp, *Die sanfte Macht der Hirten*, Mainz 1999, bes. S. 58-71.

2 Reinhard Feiter, *„Seelsorge und Diakonie"*, in: Walter Fürst/Jürgen Werbick (Hg.), *Katholische Glaubensfibel*, Freiburg/Br./Rheinhausen 2004, S. 189-192, hier: S. 191.

verlagert, die Sorge um das Selbst als sündige Selbstbefangenheit interpretiert und alles Körperliche in diesem Zusammenhang als Quelle der Sünde angeführt wurde. Diese Ambivalenz nötigt dazu, sich immer wieder neu zu vergewissern, worum es in der Seelsorge im christlichen Verständnis zu tun ist.

Bevor darauf eingegangen wird, muss noch etwas zum unterschiedlichen Sprachgebrauch bemerkt werden: Im katholischen Raum fungiert „Seelsorge" als Sammelbezeichnung für die gesamte Praxis gemäß den kirchlichen bzw. gemeindlichen Grundvollzügen Verkündigung, Liturgie und Diakonie. In der protestantischen Tradition wird der Begriff demgegenüber für spezielle Handlungsfelder der Begleitung von Einzelnen und (Klein-)Gruppen, also gewissermaßen für den Mikrobereich kirchlicher Praxis reserviert. Bei den weiteren Überlegungen richte ich den Fokus auf das Verständnis und die Praxis von Seelsorge im letzteren Verständnis, also auf die sog. Individualseelsorge. Im Auge behalten werden muss jedoch, dass dem kirchlichen Handeln in allen genannten Grundvollzügen auch eine seelsorgerliche Dimension innewohnt und entsprechend jeweils zu berücksichtigen ist.

2. Zur anthropologischen und theologischen Grundlegung

Dass sich der Begriff Seelsorge so hartnäckig hält, führt der katholische Pastoraltheologe Reinhard Feiter darauf zurück, dass er ein Bedürfnis treffe, etwas anspreche, was gesucht werde – zumal, so kontextualisiert er dieses mit Blick auf die Gegenwart, in gesellschaftlichen Verhältnissen, die von vielen als seelenlos empfunden würden, und unter dem Druck der Individualisierung, sie selbst sein zu müssen, aber zugleich allenthalben daran gehindert zu werden. Dieses Bedürfnis umreißt er näherhin auf folgende Weise:

> „Ich will nicht nur daraufhin angesehen werden, was ich leiste. Ich muss doch mehr sein, als was sich als geldwerter Vorteil oder sozialer Mehrwert darstellen lässt. Ich kann nicht wirklich leben, wenn ich immer nur ‚draußen' bin, geschmeidig auf alles reagierend, schnell, immer schneller mich um- und einstellend auf die wechselnden Anforderungen. Und wer bin ich, wenn ich scheitere, wenn ich verlassen werde, wenn ich den Standards nicht entspreche? [...] Es ist eben doch das alte Wort Seele, an dem diese Fragen immer wieder andocken. Denn Seele heißt, was meinem Leben von innen her Gestalt gibt, ohne welches auch Widerstand und Kampf unmöglich sind. Wer Seele sagt, spricht den Menschen auf das hin an, was in den Brüchen und Zusammenbrüchen bleibt und worin die Stücke und Episoden aufgehoben sind. Seele billigt dem Menschen Innerlichkeit zu Tiefe zu. In der Vorstellung und im Gedanken der Seele denkt der Mensch groß von sich."[3]

Dieses Begehren bzw. diese Sehnsucht nach Heil- und Ganz-sein-Können lässt sich im Anschluss an Hans Joas als Erfahrung der Selbsttranszendenz deuten. Er versteht darunter Erfahrungen, in denen Personen sich selbst übersteigen, ihrer

3 Ebd., S. 190.

gegebenen existenziellen Verfassung nicht das letzte Wort lassen, sondern sich nach einem rundum erfüllten Leben und Zusammenleben ausstrecken.[4] Solche Erfahrungen transzendieren das, was Menschen aus eigenen Kräften zu bewerkstelligen vermögen. Sie müssen nicht, können aber religiös gedeutet werden. In der Tat sind es die Religionen, die aus ihrer langen Geschichte reiche Repertoires für ihre Deutung bereit halten. Dies ist gewissermaßen die Scharnierstelle, an der von anthropologischen Einsichten zu theologischen Überlegungen übergeleitet werden kann, im Folgenden beispielhaft bezogen auf das christliche Verständnis von Seelsorge.

Dass es diesen Fachbegriff in der biblischen Tradition nicht gibt, ist bereits angedeutet worden. Wenn im Neuen Testament das griechische Wort *psyche* gebraucht wird, das im Deutschen mit „Seele“ übersetzt wird, so ist dieses in der Traditionslinie vor allem des hebräischen Begriffs *näfäsch* zu sehen, der in den deutschen Bibeln herkömmlicherweise ebenfalls mit „Seele“ übersetzt wird. Im Hebräischen wird *näfäsch* zunächst einmal zur Bezeichnung eines Körperteils gebraucht, nämlich der Kehle. Durch die Kehle geht der Atem. Wenn einem zu lange die Kehle zugedrückt wird, kann man nicht mehr atmen; man stirbt. Daraus ergibt sich die übertragene Bedeutung von *näfäsch*: Lebenskraft, also das, worauf der Mensch für seine Existenz konstitutiv angewiesen ist, sowohl körperlich als auch psychisch. Diese Lebenskraft, so der biblische Glaube, verdankt der Mensch wie seine ganze Existenz letztlich Gott.

Von diesem etymologischen Befund her ergibt sich bereits ein erster Aspekt für das biblisch-christliche Verständnis von Seelsorge: Die Sorge für Seele und Leib gehören zusammen. Bei der Seelsorge darf nicht bloß die geistig-geistliche Seite des Menschen in Betracht gezogen werden, sondern auch seine materiell-körperliche Seite. Wo einem Menschen nicht die elementaren materiellen Ressourcen zum (Über-)Leben zur Verfügung stehen, hilft ein noch so gut gemeinter Zuspruch allein nicht weiter. Hier müssen Seelsorge und Caritas Hand in Hand gehen.

Ein zweiter Aspekt ergibt sich vom Sorgebegriff her: Christoph Morgenthaler hat darauf hingewiesen, dass dieser (griech. *merimna*) in den Evangelien unter einem kritischen Vorzeichen steht: Die Sorge des Menschen um sich selbst werde kritisiert, teilweise geradezu ironisch. Wenn Sorge in einem positiven Sinne verstanden werde, handele es sich um die den Menschen von Gott aufgetragene Fürsorge für Andere.[5] Dass damit allerdings keine totale altruistische Aufgabe seiner selbst gemeint ist, besagt das Gebot von der Einheit von Selbst- und Nächstenliebe.

---

4 Vgl. Hans Joas, *Braucht der Mensch Religion? Über Erfahrungen der Selbsttranszendenz*, Freiburg/Br. 2004, bes. S. 12-31.

5 Vgl. Christoph Morgenthaler, *Seelsorge*, Gütersloh 2009, S. 32. Als Bibelstellen für die ironische Kritik führt er an: Lk 10,38-42; Lk 12, 16-31; Mt 6, 25-34.

Gott ist gemäß dem biblischen Glauben nicht bloß derjenige, der den Menschen ihre Lebenskraft einstiftet. Sondern er ist zugleich der, der den Menschen diese ihre Lebenskraft so lange und so gut wie möglich erhalten möchte und ihnen deswegen im Verlauf ihres ganzen Lebens zur Seite steht. Als – nicht einziges, aber prominentes – Bild dafür legte sich aus dem ländlichen Lebenskontext heraus das des Hirten nahe, dessen Lebensaufgabe darin besteht, sich um seine Herde zu kümmern, für sie frisches Weideland ausfindig zu machen, sie vor Gefahren zu schützen und notfalls zu verteidigen u.ä.m. Der Hirte ist so mit seiner Herde vertraut, dass er jedes einzelne Schaf kennt. Wenn eines krank wird, tut er alles, um es wieder gesund werden zu lassen. So verstand sich das Volk Israel als Schafherde, das sich darauf verlassen konnte, dass Gott zu ihm die im Bundesschluss eingegangene Treue einhält und es beschützt – selbst dann, wenn das Volk seinerseits gegen den Bundesschluss verstößt. Was für das gläubige Volk insgesamt als gültig geglaubt wurde, das wurde auch auf den einzelnen Gläubigen bezogen. Sehr schön kommt diese Erfahrung in vielen Psalmen zum Ausdruck, am bekanntesten in Psalm 23: „Der Herr ist mein Hirt, mir mangelt nichts". Gerade dieser Psalm zeichnet allerdings nicht ein Leben, das in harmonischer Gottesidylle verbracht werden kann, sondern ein Leben voller Bedrängnis und Finsternis, die durchzustehen die Beziehung zu Gott Zuversicht und Mut gibt. Die biblischen Bücher zählen nicht zuletzt zu den Klassikern der Weltliteratur, weil sie in kaum überbietbarer Weise das menschliche Leben in allen seinen Schattierungen – von himmelhoch-jauchzend bis zu-Tode-betrübt – in seiner vielfältigen Beziehung zu Gott – von dankbarer Nähe bis zu finsterer Ferne – zur Darstellung bringen. Mit einer ähnlichen Bandbreite von Erfahrungen bekommt es auch eine Seelsorge zu tun, die sich auf den biblischen Gottesglauben einlässt.

Wie angedeutet, war dieser Glaube alles andere als unangefochten. Einerseits weiß die Bibel davon zu berichten, dass von menschlicher Seite her aufgrund von Kleingläubigkeit oder Allmachtsphantasien die Beziehung zu Gott abgebrochen wurde. Andererseits war das biblische Weltbild von der Vorstellung geprägt, dass die Welt voll von guten und bösen Mächten sei, die sich heftig gegeneinander befehdeten, und dass sich dabei häufig das Böse gegen das Gute durchsetzte und Gott verdrängte. Dieses mythologisch aufgeladene Weltbild ist längst einer rationalen Erfassung der Welt gewichen. Dennoch beschleicht bisweilen selbst sich aufgeklärt wähnende Menschen das Gefühl, dass in der Welt Kräfte und Gewalten am Werk sind, die sich einer rationalen Steuerung entziehen und auf verhängnisvolle Weise auf die Geschicke des individuellen und kollektiven Lebens Einfluss nehmen – ein Unheilszusammenhang, aus dem man errettet werden möchte.

Für Christen und Christinnen hat der biblische Gottesglaube eine endgültige Verdichtung in Jesus Christus bekommen, in seinem Leben und seinem Wirken, in dem er in seinem Tun und Reden die vorbehaltlose Liebe Gottes zu jedem

Menschen, auch und gerade denen, die aufgrund ihrer körperlichen Befindlichkeit oder anderen Gründen sozial und religiös geächtet waren, bezeugt hat – und zwar bis hin zu der Konsequenz, dass er selbst von den damals herrschenden Kreisen geächtet und ausgemerzt wurde. In seiner Ansage der Gottesherrschaft führte er in vielerlei Bildern vor Augen, dass eine andere als die bestehende Welt möglich und im Anbruch ist, eine Welt, in der nicht mörderische Konkurrenz, Feindschaften, Gewalt, Erniedrigung, Unterdrückung und andere lebensbedrohende Mechanismen das Sagen haben, sondern auf der Basis der Erfahrung des unbedingten, von Gott jedem zuteil werdenden Bejaht- und Angenommen-Seins bei und in aller Verschiedenheit miteinander gelebt werden kann – eine Weise des Zusammenlebens, welche die Menschen zu sich selbst kommen lässt und ihnen sowohl individuell als auch kollektiv hoffnungsvolle Perspektiven erschließt. Die gläubige Zuversicht, dass Gott diesen Jesus mit seiner Botschaft nicht im Tod belassen, sondern wieder zum Leben gebracht hat, hat jenen, die ihm nachgefolgt und angesichts des Kreuzes resigniert waren, den Mut und die Kraft gegeben, das ihnen Mögliche dafür zu tun, dass das Reich-Gottes-Projekt in der Welt weiter vorangetrieben wird.

Eine Form, in der das geschieht, ist die Seelsorge. Sie hat für Christinnen und Christen ihr Vorbild im Umgang Jesu mit den Menschen, in seiner aufmerksamen und sorgenden Zuwendung zu ihnen, in der Empathie, mit der er ihre teilweise von ihnen selbst längst zum Verlöschen gebrachten Wünsche und Sehnsüchte wahrnahm und darauf einging, aber auch in seiner provokativen Art, sein Gegenüber mit seinem wahren Selbst zu konfrontieren oder um der Sache Gottes und der Menschen willen Konflikte zu riskieren und mit seinen Gegnern zu streiten. Selbst in der Erfahrung der liebenden Nähe Gottes gründend, setzte er alles daran, den anderen Menschen ebenfalls die Erfahrung dieses barmherzigen und grenzenlos verzeihenden Gottes zuteil werden zu lassen und ihnen aus diesem Glauben heraus zu neuen Lebensperspektiven zu verhelfen. In der Nachfolge dieses Jesus, Menschen solche Beweggründe des Lebens und der Hoffnung zu vermitteln, macht den Kern der Seelsorge aus. Treffend hat Reinhard Feiter dies mit der Kurzformel ausgedrückt: „Kommunikation der Hoffnung“[6], Hoffnung darauf, „dass Gott die Berufung des Menschen zum Leben nicht zurücknimmt, seine Bereitschaft zu verzeihen grenzenlos ist und er auch in Zukunft noch retten wird“[7]. Anderen Menschen, aber auch nicht zuletzt sich selbst Beweggründe des Lebens und der Hoffnung zu vermitteln, darauf richtet sich die Sorge von christlich inspirierten Seelsorgern und Seelsorgerinnen.

6 R. Feiter, *„Seelsorge und Diakonie“*, S. 191.

7 Ebd.

3. Zur Praxis christlicher Seelsorge

Folgt man Jesu Beispiel als dem des guten Hirten schlechthin, erfolgte seine „Seelsorge“ nicht nach Maßgabe eines vorgefertigten Programms, sondern ließ sich vom dem Begehren und den Sehnsüchten derer leiten, die den Kontakt mit ihm suchten bzw. mit denen er es zu tun bekam. Entsprechend gilt, „dass die Situationen der Seelsorge so vielfältig [sind] wie die Situationen menschlichen Lebens und ihre Formen so mannigfaltig, wie sie die Menschen mit ihrem Wissen und Können, mit Einfallsreichtum und Sensibilität hervorbringen“[8].

3.1 Träger der Seelsorge

Gott, der der eigentliche Grund und Träger auch aller Seelsorge ist, beruft und befähigt Menschen, durch Tat und Wort seine Liebe und Barmherzigkeit den Menschen kund zu tun. Aufgrund bestimmter Entwicklung war lange Zeit in der Kirche die Auffassung vorherrschend geworden, dass eine solche Mittlerfunktion einem bestimmten Stand in der Kirche vorbehalten ist, der offiziell mit der hirtenamtlichen Tätigkeit beauftragt wird. Die reformatorische Wiederentdeckung der biblischen Sichtweise vom allgemeinen Priestertum aller Gläubigen – eine Einsicht, der sich die katholische Kirche auf dem Zweiten Vatikanischen Konzils schließlich angeschlossen hat – lässt demgegenüber betonen, dass alle Gläubigen, zum Volk Gottes geeint, Subjekte der Heilssendung der Kirche und damit auch Träger der Seelsorge sind. Seinen praktischen Niederschlag findet das im alltäglichen Miteinander, in dem man sich gegenseitig annimmt, sich umeinander kümmert, Sorgen und Leid miteinander teilt, sich gegenseitig Mut und Hoffnung zuspricht und vieles andere mehr.

Neben dieser alltäglichen seelsorgerlichen Praxis gibt es allerdings auch Bereiche, mit denen seelsorgerliches Handeln zu tun bekommt, für die besondere Kompetenzen erforderlich sind, soll nicht noch größeres Unheil angerichtet werden, als es bereits der Fall ist. Hier sind die Orte, an denen dafür besonders geschulte, also professionelle Seelsorger und Seelsorgerinnen zum Einsatz kommen. Dieses geschieht vielfach hauptamtlich. Manche Aufgaben wie beispielsweise die Telefonseelsorge oder die sog. City-Pastoral erfordern daneben einen mehr oder weniger großen Stab von dafür geschulten ehrenamtlich tätigen Kräften.

3.2 Adressaten der Seelsorge

Adressaten der Seelsorge sind grundsätzlich alle Menschen, da niemand von der Liebe und Barmherzigkeit Gottes ausgenommen ist. Ein besonderer Bedarf besteht nach ihr, wenn Menschen in Konflikt- und Krisensituationen geraten sind.

---

8 Ebd.

Doch ist seelsorgerliches Wirken nicht auf solche außergewöhnliche Vorkommnisse, mit denen man im Leben konfrontiert werden kann, beschränkt. Sondern es steht den Menschen zur Verfügung, wann immer sie danach verlangen. Im Vordergrund steht dabei der Mensch als Einzelner, und zwar je in seiner Einzigartigkeit, die mitbedingt ist durch Geschlecht, Alter, Herkunft, sozialen Status etc. Dieses alles ist in den Blick zu nehmen, will man dem Einzelnen wirklich gerecht werden. Darüber hinaus steht er in einem Geflecht von Beziehungen, aus denen Belastungen herrühren können, die nach einer seelsorgerlichen Begleitung suchen lassen. Bei all dem ist zu beachten, dass Seelsorge unter dem Vorzeichen der Freiwilligkeit zu erfolgen hat.

Nicht zuletzt sind es die Seelsorger und Seelsorgerinnen selbst, die ihrerseits Adressaten der Seelsorge sind. Und viele von ihnen wissen davon zu berichten, wie sie selbst ihrerseits von den Menschen, mit denen sie es zu tun haben, Stärkung für ihr Leben und ihren Glauben erfahren haben.

3.3 Methoden der Seelsorge

Grundsätzlich gilt (in einer kleinen Abwandlung einer Formulierung von Papst Johannes Paul II): Der Mensch ist der Weg der Seelsorge[9]. Das heißt: Wie eine seelsorgerliche Begegnung zu gestalten ist, hängt wesentlich von der Befindlichkeit der Person ab, mit der der Seelsorger bzw. die Seelsorgerin in Kontakt kommt. Es liefe auf einen Missbrauch des Namens Gottes hinaus, würde man seine Nennung für das Allheilmittel halten, mit dem jegliches Problem gelöst werden kann. Statt den Menschen die Liebe und Barmherzigkeit Gottes anzupredigen, gilt es, zuallererst so gut wie möglich erfahrbar werden zu lassen, was Liebe und Barmherzigkeit bedeuten und wie befreiend und wohltuend es ist, davon etwas in seinem Leben zu spüren zu bekommen. Ganz fatal wird es, wenn man meint, mit der Spendung eines Sakramentes wie – im katholischen Raum – Beichte oder Krankensalbung sei genug für den betroffenen Menschen getan.

Über den Zusammenhang von verbaler und nonverbaler Kommunikation im Umgang mit Menschen hat die christliche Seelsorge in der jüngeren Vergangenheit viel von den Humanwissenschaften, insbesondere der Psychologie theoretisch und praktisch lernen können. Für eine professionelle Seelsorgetätigkeit ist neben dem Studium der Theologie eine psychologische Aus- und ständige Weiterbildung unerlässlich. Die Psychologie lässt sensibel dafür werden, welche Formen der Begegnung und Kommunikation in einem konkreten Fall angemessen und hilfreich sind, wann etwa durchaus auch biblische Texte ins Spiel gebracht werden können oder auf Rituale zurückgegriffen werden kann. So wert-

9 Vgl. Papst Johannes Paul II., *Enzyklika Redemptor Hominis* (Verlautbarungen des Apostolischen Stuhls 6), Bonn 1979, S. 27-29, dort heißt es mehrfach, dass der Mensch der Weg der Kirche ist.

voll und unverzichtbar die Einbeziehung psychologischer Erkenntnisse und Methoden für die Seelsorge auch ist, so ist nüchtern zu sehen, dass dadurch auch problematische Entwicklungen ausgelöst werden können. Das ist etwa dann der Fall, wenn die Seelsorge zu ausschließlich individuumzentriert arbeitet oder wenn sie einseitig auf Defizite hin fixiert ist, die es zu beheben gilt, oder wenn sie das Gespräch als Allheilmittel für alle Situationen anpreist.

3.4 Orte der Seelsorge

Hier gilt der Grundsatz: Nähe zu den Menschen. Wenn christliche Seelsorge sich an alle Menschen richtet, heißt das, dass sie für sie auch erreichbar sein muss, und zwar an den Orten, an denen sich ihr Leben abspielt. Solange eine weitgehende Einheit von Bürger- und Kirchengemeinde gegeben war, war letztere der Ort, wo der Großteil der seelsorgerlichen Aktivitäten stattfand. Sie ist für die Seelsorge weiterhin von Bedeutung, etwa im Zusammenhang mit den Kasualien oder für Menschen, für die ihr Wohnort emotional zu ihrer Heimat geworden ist. Das Leben der heutigen Menschen spielt sich ansonsten an den verschiedensten Orten ab, was Folgen auch für die örtliche Präsenz der Seelsorge zeitigt. Es haben sich dafür viele Felder der sog. kategorialen Seelsorge herauskristallisiert. Schon seit längerem ist das etwa in Einrichtungen der Fall, in denen Menschen eine längere oder kürzere Zeit ihres Lebens außerhalb ihres Wohnortes verbringen: im Krankenhaus, im Gefängnis, in der Armee, in der Hochschule, im Betrieb oder anderswo, in jüngster Zeit verstärkt etwa in der Schule. Übrigens ist im deutschen Grundgesetz ausdrücklich geregelt (Art. 140 GG/Art. 141 WV), dass, „soweit das Bedürfnis nach Gottesdienst und Seelsorge im Heer, in Krankenhäusern, Strafanstalten oder sonstigen öffentlichen Anstalten besteht, [..] die Religionsgesellschaften zur Vornahme religiöser Handlungen zuzulassen“ sind. Weiterhin gibt es seelsorgerliche Einrichtungen an Stätten, die Tag für Tag Massen von Menschen passieren: Bahnhöfe, Innenstädte, Flughäfen etc. Es gibt eigene Formen der Tourismusseelsorge; so wird etwa bei Kreuzfahrten großer Wert darauf gelegt, dass ein Seelsorger oder eine Seelsorgerin mit an Bord ist. Eine große Nachfrage findet die Telefonseelsorge. Seit Kurzem gibt es auch Seelsorge im Internet. Tag und Nacht stehen Notfallseelsorger und -seelsorgerinnen für den Einsatz bereit, Menschen, die von einem unvorhergesehenen Ereignis wie einem (Massen-)Unfall; einem Amoklauf oder einer Naturkatastrophe plötzlich getroffen worden sind, beizustehen. Mit dieser Aufzählung sind noch längst nicht alle Orte, in die hinein sich seelsorgerliches Wirken heute ausdifferenziert hat, erfasst. Für den katholischen Bereich sind auf jeden Fall noch die Klöster zu nennen, die ebenfalls in Sachen Seelsorge sehr stark angefragt sind.

4. Ausblick

Dadurch, dass die Kirchen durch die Seelsorge mit Menschen in den unterschiedlichsten Lebensverhältnissen und mit den verschiedensten Problemlagen in Kontakt kommen, gewinnen sie selbst entscheidend an Lebensnähe. Zu solcher Lebensnähe gehört auch das Gewahrwerden dessen, dass innerhalb einer weltanschaulich plural gewordenen Gesellschaft die Kirchen ihr Monopol auf Seelsorge, das sie ehedem im hiesigen Kontext innehatten, verloren haben. Statt das als Verlust aufzufassen, können sie in dieser Gegebenheit eine Chance zu einer solidarischen Zusammenarbeit in der Sorge um den Menschen mit Vertretern und Vertreterinnen anderer Religionen und Weltanschauungen erblicken.

Bei allem Loblied, das hier auf die Seelsorge gesungen worden ist, muss nüchtern gesehen werden, dass das seelsorgerliche Tun allerdings auch Gefährdungen ausgesetzt ist, die bis dahin gehen können, dass sein eigentlicher Sinn und Zweck entstellt wird. Mit Blick auf ihre Geschichte ist reumütig einzugestehen, dass und wie sehr im Namen der Heil versprechenden Seelsorge Menschen Unheil bereitet worden ist, dass sie psychisch und nicht selten auch körperlich verbogen worden sind, statt dass ihnen der aufrechte Gang beigebracht worden ist, dass sie in Abhängigkeit von rigiden kirchlichen Normen gehalten worden sind, statt dass ihnen die Freiheit der Kinder Gottes eröffnet wurde.

Die Seelsorge ist nicht davor gefeit, statt uneigennützig dem Wohl und Heil der Menschen zu dienen, für andere Interessen eingesetzt zu werden bzw. selbst andere Interessen zu verfolgen. Drei solcher Gefährdungen bzw. Fehlleitungen seien abschließend kurz namhaft gemacht:

- Seelsorge geht fehl, wenn sie der Versuchung erliegt, über Menschen Macht auszuüben.
- Seelsorge geht fehlt, wenn sie im Sinne einer Kontingenzbewältigungspraxis Menschen in Krisensituationen für das Funktionieren im gesellschaftlichen Getriebe wieder herrichtet, statt parteilich für die Betroffenen und mit ihnen gesellschaftlich bedingtes Leiden anzuprangern.
- Seelsorge geht fehl, wenn sie sich selbst überschätzt und ihre eigene Begrenztheit nicht wahr haben will.

Literatur

Albecht, Michael, *„Selbstsorge“*, in: HWP 9 [1995], S. 528-535.

Feiter, Reinhard, *„Seelsorge und Diakonie“*, in: Fürst, Walter/Werbick, Jürgen (Hg.), *Katholische Glaubensfibel*, Freiburg i. Br./Rheinhausen 2004, S. 189-192.

Joas, Hans, *Braucht der Mensch Religion? Über Erfahrungen der Selbsttranszendenz*, Freiburg i. Br. 2004.

Morgenthaler, Christoph, *Seelsorge*, Gütersloh 2009.

Steinkamp, Hermann, *Die sanfte Macht der Hirten*, Mainz 1999.

Die Entwicklung der Seelsorge in der Geschichte des Christentums

Von Stephanie Klein

Die Entwicklung der Seelsorge in der jüdisch-christlichen Geschichte umfasst nicht nur einen langen Zeitraum von mehr als 3000 Jahren, sie ist auch inhaltlich sehr komplex. Dabei greifen die verschiedenen Ebenen von Theologie, Konzeption und Praxis der Seelsorge ineinander. Ich werde mich im Folgenden auf einige Grundlinien der geschichtlichen Entwicklung beschränken. Dabei konzentriere ich mich auf die Entwicklungen der katholischen und evangelischen Seelsorge, die für die Situation in Deutschland prägend geworden sind, andere Entwicklungen, wie etwa die der Orthodoxen Kirche, klammere ich hier aus. Ich werde das christliche Seelsorgeverständnis nicht vom Begriff, sondern vom Inhalt her geschichtlich rekonstruieren. Ein solches Vorgehen ist sehr gut anschlussfähig für Entdeckung der seelsorglichen Traditionen im Islam und für den Dialog zwischen Christentum und Islam.

1. Der Begriff Seelsorge

Der Begriff der Seelsorge ist noch nicht sehr alt, der Sache nach gehört die Seelsorge als Sorge um den anderen Menschen aber von je her zum Kern des jüdisch-christlichen Selbstverständnisses. In der Bibel kommt der Begriff nicht vor.[1] Die gedankliche Trennung von Leib und Seele entspricht nicht dem ganzheitlichen Denken der biblischen Kulturwelt. Erst im Mittelalter taucht der Begriff *cura animarum* häufiger als *terminus technicus* im Zusammenhang mit der kirchenrechtlichen Codifizierung auf. In der deutschen Sprache findet der Begriff Seelsorge schließlich durch Martin Luther eine größere Verbreitung.[2]

Heute verbinden sich verschiedene Konnotationen mit dem Begriff. Seelsorge meint:

1) Die Sorge um die Seele und das seelische Heil. In diesem Sinn wurde der Begriff zeitweise verengt auf die Rettung der Seele im künftigen Leben. Heute hat sich das Verständnis auf die seelischen Vorgänge und die Psyche verla-

---

1 Die Wortverbindung von Seele und Sorge kommt nur einmal in Mt 6,25 vor: „Sorgt euch nicht um eure Seele“; hier geht es um die Fixiertheit auf das eigene Leben und nicht um die Sorge um Andere im heutigen Verständnis von Seelsorge.

2 Vgl. Gerhard Ebeling, *„Luthers Gebrauch der Wortfamilie ‚Seelsorge‘“*, in: Lutherjahrbuch 61 (1994), S. 7-44; Christian Möller, *„Einführende Bemerkungen zur Seelsorge im 16., 17. und 18. Jahrhundert“*, in: ders., *Geschichte der Seelsorge in Einzelportraits*, Bd. 2, Göttingen 1995, S. 9-21.

gert. In der Praxis liegt der Fokus von Seelsorge in diesem Verständnis auf der Sorge um die einzelne Person in Beratung und Begleitung.

2) Die Sorge um den anderen Menschen in Not. Diese Sorge umfasst den gesamten Menschen mit Leib und Seele in seiner gesellschaftlichen Verfasstheit. Im Mittelpunkt steht dabei die gesellschaftlich bedingte Not von Einzelnen und gesellschaftlichen Gruppen. In der Praxis überschneitet sich der Begriff mit dem der Diakonie.
3) Die Sorge der Pastorinnen und Pastoren um die „Seelen" der Menschen in ihrer Pfarrei. Der Begriff Seelsorge entspricht dann dem Begriff Pastoral und in der Praxis dem Aufgabenfeld des Pastors oder der Pastorin bzw. der hauptamtlich in der Gemeinde Tätigen.

Alle drei Dimensionen greifen in der Geschichte immer wieder ineinander. Der Sache nach ist die Seelsorge eine zentrale Dimension des jüdisch-christlichen Handelns. Das zeigt ein Blick auf die biblischen Wurzeln.

2. Die Wurzeln der Seelsorge im Alten Testament

In den alttestamentlichen Schriften treten die Notleidenden in der Klage als Subjekte ihres Leidens in Erscheinung.[3] Die Klage bringt die eigene Not zum Ausdruck, sie ist eine Klage über die Mitmenschen oder sogar über Gott. Sie ist eine Institution der Notleidenden.[4]

Der Grund für die Sorge um den anderen Menschen liegt in Gottes Sorge um den Menschen. Gott wird erfahren und erzählt als ein Gott, der die Klage der Bedrängten hört und auf die Schwachen schaut. „Denn er […] denkt an die Armen, ihren Notschrei vergisst er nicht"[5]. Maßgeblich ist die identitätsstiftende Urerfahrung der Rettung aus Unterdrückung und Not durch Jahwe in Ägypten. Aus Gottes rettendem Handeln folgt die Notwendigkeit, auch selbst die Klage der Notleidenden zu hören und für sie zu sorgen.

Die Sorge um die Notleidenden und Armen ist aber nicht allein dem individuellen Tun anheim gestellt, sondern sie hat auch eine institutionelle und strukturelle Dimension. Sie ist rechtlich und politisch in den biblischen Sozial- und Wirtschaftsgesetzen verankert. Diese Gesetze zielen nicht (allein) auf die Linde-

---

3 Vgl. Frank Crüsemann, *„Das Alte Testament als Grundlage der Diakonie"*, in: Gerhard K. Schäfer/Theodor Strohm (Hg.), *Diakonie – biblische Grundlagen und Orientierungen. Ein Arbeitsbuch*, Heidelberg [3]1998, S. 67-93; Ulrich Luz, *„Biblische Grundlagen der Diakonie"*, in: Günter Ruddat/Gerhard K. Schäfer (Hg.), *Diakonisches Kompendium*, Göttingen 2005, S. 17-35.

4 Nahezu ein Drittel der Psalmen gehören zur Gruppe der Klagen. Das Buch Hiob widersteht einer schnellen Tröstung.

5 Ps 9.

rung von Not, sondern zu allererst darauf, dass Not gar nicht erst entsteht.[6] Die umfassende Perspektive ist die *Verhinderung* von Armut und Not.

Der Grund für Verarmung, Abhängigkeit, Landverlust und Versklavung durch Überschuldung lag wesentlich im Schuldwesen und in den pfandrechtlichen Bestimmungen.[7] Dagegen schützten Regelungen der Tora:

- Das *Sabbatgebot* schützt den Menschen und die Tiere vor Ausbeutung.
- Das *Sabbatjahr* hilft der Regenerierung von Äckern und Tieren und durchbricht die Schuldenspirale. In jedem siebenten Jahr sollen die Äcker brach liegen gelassen werden.[8]
- Das Deuteronomium schreibt den *Schuldenerlass* in die Wirtschaftsordnung ein und macht ihn zu einer berechenbaren Größe – im Gegensatz zu spontanen Schuldenerlassen von Herrschern in Nachbarstaaten.[9]
- Das *Verbot der Pfändung von Lebensnotwendigem* schützt vor dem Absinken unter das Existenzminimum.[10]
- Das *Verbot des Zinsnehmens* soll Überschuldung verhindern; es ist einmalig im Alten Orient.[11]
- Die *Sklaven* werden durch die Regelung geschützt, dass sie nach sechs Jahren ihre Schuld abgearbeitet haben und im siebten Jahr frei werden sollen.[12] Eine Asylregelung schützt die entlaufenen Sklaven.[13]
- Den *Fremden* soll Gastrecht gewährt werden.

3. Wurzeln der Seelsorge im Neuen Testament

Das Neue Testament schließt an dieses Verständnis an. Hier kommt insofern eine neue Dimension hinzu, als Gott nun als der erfahren und geglaubt wird, der sich selbst seiner Macht entäußert und arm wird zum Heil der Menschen. Mit dem Begriff *Kenosis* wird Gottes Entäußerung der Macht, Gottes selbst gewählte Ohnmacht und sein Beisein bei den Menschen bezeichnet. Gott lebt in Jesus Christus in der Gestalt eines armen Menschen, der sich den Notleidenden zuwendet, das Leiden der Menschen teilt und unter der Gewalt von Menschen endet. Jesus Christus ist der Prototyp des solidarischen machtlosen Mit-Seins und

---

6 Vgl. zum Folgenden: Frank Crüsemann, *„Das Alte Testament als Grundlage der Diakonie"*, in: Gerhard K. Schäfer/Theodor Strohm (Hg.), *Diakonie – biblische Grundlagen und Orientierungen. Ein Arbeitsbuch*, Heidelberg ³1998, S. 77-93.

7 Vgl. ebd., S. 80.

8 Vgl. Ex 23,10-11; Lev 25,1-7.

9 Vgl. Dtn 15; Ex 22,27f.

10 Vgl. Ex 22,27f.; Dtn 24,6.12.17.

11 Vgl. Ex 22,26; Dtn 23,20.

12 Vgl. Ex 21,2ff.; Dtn 15,12ff.

13 Vgl. Dtn 23,16f.

Mit-Leidens mit den Bedrängten, der in dieser Machtlosigkeit den Weg zum Heil zeigt. Genau dies ist auch die Grundsituation der seelsorgenden Person.

Aus dem Neuen Testament sind zwei Schlüssel-Erzählungen für das Verständnis der Seelsorge grundlegend geworden: das Gleichnis vom barmherzigen Samariter[14] und das Gleichnis vom Weltgericht.[15] Beide sind eine Antwort auf die Frage nach dem richtigen Handeln in Bezug auf das ewige Leben und gehören damit in den Kern der christlichen Ethik. Zugleich universalisieren sie die Sorge um den Menschen als Bedingung für das ewige Heil. Dieses ist nicht abhängig von der Zugehörigkeit zur richtigen Glaubensgemeinschaft (Samaritergleichnis) oder vom richtigen Bekenntnis (Weltgerichtsgleichnis), sondern vom richtigen Handeln als der Sorge um den Menschen in Not. In den Notleidenden begegnet nach Mt 25 Christus allen Menschen selbst.

Allerdings lässt sich aus der Sorge um den Anderen kein Heilsautomatismus ableiten. Martin Luther hat gegenüber einem solchen Missverständnis die biblische Grundaussage betont, dass das Heil allein der Gnade Gottes (*sola gratia*) vorbehalten bleibt. Dies lässt sich aber erst im Glauben begreifen (*sola fides*).

4. Die Entwicklung in der jungen Kirche bis zum Mittelalter

In der jungen Kirche der römischen Kaiserzeit wurde die Sorge um die Menschen in Not eine grundlegende Dimension der christlichen Identität. Wie sehr sie in der nichtchristlichen Umwelt auffiel und diese irritierte, zeigt ein Brief des römischen Kaisers Julian Apostata (361-363):

> „Wir sollten doch einsehen, daß die Gottlosigkeit [der Christen, S.K.] nur deshalb Boden hat gewinnen können, weil sie sich liebevoll um Fremde gekümmert oder auch für die Bestattung Friedhöfe besorgt hat, zu schweigen von ihrer strengen Lebensführung […]. Sooft die Armen den Eindruck haben, von den [römischen, S.K.] Priestern nicht beachtet zu werden, sehen das die gottlosen Galiläer sofort und nutzen die Gelegenheit zur Wohltätigkeit […]; die gottlosen Galiläer unterstützen nicht nur ihre eigenen Armen, sondern nicht minder unsere.“[16]

In der sich herausbildenden Ämterstruktur der Kirche wurde die Sorge um die Notleidenden institutionalisiert. Der Bischof hatte ein episkopal-diakonales

---

14 Lk 10,25-37.

15 Mt 25,31-46; vgl. ausführlich dazu: Gerd Theißen, *„Bibel diakonisch lesen. Die Legitimitätskrise des Helfens und der barmherzige Samariter“*, in: Volker Herrmann/Martin Horstmann, *Studienbuch Diakonik,* Bd. 1, Neukirchen 2006, S. 88-116; Herbert Haslinger, *Diakonie. Grundlagen für die soziale Arbeit der Kirche*. Paderborn u.a. 2009, S. 246-262.

16 Klaus Thraede, *„Diakonie und Kirchenfinanzen im Frühchristentum“*, in: Wolfgang Lienemann (Hg.), *„Die Finanzen der Kirche. Studien zur Struktur, Geschichte und Legitimation kirchlicher Ökonomie“*, FBESG 43, Heidelberg 1989, S. 555-573, 557, zit. in: Günter Ruddat/Gerhard Schäfer (Hg.), *Diakonisches Kompendium*, Göttingen 2005, S. 37.

Doppelamt: Er war Gemeindeleiter und *pater pauperum*. Pastoral und Diakonie gehörten hier im Amt noch zusammen. Später wurden ihm die Presbyter und die Diakone gleichwertig zugeordnet, die beide ihr Amt durch Handauflegung empfingen. Allerdings kam es in der weiteren Entwicklung zu einer Unterordnung und Entwertung des diakonalen Amtes,[17] das erst durch die Reformatoren und das Zweite Vatikanische Konzil wieder zu gewissen Ehren gelangte. Die strukturelle Trennung von Gemeinde und Diakonie wirkt sich jedoch bis in die heutige Zeit verhängnisvoll aus.

In der *monastischen Tradition* wurde das seelsorgliche und diakonische Anliegen zunächst durch Asketinnen und Asketen und das Mönchtum weiter kultiviert. Die Wüstenväter und -mütter wurden als spirituelle Meister, als Weisheitslehrende und Seelenärztinnen und -ärzte aufgesucht. In Einsamkeit und Askese entwickelten sie ein tiefes Verständnis für seelische Prozesse und die Kunst der geistlichen Begleitung von Menschen (Kardiognosie), die heute von dem Züricher Psychiater Daniel Hell für die Therapie wieder fruchtbar gemacht wurde.[18]

Basilius von Caesarea (330-379) legte die Diakonie dem Mönchtum zugrunde. Er schuf vor den Toren Caesareas einen Komplex von Einrichtungen für Kranke, Aussätzige, Arme und Fremde und institutionalisierte ihre Fürsorge. Zugleich betonte er die Aufgabe der diakonischen Sorge eines jeden Christen und einer jeden Christin. In der Folgezeit wurden die Klöster zu Zentren der Sorge um die Anderen. Sie richteten Krankenhäuser und Herbergen für Pilger und Arme (*hospitale pauperum*) ein.

Im 13. Jahrhundert verloren die alten Klöster an Bedeutung. Sie hatten zu den neu entstehenden Städten und ihren Problemen keinen Zugang mehr. Ihre rituelle Praxis erstarrte. In den wachsenden Städten bestimmten nun die neuen Bettelorden die Seelsorge durch ihre Predigt. Armut wurde von ihnen weniger bekämpft als propagiert – Armut um des armen Christus willen. Es entstand ein Bettlerproletariat auf der einen Seite, auf der anderen Seite spendeten Wohlhabende den Armen mit der Auflage, für sie zu beten. Das Bürgertum baute in den Städten neue Hospitäler.

Die *Beichte* wurde zu einer Institution der *Einzelseelsorge* und der Pastoral. Die iroschottischen Wandermönche verbreiteten die Privatbeichte ab dem 6. Jahrhundert in ganz Europa. In den Ordensgemeinschaften wurde die regelmä-

---

17 Vgl. Gerhard K. Schäfer/Volker Hermann, *„Geschichtliche Entwicklungen der Diakonie“*, in: Günter Ruddat/Gerhard Schäfer (Hg.), *Diakonisches Kompendium*, Göttingen 2005, S. 36-67, 40. Der Diakonat der Frauen verschwand etwa im 6. Jh. im Westteil der Kirche und im 12. Jh. im Ostteil. In der Reformation wurde der Diakonat beider Geschlechter in den reformierten Kirchen auf unterschiedliche Weise wiederentdeckt und auf dem Zweiten Vatikanischen Konzil und den nationalen Synoden der Diakonat für Männer auch in der katholischen Kirche als ein eigenständiges Amt wieder eingeführt.

18 Vgl. Daniel Hell, *Die Sprache der Seele verstehen. Die Wüstenväter als Therapeuten,* Freiburg i.Br. [6]2005.

ßige Beichte Pflicht. Der Ordensobere war Beichtvater und Seelenführer für die Ordensmitglieder. Aber auch für die Laien hatten die Beichtväter eine wichtige Funktion der Seelsorge. Das IV. Laterankonzil schrieb 1215 die Einzelbeichte verbindlich fest. Diese Pflichtbeichte eröffnete eine doppelte seelsorgliche Perspektive: Zum einen gab sie die Möglichkeit zur seelsorglichen Begleitung und zur Reflexion der eigenen Lebensführung. Zum anderen entsprach sie dem Wunsch der Kirche, alle Gläubigen seelsorglich zu erfassen und zu betreuen. Sie legte die Grundlagen zu einer umfassenden Seelsorge und zum Aufbau einer institutionellen Pastoral. Im Spätmittelalter führten ein kasuistisches Verständnis von Beichte, der Beichtzwang und die Kontrolle der Gläubigen, der Gebrauch von Bußbüchern, in denen Verfehlungen und entsprechende Bußleistungen akribisch aufgezeichnet waren, sowie der Ablasshandel und seine Kommerzialisierung zur Veräußerlichung der Beichte und zu Fehlentwicklungen der Seelsorge.

5. Die Reformation

Die Reformation brachte eine neue theologische und organisatorische Wende in der Seelsorge. *Martin Luther* (1483-1546) lehnte ein kasuistisches Verständnis des Bußsakraments ab und betonte die Vergebung als Gabe Gottes allein. Alle Menschen können einander vergeben, für die Beichte braucht es keinen Priester. Ebenso kann eine Person der anderen helfen, ihr raten und sie ermutigen.

„Seelsorge“ wird nun zu einem zentralen Begriff des kirchlichen Sprachgebrauchs. Er umfasst alle pfarramtlichen Tätigkeiten des Pfarrers.[19] Subjekte der Seelsorge sind aber auch alle Gläubigen. Sie spenden einander Rat und Versöhnung. In der Familie haben Vater und Mutter das Amt der Seelsorge inne.[20] Hausbesuche des Pastors waren bei Luther unerwünscht.

Allerdings führte Luther später in pädagogischer Absicht die Beichte als eine Art Glaubensverhör im Zusammenhang mit der Zulassung zum Abendmahl wieder ein. „Katechismusverhör, private und öffentliche Beichte und Kirchenzucht gehen so wieder verstärkt zusammen“[21], schreibt Christoph Morgenthaler. Die Fürsorgepflicht für die Armen schrieb Luther der weltlichen Ordnung zu und trennte dadurch die Pastoral von der Diakonie.

Auch der Züricher Reformator *Huldrych Zwingli* (1484-1531) sah die weltliche Obrigkeit zuständig für die Sozialfürsorge in der Gesellschaft. In seiner Schrift „Der Hirt“ (1524) entfaltete er die erste umfassende protestantische Darstellung der pfarramtlichen Seelsorge. Er stellte die Seelsorge ganz in den

---

19 Vgl. Christoph Morgenthaler, *Seelsorge* (Lehrbuch Praktische Theologie Bd. 3), Gütersloh 2009, S. 39.

20 Vgl. Christian Möller, *Geschichte der Seelsorge in Einzelportraits*, Bd. 2, Göttingen 1995, S. 10.

21 Christoph Morgenthaler, *Seelsorge*, S. 40.

Dienst der Verkündigung und der Sittlichkeit. Sie ist bei ihm nicht nur individuelle Sorge, sie ist auch ein öffentliches Wächteramt.

Der Genfer Reformator *Johannes Calvin* (1505-1564) verband die Seelsorge eng mit der Verkündigung. Zum Lehren gehört die Predigt ebenso wie die Ermahnung „Auge in Auge". Zwar haben alle Christen das Amt der gegenseitigen Ermahnung, dennoch kommt dem Pastor eine besondere Rolle der Kontrolle zu. Calvin führte den regelmäßigen Hausbesuch durch den Pfarrer, einen Ältesten der Gemeinde sowie einen städtischen Bezirksvorsteher zur Überprüfung der Lebensführung und des Glaubens vor dem Abendmahlbesuch ein.

Die *katholische Reform* fand ihren lehramtlichen Ausdruck im *Konzil von Trient* (1545-1563), das die Kirche zugunsten einer guten Seelsorge neu organisierte:

- Der Bischof sollte *pastor bonus*, der gute Hirte sein, der der *cura animarum*, der Seelsorge, den Vorrang vor allen anderen Pflichten einräumt.[22] Diesem Ziel galt auch die neu eingeführte bischöfliche Residenzpflicht.
- Das Territorialprinzip wurde eingeführt: Die Seelsorgesprengel, die zuvor oftmals zu groß und unklar in den Zuständigkeiten waren, wurden in abgegrenzte territoriale Parochien eingeteilt und einem Pfarrer unterstellt.
- Der Pfarrer war für die Seelsorge zuständig und hatte Residenzpflicht. Er sollte die „Seelen" in seiner Gemeinde kennen.
- Es wurde ein Pfarrregister (*liber animarum*) eingeführt. Die Erfassung aller Gemeindemitglieder und ihre klare Zuordnung zu einer Gemeinde sollte die Seelsorge sicherstellen.
- Diese Ordnung gewährleistete, dass der Pfarrer allen Gläubigen die Heilssakramente der Kirche spenden konnte.

6. Aufklärung und Pietismus

Die *Aufklärung* stellte die Seelsorge ganz in den Dienst der Erziehung zum mündigen Bürger und zur Förderung von Moral und Sittlichkeit zum Nutzen der Gesellschaft. 1774 wurde an der Universität Wien das Studienfach Pastoraltheologie eingeführt, das eine gute Ausbildung für die Seelsorge im Sinne der Aufklärung gewährleisten sollte. In Preußen legte Friedrich Schleiermacher 1811 die Fundamente für die wissenschaftlich-universitäre Seelsorgeausbildung.

Der *Pietismus* lehnte Veräußerlichung und Zwang ab und wandte sich dem Innenleben der Seele zu. Die Besserung der Kirche wurde nun von der Sammlung der Frommen erwartet, nicht mehr von der Umkehr der Bösen. Weder die lutherische Einzelbeichte noch die reformierte Kirchenzucht konnten dem auf Erfahrung und Gefühl basierenden Pietismus genügen, der diesen Einzel- und

22 Vgl. Stefan Knobloch, *Praktische Theologie. Ein Lehrbuch für Studium und Pastoral*, Freiburg i.Br. 1996, S. 268.

Gruppengespräche vorzog. Doch der Zwang zur rechten Lebensführung verschwand nicht einfach, sondern wurde durch stete Selbstbetrachtung und Selbstbespiegelung *in* das Subjekt *hinein* verlegt. Das Handeln des Subjekts hatte jetzt nicht mehr äußeren kirchlichen Vorgaben zu genügen, sondern der steten inneren Reflexion und Gewissenserforschung. Die Aufgabe der Seelsorge verschob sich nun von der Kontrolle der Einhaltung der kirchlichen Normen hin zur Anleitung zur Selbstkontrolle durch das Gewissen.

7. Seelsorge im 20. Jahrhundert

In der ersten Hälfte des 20. Jahrhunderts haben in Europa gesellschaftlich zwei Weltkriege, auf katholischer Seite ein erstarrtes neuscholastisches Denksystem, über dessen Einhaltung die römische Kurie streng wachte, und auf evangelischer Seite die Hegemonie der Dialektischen Theologie die Entwicklung der Seelsorgelehre zum Erliegen gebracht.

In den USA hingegen war die Seelsorge von den neuen Aufbrüchen der *Seelsorgebewegung* gekennzeichnet. Ihr Ziel war es, die Seelsorge durch eine gute Seelsorgeausbildung zu professionalisieren. Anton Theophilus Boisen (1876-1965) entwickelt ab 1925 das *Clinical Pastoral Training* (CPT), das für die Seelsorgeausbildung verbindlich gemacht wurde. Methodische Elemente waren Fallanalysen auf der Grundlage von Gesprächsprotokollen, Supervision, Selbsterfahrung in der Gruppe und Gesprächsführung. Das Ziel war es, die Gefühle und Psychodynamik der Seelsorgenden wie auch der Ratsuchenden und die Beziehung zwischen ihnen besser verstehen und reflektieren zu können. Diese Ansätze wurden im interdisziplinären Austausch mit den Humanwissenschaften entwickelt: mit der Sozialpsychologie (George Herbert Mead u.a.), der Tiefenpsychologie (Siegmund Freud, Carl Gustav Jung) und der klientenzentrierten Psychotherapie (Carl Rogers).

Diesem Ansatz lag ein neues theologisches Verständnis zugrunde: Die Menschen sollten als *living human documents* betrachtet werden, als Quellen ihres Glaubens und ihrer Theologie, die es zu verstehen galt. Neben die Bibel und Tradition trat nun die Erfahrung der Menschen als Quelle der theologischen Erkenntnis. Boisen erweiterte damit die Methodik der Theologie um den induktiven Zugang. Das Studium von Bibel und Tradition wurde nun durch das Studium der Menschen in ihrer Gegenwart ergänzt. Dies führte in der Konsequenz zu einer neuen Theologie. „Das bedeutet eine tiefgreifende Verschiebung der Aufmerksamkeit und eine neue Methode des Herangehens und letztendlich eine neue Autorität, die nicht auf der Tradition, sondern auf der Erfahrung fußt."[23]

---

23 Anton T. Boisen, zit. nach Charles E. Hall, *"Head and Heart. The Story of the Clinical Pastoral Education Movement"*, in: Journal of Pastoral Care Publications 1992, (o.A.), zit. in: Michael Klessmann, *Pastoral-psychologie. Ein Lehrbuch*, Neukirchen 2004, S. 109.

In *Europa* kam es seit Ende der 1960er Jahre in der universitären Pastoraltheologie zu neuen theologischen Aufbrüchen. Die evangelische Praktische Theologie löste sich von der systematisch-theologischen Vorherrschaft und vollzog die sogenannte „empirische Wende". In der katholischen Theologie legte das Zweite Vatikanische Konzil (1962-1965) das Fundament für eine neue theologische Entwicklung. In diesen Aufbrüchen kam es zu einer Neuausrichtung der Seelsorge. In der Praktischen Theologie wurden nun die Ansätze der amerikanischen Seelsorgebewegung rezipiert und in die Aus- und Weiterbildung integriert. Auf der wissenschaftlichen Ebene wurde die Praktische Theologie als eine Handlungswissenschaft analog zu den sich ausdifferenzierenden Wissenschaften Psychologie und Soziologie konzeptionalisiert. Die Seelsorgelehre wurde nun oftmals als Pastoralpsychologie bezeichnet, um den interdisziplinären und wissenschaftlichen Charakter zu betonen. Die Praktische Theologie suchte das interdisziplinäre Gespräch mit den Humanwissenschaften und integrierte deren Theorien in die seelsorglichen Konzepte. Besonders wichtig wurden die klientenzentrierte Gesprächsführung nach Carl Rogers, die themenzentrierte Interaktion nach Ruth Cohn sowie die Gestalttherapie und integrative Therapie, die unter anderem zur Entwicklung des Bibliodramas beitrugen.

In den Gemeinden veränderte sich die Struktur der professionellen Seelsorge aufgrund eines neuen theologischen Verständnisses und des wachsenden Personalmangels. Es erschienen *neue Akteurinnen* auf der Bildfläche, die Seelsorge wurde weiblicher.

Die *evangelisch-lutherische Kirche* ließ nach und nach Frauen zur Ordination zu. Die erste Pastorin wurde 1958 in Lübeck ordiniert, es folgten andere Landeskirchen, zuletzt auch 2011 die Badische. Die Nordelbische Evangelisch-lutherischen Landeskirche wählte 1992 die erste Bischöfin. Die neue Präsenz von Frauen macht den einen Hoffnung und manchen anderen Angst. Der Münchner Theologe Friedrich Wilhelm Graf polemisiert offen gegen eine „Verweiblichung" des Pfarramts. Dabei sind heute noch zwei Drittel der evangelischen Pfarrämter von Männern besetzt, obwohl die Synode der EKD 1989 beschlossen hat, dass die kirchlichen Gremien paritätisch besetzt sein sollten, mindestens mit einem Frauenanteil von 40 Prozent.[24]

In der *katholischen Kirche* wurden nach der Würzburger Synode (1971-1975) vermehrt theologisch ausgebildete „Laien", d.h. Nicht-Priester, und darunter auch immer mehr Frauen, als Pastoralreferentinnen/-referenten und Gemeindereferentinnen/-referenten tätig. Ihre Berufsprofile sind aber bis heute nicht grundlegend in den Strukturen der Kirche verankert und weitgehend in das Belieben wechselnder Diözesanbischöfe gestellt. Dadurch sind Identitätspro-

---

24 Vgl. Rajah Scheepers, *„Schreckgespenst Frauenkirche"*, in: Evangelische Zeitung 9/2011 (3. März 2011), URL: http://www.dieevangelische.de/beitraege/?p=1514 (letzter Zugriff: 28.8.2012).

bleme und Rollenkonflikte aller Berufsgruppen auf unabsehbare Zeit auf Dauer gestellt.

8. Die Organisation der diakonischen Seelsorge: Caritas und Diakonie

War bisher die gemeindlich organisierte pastorale Seelsorge im Blick, so darf gerade in Deutschland nicht die wohlfahrtsverbandlich organisierte diakonische Seelsorge der Kirchen vergessen werden. Seit Mitte des 19. Jahrhunderts entwickelte sich als Antwort auf die Verelendung großer Bevölkerungsteile durch die Industrialisierung und zwei Weltkriege eine verbandlich organisierte Seelsorge, die sich in den Dachorganisationen der zwei Großkirchen zusammenschloss.

Der *Deutsche Caritasverband* der Katholischen Kirche wurde 1897 gegründet. In ihm arbeiten heute ca. 560.000 Hauptberufliche, 500.000 Ehrenamtliche und 46.500 Praktikantinnen und Praktikanten, Auszubildende und Zivildienstleistende.[25]

Das *Diakonische Werk* der Evangelischen Kirche Deutschland geht auf einen Zusammenschluss verschiedener Organisationen im Jahr 1849 zurück.[26] In ihm arbeiten heute rund 453.000 Hauptberufliche und 700.000 Ehrenamtliche.[27]

Damit sind in Deutschland in den karitativen Verbänden der christlichen Großkirchen knapp eine Million Menschen hauptamtlich in der diakonischen Seelsorge tätig. Zum Vergleich: In der pastoralen Gemeindeseelsorge der katholischen Kirche in Deutschland arbeiten rund 20.300 Personen hauptberuflich.[28] Man hat deshalb von den karitativen Verbänden als einer „kirchlichen Zweitstruktur" gesprochen. Die Integration in das Bewusstsein, das Selbstbild und die Identität der Kirche steht noch aus.

9. Konzeptionelle Entwicklungen seit Mitte 1980er Jahre

Seit Mitte der 1980er Jahre kam es zu neuen konzeptionellen Entwicklungen in der Seelsorge. Die erfahrungsbezogenen Ansätze der Seelsorgebewegung verdampften teilweise, da es nicht gelungen war, sie in die theologische Ausbildung

---

25 Vgl. URL: http://www.caritas.de/diecaritas/wofuerwirstehen/millionenfachehilfe (letzter Zugriff: 28.8.2012); Zahlen von Ende 2010.

26 Centralausschuß für die Innere Mission der deutschen evangelischen Kirche.

27 Vgl. URL: http://de.wikipedia.org/wiki/Diakonisches_Werk (letzter Zugriff: 28.8.2012); Zahlen von Anfang 2010.

28 Im Jahr 2011 arbeiteten 9.620 aktive Priester, 4.468 Gemeindereferentinnen und -referenten, 3.114 Pastoralreferentinnen und -referenten und 3.106 Ständige Diakone in 12.265 Pfarreien oder Seelsorgestellen der Katholischen Kirche; vgl. URL: http://www.dbk.de/zahlen-fakten/ (letzter Zugriff: 28.8.2012).

verbindlich einzuschreiben.[29] Mit der Bologna-Reform der Studiengänge (seit 1999) und ihrer Ausrichtung auf Effektivität und Beschleunigung, die durch ständige, an überprüfbaren Zielen ausgerichtete Evaluationsschlaufen gesichert und gesteigert werden sollen, ist für offene, zeitintensive und erfahrungsbezogene Lernprozesse mit der Möglichkeit *ungeplanter* Erkenntnisse nur noch wenig Raum.

Die klinische Seelsorgeausbildung (KSA) wurde in die zweite Ausbildungsphase und in den Weiterbildungsbereich verlagert. Dadurch verliert sie ihren Einfluss auf die universitäre Theologie und ihre Möglichkeiten, diese zu verändern.

Es kommt nun zu einer raschen Ausdifferenzierung einer großen Vielfalt von Seelsorgekonzepten, die teilweise recht unverbunden nebeneinander stehen. Verschiedene Versuche einer Systematisierung legten Doris Nauer und Michael Klessmann vor.[30]

Zum Schluss ein persönlicher Ausblick. Die Seelsorge gehört zur Identität des Christentums und hat beeindruckende Dimensionen entfaltet. Verhängnisvoll haben sich die Trennungen von Pastoral und Diakonie und von Leib und Seele erwiesen. Es wäre wichtig, in der Zukunft die komplexen, ganzheitlichen Zusammenhänge von Leib und Seele, von Individuum und Gesellschaft zurückzugewinnen. In den heutigen Umbrüchen der globalisierten Welt, in der sich über alle nationalen, kulturellen und religiösen Grenzen hinweg eine neue Ordnung von Wirtschaftsgewinnern und Wirtschaftsverlierern abzeichnet, steht die Seelsorge vor immensen Aufgaben. Fluchtbewegungen aus Krisen- und Kriegsgebieten und die Arbeitsmigration überfordern oftmals die sozialen Netzwerke und die individuellen psychischen Verarbeitungspotentiale. Es entstehen weltweit neue Armutsschichten durch Arbeitslosigkeit und durch unterbezahlte Arbeitsverhältnisse (*working poor*). Diese Herausforderungen von individueller und kollektiver Not können nur gemeinsam in der Zusammenarbeit aller Konfessionen und Religionen bewältigt werden. Neben der unmittelbaren Hilfe für die Notleidenden rückt immer mehr die Aufgabe in das Blickfeld, Not nicht nur zu lindern, sondern auch an einer gemeinsamen Gesellschaft zu arbeiten, in der Not gar nicht erst entsteht.

---

29 „Die stark an personalen Beziehungen orientierte Pastoralpsychologie hat es wenig verstanden, Strukturen aufzubauen, die diesem Bereich der Praktischen Theologie bleibende Geltung verschaffen (z.B. in Examensrichtlinien)“. Michael Klessmann, *Pastoralpsychologie. Ein Lehrbuch*, Neukirchen-Vluyn 2004, S. 115.

30 Vgl. Doris Nauer, *Seelsorgekonzepte im Widerstreit. Ein Kompendium*, Stuttgart 2001; Michael Klessmann, *Seelsorge. Begleitung, Begegnung, Lebensdeutung im Horizont des christlichen Glaubens. Ein Lehrbuch,* Neukirchen-Vluyn 2008.

Literatur

Die Caritas, *„Statistik. Millionenfache Hilfe"*, URL: http://www.caritas.de/diecaritas/wofuerwirstehen/millionenfachehilfe (letzter Zugriffe: 28.8.2012).

Crüsemann, Frank, *„Das Alte Testament als Grundlage der Diakonie"*, in: Gerhard K. Schäfer/Theodor Strohm (Hg.), *Diakonie – biblische Grundlagen und Orientierungen. Ein Arbeitsbuch*, Heidelberg [3]1998, S. 67-93.

Deutsche Bischofskonferenz, *„Zahlen und Fakten. Kirchliche Statistik"*, URL: http://www.dbk.de/zahlenfakten/ (letzter Zugriff: 28.8.2012).

„Diakonisches Werk", URL: http://de.wikipedia.org/wiki/Diakonisches_Werk (letzter Zugriff: 28.8.2012).

Ebeling, Gerhard, *„Luthers Gebrauch der Wortfamilie ‚Seelsorge'"*, Lutherjahrbuch 1961 (1994), S. 7-44.

Hall, Charles E., *"Head and Heart. The Story of the Clinical Pastoral Education Movement"*, in: Journal of Pastoral Care Publications 1992, (o.A.), in: Michael Klessmann, *Pastoralpsychologie. Ein Lehrbuch*, Neukirchen 2004.

Haslinger, Herbert, *Diakonie. Grundlagen für die soziale Arbeit der Kirche*. Paderborn u.a. 2009.

Hell, Daniel, *Die Sprache der Seele verstehen. Die Wüstenväter als Therapeuten,* Freiburg i.Br. [6]2005.

Klessmann, Michael, *Pastoralpsychologie. Ein Lehrbuch*, Neukirchen-Vluyn 2004.

Ders., *Seelsorge. Begleitung, Begegnung, Lebensdeutung im Horizont des christlichen Glaubens. Ein Lehrbuch,* Neukirchen-Vluyn 2008.

Knobloch, Stefan, *Praktische Theologie. Ein Lehrbuch für Studium und Pastoral*, Freiburg i.Br. 1996.

Luz, Ulrich, *„Biblische Grundlagen der Diakonie"*, in: Günter Ruddat/Gerhard K. Schäfer (Hg.), *Diakonisches Kompendium*, Göttingen 2005, S. 17-35.

Möller, Christian, *„Einführende Bemerkungen zur Seelsorge im 16., 17. und 18. Jahrhundert"*, in: ders., *Geschichte der Seelsorge in Einzelportraits*, Bd. 2, Göttingen 1995, S. 9-21.

Ders., *Geschichte der Seelsorge in Einzelportraits* Bd. 2, Göttingen 1995.

Morgenthaler, Christoph, *Seelsorge* (Lehrbuch Praktische Theologie Bd. 3), Gütersloh 2009.

Nauer, Doris, *Seelsorgekonzepte im Widerstreit. Ein Kompendium*, Stuttgart 2001.

Ruddat, Günter/Schäfer, Gerhard (Hg.), *Diakonisches Kompendium*, Göttingen 2005.

Schäfer, Gerhard K./Hermann, Volker, *„Geschichtliche Entwicklungen der Diakonie"*, in: Günter Ruddat/Gerhard Schäfer (Hg.), *Diakonisches Kompendium*, Göttingen 2005, S. 36-67.

Scheepers, Rajah, *„Schreckgespenst Frauenkirche"*, in: Evangelische Zeitung 9/2011 (3. März 2011), URL: http://www.dieevangelische.de/beitraege/?p=1514 (letzter Zugriff: 28.8.2012).

Theißen, Gerd, *„Bibel diakonisch lesen. Die Legitimitätskrise des Helfens und der barmherzige Samariter"*, in: Volker Herrmann/Martin Horstmann, *Studienbuch Diakonik,* Bd. 1, Neukirchen 2006, S. 88-116.

Thraede, Klaus, *„Diakonie und Kirchenfinanzen im Frühchristentum"*, in: Wolfgang Lienemann (Hg.),*„Die Finanzen der Kirche. Studien zur Struktur, Geschichte und Legitimation kirchlicher Ökonomie"*, FBESG 43, Heidelberg 1989, S. 555-573.

II. Seelsorgekonzepte

Die theoretischen Konzepte der Seelsorge aus islamischer Sicht

Von Ali Seyyar[1]

Aus historischer Sicht betrachtet sind (religiöse) seelsorgerische Beratungen *(manevî danışmanlık)* und Dienstleistungen seit Anbeginn der islamischen Religion Dienste, die auf die Moschee zentriert waren, aber auch außerhalb der Moschee angeboten wurden. Die seelsorgerischen Beratungen, die allgemein unter den Begriffen Anleitung (*iršād*), Weiterverkündung *(tablīġ)*, *fatwā*, Erziehung (*tarbiyya*) sowie Unterweisung *(ta'līm)* liefen, wurden in den islamischen Ländern mehrheitlich in den Moscheen und in den Schulen gepflegt und beschränkten sich nur auf den Bereich der religiösen Erziehung. So sehr es historisch gesehen auch so aussieht, als wären die Aktivitäten der religiösen Erziehung anfänglich von den Moscheen ausgegangen, ist es so, dass durch die verschiedenen Bedürfnisse innerhalb der Gesellschaft Einrichtungen wie Schulen, Häuser der Ṣūfī Bruderschaften (*tekke*), Armenhäuser, Bibliotheken, Karawansereien und Ähnliches errichtet wurden, welche die auf die Moschee zentrierten seelsorgerischen Beratungen vervollständigten und sowohl religiöse, wie auch soziale Funktionen erfüllten. Durch diese Einrichtungen trat die (religiöse) Seelsorge mit sozialen Inhalten ans Tageslicht. Daher sind aus islamgeschichtlicher Perspektive die Inhalte und Bereiche der Seelsorge religiös (hinsichtlich ihrer Themen wie Gottesdienste, Jenseits etc.) und gleichzeitig auch sozial (hinsichtlich ihrer weltlichen Erörterungen der Probleme des Individuums und der Gesellschaft) ausgerichtet. Während dieser Beitrag im Schwerpunkt die theoretische Beschaffenheit des islamischen Bereiches der Seelsorge behandelt, wird der Begriff der spirituellen/religiösen Seelsorge gleichbedeutend mit dem Begriff der neuen Wissenschaft und des neuen Tätigkeitsfeldes der „sozialen Seelsorge" angewandt, da die religiösen sowie weltlichen Beziehungen in ihrer Gesamtheit betrachtet werden. Anders ausgedrückt ist gemäß dem Islam die religiöse Seelsorge gleichzeitig eine soziale Seelsorge. Da (religiöse) Seelsorge hinsichtlich der Glückseligkeit und des Friedens der Individuen keine Unterscheidung zwischen Dies- und Jenseits macht, ist sie gleichermaßen weltlich (sozial) und jenseitig. Die Verwendung der sozialen Seelsorge ist eine islamische Herangehensweise, die genau dieses Gleichgewicht bewahrt. Die theoretischen und praktischen Quellen der sozialen Seelsorge, die als ein Resultat der Projizierung der religiösen Seelsorge auf das soziale Miteinander entstanden ist, stellt natürlich der Islam dar – klarer ausgedrückt der Qur'ān und die Sunna. Der Islam ist eine dynamische Religion, welche die Eigenschaften in sich trägt, mit diesen zwei

---

1 Aus dem Türkischen von Muhammed Bayraktar.

wichtigen Quellen alle Bereiche des sozialen Lebens zu umfassen und auf die sozialen Bedürfnisse verschiedener Gruppen zu antworten. Das Wissen um die theoretischen Fundamente und die grundlegenden Prinzipien für das Konzept islamischer Seelsorge ist so wichtig, da diese auf einer Religion fußt, die in sich selbst die Kraft sieht und wichtiger agierender Teil im sozialen Bereich ist.

1. Der Hintergrund der Begriffe „spirituell“ (*ma ʿnawī*) und „Spiritualität“ (*ma ʿnawīyya*)[2]

Das Wort „spirituell“ (*ma ʿnawī*) ist ein arabisches Adjektiv und bedeutet: „Die Dinge, die ohne die Sinne nur mit dem (spirituellen) Herzen begriffen und verstanden werden können.“ Somit bedeutet *ma ʿnawī*, spirituell, immateriell, geistig, seelisch und (oder) transzendent. Ferner kann mit dem Begriff *ma ʿnawī* alles ausgedrückt werden, das mit der Spiritualität und dem Glauben zu tun hat, das nicht materiell ist und was mit der Bedeutung, der Seele oder dem Herzen eine Beziehung hat. Unter Spiritualität versteht man eine jede Aktivität, einen jeden Gedanken oder jede Herangehensweise, die das Resultat einer Inspiration durch die Offenbarung darstellt und den Glauben stärkt. Aus dieser Sicht ist Spiritualität ein fester Entschluss, ein gefestigter Glaube, ein Nachsinnen mit der Hoffnung auf das Finden der Realität und eine wahre natürliche Liebe, also eine Kraft, die aus den Nährmitteln der inneren Welt zustande kommt.[3]

2. Der Begriff der ‚Seelsorge‘ allgemein

Seelsorge (*pastoral counseling*) ist allgemein etwas, was von Pfarrern, Rabbinern, Imamen sowie anderen Religionsbeauftragten verschiedener Religionen als psychologische Beratungsstelle angeboten wird, welches das Ziel einer Therapie innehat. Die Seelsorger bemühen sich um die Lösung psychologischer Probleme, indem sie ihre Tätigkeit mit der traditionellen religiösen Erziehung und der Herangehensweise der modernen Psychologie verknüpfen und gemeinsam anwenden. Die Seelsorger[4] sind anerkannte Fachleute religiöser Vereinigungen, welche die Notwendigkeit verspüren die moderne Psychologie und die Quellen der Theologie kohärent anzuwenden, um somit das Leben (das Weltli-

---

2 Im Türkischen heißt ‚Seelsorge‘ *manevî danışmanlık*, was wörtlich übersetzt „spirituelle Beratung/Beratungsstelle“ bedeutet und was auf Deutsch Seelsorge lautet. Der Autor erklärt wegen der Verwendung des Begriffes *manevî*, arabisch *ma ʿnawī*, was die Bedeutung des Wortes ist und worauf sich somit diese ‚Beratung‘ bezieht. [Anm. d. Ü.]

3 Seyyar, *Tıbbî Sosyal Hizmetlerde Manevî Bakım*, Rağbet Yayınları, Genişletilmiş 2. Baskı, İstanbul 2010, S. 31-33.

4 Der Begriff Seelsorger umfasst in diesem Artikel Seelsorgepersonal männlichen und weiblichen Geschlechts.

che) und den Glauben (das Spirituelle) im Gleichgewicht zueinander zu verknüpfen.

Somit ist die Seelsorge ein Bereich der psychologischen Beratung, die in Verbindung mit einem religiösen Institut oder einer Organisation angeboten wird. Daher beinhaltet die Seelsorge in dieser Form die vollständige und bewusste Einsetzung und Integrierung der Begriffe theologisch, spirituell-psychologisch und den der Verhaltensregelung. Da viele soziale Ereignisse auch einen Einfluss auf die Psychologie und den Glauben (das Jenseits) eines Individuums haben, stellt die Seelsorge in diesem Sinne eine Dienstleistung dar, die den Menschen in seiner Gesamtheit umfasst. Beispielsweise sind Todesfälle, die unterschiedlichsten weltlichen Sorgen, der Sinn oder die Sinnlosigkeit des Lebens oder die Schuldgefühle, die mit einer Sünde einhergehen, Probleme, die gleichermaßen Themen der religiösen und psychologischen Seelsorge sind.[5]

3. Islamische Seelsorge und ihre Elemente

Wie jede Religion bietet auch der Islam für alle sozialen Gruppen seelsorgerische Dienste. Die muslimischen Religionsbeauftragten (Imame) nehmen professionell eine soziale Verpflichtung auf sich, die eigentlich von allen fähigen Individuen innerhalb der islamischen Gemeinschaft getragen werden müsste, und versuchen diesen Dienst im Namen der Gemeinschaft in bester Art und Weise zu erfüllen. Im Gegensatz zu manchen anderen Religionen haben im Islam die muslimischen Seelsorger keine Eigenschaften der göttlichen Unfehlbarkeit und Sündenlosigkeit, die sie von der Gemeinschaft absondern. Da die Seelsorge ein religiöses und soziales (menschliches) Bedürfnis darstellt, sind dies Dienstleistungen, die in dem genannten Verpflichtungsrahmen von muslimischen Theologen angeboten werden, welche wiederum von der islamischen Gemeinschaft oder entsprechenden Institutionen die Befugnis dafür erhalten haben[6]. Diese

---

5 Üzeyir Ok, *"Dinî Danışmanlık: Tanımı ve Tarihi"*, Dinî Danışmanlık ve Din Hizmetleri, Gündüz Yayıncılık, Ankara 2012, S. 41.

6 Fehlt systematische und organisierte seelsorgerische Beratung, ist jeder Muslim dazu verpflichtet, diesen Dienst selbst anzubieten (*farḍ al-'ayn*). Folglich sind alle Muslime mit entsprechender Begabung dazu verpflichtet, eine passende Ausbildung zu erwerben. Wird dieser Dienst befriedigend ausgefüllt, sind andere Muslime nicht dazu verpflichtet (*farḍ al-kifāya*). In unterschiedlichen muslimischen Ländern gibt es verschiedene Formen der seelsorgerischen Beratung. In der Türkei, beispielsweise, bietet das Präsidium für Religiöse Angelegenheiten mit speziell ausgebildetem Personal diesen Dienst durch „Familienberatungsbüros" in den Muftibüros der Städte und Gemeinden an; siehe *„Richtlinien der Familienberatungsbüros des Präsidiums für Religiöse Angelegenheiten"* vom 19.03.2010 und Nummer 25. Für seelsorgerische Beratung und spirituelle Pflege in sozialen Bereichen wie im gesundheitlichen Dienst bildet die Theologische Fakultät der Ankara Universität in Kooperation mit dem Gesundheitsministerium und dem Ministerium

muslimischen Seelsorger werden wegen der Erfüllung ihres Dienstes nicht mit einem gesonderten Status oder einer Klasse gewürdigt.

Die im islamischen Bereich getätigte Seelsorge, welche versucht die spirituelle (seelische) sowie materielle Glückseligkeit des Menschen zu erreichen, sieht die religiöse Erziehung als fundamental für die soziale Belehrung und Eingliederung in die Gesellschaft an. Im islamischen Verständnis der Seelsorge befinden sich viele Elemente, die in der Bedeutung menschlicher Werte stehen. Diese sollen im Folgenden einzeln analysiert werden.

3.1 Die Wertschätzung des Menschen

Gemäß dem Islam ist unter den Lebewesen hinsichtlich seiner materiellen (physiologischen und biologischen) sowie spirituellen Beschaffenheit das höchste und wertvollste Wesen der Mensch (*ašraf al-maḫlūq*). Der Koran drückt diese Realität wie folgt aus: „Wir haben doch den Menschen in bester Form geschaffen. Hierauf haben wir ihn in die niedrigste Tiefe zurückgebracht, ausgenommen diejenigen, die glauben und tun, was recht ist. Die haben einen nimmer endenden Lohn zu erwarten.“[7] „Und wahrlich, Wir haben die Kinder Adams geehrt […]“[8] Gemäß dem Islam sind Geschlecht, Ethnie, Herkunft, Sprache, Gesundheit, Einkommen sowie sozialer Status und ähnliche nach außen hin scheinende Eigenschaften kein Grund für Erhabenheit. Die Erhabenheit liegt nur in der Spiritualität. Der Mensch, der auf die höchste Stufe der Schöpfung emporgehoben wurde, zeichnet sich gegenüber anderen Lebewesen durch die Tugenden seines Verstandes, seiner Gedanken, seines Wissens und seines Willens aus. Der Hauptgrund hierfür ist, dass ihm vonseiten Allahs eine Seele eingehaucht wurde, die von Allah selbst kommt.[9] Vielleicht wurde er deswegen als Stellvertreter auf Erden bezeichnet[10] und höher als die Engel selbst erachtet.[11] Da der Mensch die natürliche und rationale Fähigkeit in sich trägt, das Gute vom Schlechten, das Richtige vom Falschen, die Wahrheit von der Lüge und das Übel vom Gesegneten zu unterscheiden, trägt er im Spirituellen das ihm von Gott anvertraute Gut und im Weltlichen die soziale Verantwortung. Daher stattete Allah den Menschen mit Wissen aus: Allah „lehrte Adam alle Namen.“[12]

---

für Familie und Sozialpolitik Personal auf Magisterniveau aus; siehe Sevinç Özarslan, *“Türkiye'nin İlk Manevi Bakım Elemanları”*, in: die Zeitung *Zaman* vom 14.10.2012.

7 Koran 95:4-6.

8 Koran 17:70.

9 Koran, 32:9 und 38:72.

10 Koran 2:30 und 2:14.

11 Koran 2:34.

12 Koran 2:31.

3.2 Das Bewusstsein über das Anvertraute

Nachdem Allah den Menschen mit Wissen ausgestattet hatte, legte Er ihm das anvertraute Gut auf die Schultern. Der Koran beschreibt diese Entwicklung wie folgt: „Wir haben das Gut, das (der Welt) anvertraut werden sollte, (zuerst) dem Himmel, der Erde und den Bergen angetragen. Sie aber weigerten sich, es auf sich zu nehmen, und hatten Angst davor. Doch der Mensch nahm es auf sich."[13] Im Menschen sorgen die spirituellen Werte dafür, dass er alles, was ihm gegeben wurde, angefangen mit seinem Leben, mit dem Gefühl betrachtet, dass es etwas ihm Anvertrautes ist.

Somit wird sich im Individuum (dem Seelsorger) in aller erster Linie das Gefühl manifestieren, dass er (der Seelsorger) ein ihm anvertrautes Gut trägt, und anstelle den Versuch zu unternehmen über alles in seinem sozialen Umfeld zu herrschen oder es sich eigen zu machen, wird er sich bewusst, dass nicht er der absolute Besitzer all dessen ist und dass alles ihm Gegebene nur für eine bestimmte Zeit gewährt wurde. In diesem Rahmen wird er ein Bewusstsein über seine soziale und von seinem Gewissen kommende Verantwortung entwickeln. Allah, der absolute Besitzer einer jeden Sache, drückt im Koran klar aus, dass die gesamte Schöpfung zum Nutzen des Menschen geschaffen wurde, damit sie ihm dient.[14] Die ständige Erinnerung im Koran an die Tatsache, dass der Mensch eines Tages zu Allah zurückkehren wird, ist dazu da, um den Trieb nach dem Besitz einer jeden Sache und die Gier nach allem im Menschen abzustumpfen. Es soll ihn auch daran erinnern, dass er nur jemand ist, dem all dies anvertraut wurde. Ein gläubiger Mensch, der weiß, dass alles Allah gehört, wird zu dem Bewusstsein gelangen, dass die Schöpfung und die ihn umgebenden Sachen von Allah ihm, der ein vertrauenswürdiges Wesen sein soll (*ḫalīfa*), anvertraut wurden.

3.3 Die Ermutigung zu Gutem

Eine der wichtigen sozialen Eigenschaften des Menschen (des Seelsorgers) ist, dass er versucht anderen Nutzen zu bringen und dass er sein Verhalten in diese Richtung formt. Die Religion des Islam ermutigt ständig zum Dienst für das Wohl und den Nutzen der Menschen. Allah misst dem Wort *ḫayr*, welches die Bedeutung „das Gutes zu verrichten" trägt, große Bedeutung bei und verwendet dieses Wort in verschiedenen sozialen Kontexten 176-mal im Koran. Somit ist die materielle und spirituelle Hilfeleistung und insbesondere jede Handlung und Einstellung, die für die Bedürftigen von Nutzen ist, und eine jede Initiative, die

13 Koran 33:72.
14 Koran 2:29; 13:2; 14:32-34; 16:5-14, 80-81; 22:26-37.

Schönheit und Glückseligkeit hervorbringt, in der Kategorie des *ḫayr* anzusiedeln und stellt etwas dar, wofür der Mensch belohnt wird.[15]

3.4 Barmherzigkeit und Mitgefühl

In gesunden sozialen Beziehungen muss ein Mensch (Seelsorger) nicht nur die Gedankenwelt eines besorgten Menschen, sondern auch seine Gefühle, Sorgen und Erwartungen, das heißt, die gesamte seelisch-spirituelle Dimension verstehen. Daher ist es unausweichlich, dass der Mensch (der Seelsorger) Gefühle wie Mitleid und Barmherzigkeit in sich entwickelt und fördert, damit er den nach seiner Beratung bedürftigen Menschen mit Empathie entgegenkommen kann. Indem Allah im Koran wiederholte Male daran erinnert, dass er den Menschen viele Wohltaten gegeben hat und Er seinen Dienern gegenüber sehr mitleidvoll und barmherzig war, rät er insbesondere den Fachleuten der Seelsorge Mitleid und Barmherzigkeit an. Mitleid ist ein inniges Gefühl, das uns dabei hilft, eine nach Hilfe und Unterstützung bedürftige Person kennenzulernen, zu verstehen und zu lieben. Die hohe Stufe des Mitleids, die Barmherzigkeit, hilft uns dabei Interesse an der Ohnmacht, der Sorge und dem Problem anderer zu haben und Mitleid für diese Person zu verspüren und im Herzen den Wunsch zu tragen, ihm zu helfen und ihn zu unterstützen.

3.5 Verantwortung aufgrund der Herkunft von ein und demselben Vorfahren

Der Islam setzt die Erhöhung unter den Menschen durch Ethnie, Hautfarbe, Land und Sprache außer Kraft und spricht die gesamte Menschheit an. Während der Koran unterstreicht, dass alle Menschen von einem Wesen (Adam) oder einer Seele (von einem atmenden Lebewesen) erschaffen wurden[16], drückt er klar aus, dass die gesamte Menschheit einen gemeinsamen gleichen Ursprung hat und somit der Rassismus der Natur des Menschen (seinem Schaffungsgrund) und seiner Gebundenheit an seine Herkunft widerspricht. Gesellschaften, die sich ihrer gleichen Herkunft bewusst sind, können mit Erfolg eine Strategie für

---

15 Kula, *"Bakıma Muhtaç Kişilere Yönelik Sosyal Hizmetler ve Dinî Değerler"*, Dinî Danışmanlık ve Din Hizmetleri, Gündüz Yayıncılık, Ankara 2012, S. 189.

16 Koran, 4:1 beginnt mit „Ihr Menschen!“ und setzt sich so fort: „Fürchtet euren Herrn, der euch aus einem einzigen Wesen geschaffen hat, und aus ihm das ihm entsprechende andere Wesen, und der aus ihnen beiden viele Männer und Frauen hat (hervorgehen und) sich (über die Erde) ausbreiten lassen!“ Was hier mit dem einzigen Wesen (*nafs*) gemeint ist, ist sowohl die geistige Formation als auch die biologische Fortpflanzung der Menschen und nicht der anderen Wesen wie Tiere oder Dschinn, die auch *nafs* haben. Das ist so, weil derselbe Vers menschliche Beziehungen wie Verwandtschaft betont über andere Wesen und deren Beziehungen schweigt.

eine soziale Zusammenkunft verwirklichen, da sie keine Notwendigkeit für eine ethnische Aufgliederung sehen. In der Ansprache des geehrten Propheten während seiner letzten Wallfahrt wird betont, dass alle Menschen den gleichen Vorfahren haben und somit gleichgestellt sind. Seine Worte, die diese universelle soziale Nachricht enthalten lauten: „Oh ihr Menschen! Gebet Acht darauf, dass euer Herr einer und euer Vater einer ist. Weder steht der Araber höher als der nicht-Araber, noch der Weiße höher als der Schwarze, außer in ihrer Furcht und Achtsamkeit (Respekt) gegenüber Gott.“[17]

3.6 Die Höhe liegt in der Spiritualität

Der Mensch, der seine spirituellen und sozialen Verantwortungen erfüllt, wird bei Gott erhöht. Solange der Mensch die ihm anvertrauten Güter achtet und seine Verantwortungen erfüllt, kommt ihm die Eigenschaft der Höhe und des Wertes zu. Daher liegt gemäß dem Islam die Ehre, der Rang, die Vornehmheit und die Achtung in den universellen spirituellen Werten. Die Verse legen uns dies offenkundig dar: „Wahrlich, vor Allah ist von euch der Angesehenste, welcher der Gottesfürchtigste ist.“[18] Die Worte des Gesandten Gottes – Segen und Friede

17 Aḥmad b. Ḥanbal, *Müsned*, V. Çağrı Yayınları, İstanbul 1982, S. 285, 539. Gott macht in vielen Versen klar, der Vorzug ist nur durch Frömmigkeit (*taqwā*) möglich: „Ihr Menschen! Wir haben euch geschaffen (indem wir euch) von einem männlichen und einem weiblichen Wesen (abstammen ließen), und wir haben euch zu Verbänden (*šuʿūb*) und Stämmen (*qabāʾil*) gemacht, damit ihr euch (auf Grund der genealogischen Verhältnisse) untereinander kennt. (Bildet euch aber auf eure vornehme Abstammung nicht zu viel ein!) Als der Vornehmste gilt bei Allah derjenige von euch, der am frömmsten ist.“ *Taqwā* bedeutet einerseits Sünden gegen Gott zu vermeiden (göttliche *taqwā*) und andererseits es zu vermeiden, andere Menschen zu belästigen (soziale *taqwā*). Diese beiden Aspekte werden in einem anderen Vers folgendermaßen dargestellt: „Helft einander zur Frömmigkeit und Gottesfurcht, aber nicht zur Sünde und Übertretung! [...]“ (Maide, 5/2) Gott empfehlt uns beide Formen von *taqwā* auszuüben und wenn er sagt „In der Religion (d.h. in der göttlichen *taqwā*) gibt es keinen Zwang“, verbietet er jede Diskriminierung im sozialen Leben basierend auf Religion oder Konfession. Deswegen gibt es im Islam weder ethnischen noch religiösen Faschismus.

18 Koran 49:13. *Taqwā* im göttlichen Sinne ist etwas, wofür der Mensch verantwortlich ist, solange er lebt. Deswegen ist Glaube etwas, das jeder Mensch ihn bis zum letzten Atem zu behalten hat, wenn er im Jenseits zum Paradies gehen möchte. In diesem Sinne ist auch der Grad der *taqwā* veränderlich und niemand außer Gott kann genaue Informationen in dieser Hinsicht haben. Deswegen ist es möglich, dass ein Atheist von heute später zu einem Muslim wird oder umgekehrt. Desweitern sagt der Prophet, dass es unter Umständen möglich ist, dass ein Mensch tagsüber Muslim ist, nachts aber zu einem Ungläubigen wird oder umgekehrt; siehe Ebu Davud, *Fiten 2*, (4259, 4262); Tirmizî, *Fiten 33,* (2205). Deswegen sind die seelsorgerischen Berater der Muslime weder dazu verpflichtet noch haben sie die Befugnisse dazu, die Muslime nach ihren *taqwā* einzu-

seien auf ihm – stützen diesen Vers und beinhalten die gleiche soziale Botschaft: „Allah schaut nicht auf eure Güter und auf euer Äußeres, sondern er schaut auf eure Taten und eure Herzen."

3.7 Lösungswege die sich an der Natur des Menschen orientieren

Das Wesen des Menschen steht unter den unveränderlichen und dauerhaften Werten an allererster Stelle. Die Definition des Wesens lautet: „Die Zusammenkunft der Art, Fähigkeit und des Temperamentes des Menschen, die Gott von Beginn der Schöpfung an als Gesetz bestimmt hat." Der Islam betont, dass die Gesellschaft und die in der Gesellschaft lebenden Individuen sich gegenseitig nur dann nahe kommen können, wenn die Natur beachtet wird. Das Dasein der Natur des Menschen ist auch ein Element, welches das Zusammenkommen des sozialen Gefüges erleichtert, denn das Leben im sozialen Frieden ist ein natürliches Bedürfnis und eine in der Erschaffung der Person vorhandene Besonderheit.[19]

3.8 Gesamtbetrachtung

Seelsorge begibt sich hinter die Tatsachen und untersucht deren Weisheiten und den Grund ihres Daseins. Sie richtet sich einerseits auf die menschlichen seelischen Zustände, beschäftigt sich mit den spirituellen Elementen, die dazu beitragen, dass diese in der Gesellschaft zustande kommen, und bedenkt das Jenseits des Individuums und fördert seine Fernhaltung oder Abkehr von der Sünde. Somit lastet sich Seelsorge die Verantwortung der spirituellen Führung auf. Indem sie die spirituellen Quellen des Menschen in den Vordergrund stellt, ist sie eine Dienstleistung, welche die Haltung und das Verhalten auf natürliche Art und Weise verändert. So wie Seelsorge Nutzen aus den positiven Wissenschaften zieht, sucht sie auch Rat in den Offenbarungsquellen und erreicht dadurch ein mit Weisheit durchzogenes Wissen. Im Bereich des Dualismus' und des offenen Systems wird das Sichtbare mit dem Unsichtbaren, das Weltliche mit dem Jenseitigen, der Körper mit der Seele, die Handlung mit der inneren Welt des Individuums verbunden und dadurch kommt ein bewusstes Wissen hervor, welches der Vernunft eine ganzheitliche Perspektive ermöglicht.

---

ordnen. Die muslimischen seelsorgerischen Berater dürfen nur im Rahmen des sozialen und spirituellen Lebens nach islamischen Grundprinzipien Ratschläge geben.

19 Özsoy, *Sünnetullah*, Ecer Yayınları, Ankara 1994, S. 92.

3.9 Die Annäherung an das Individuum mit Demut

Demut bedeutet Bescheidenheit und ist genau das Gegenteil von Hochmut und Stolz. Muslimische Seelsorger werden als demütige Personen diejenigen, die von ihnen seelsorgerischen Rat ersuchen, nicht als niedrige und verächtliche Personen ansehen. Allah gebietet über die Demut Folgendes: „Und die Diener des Erbarmers sind die, die demütig auf der Erde umhergehen und, wenn die Törichten sie anreden, sagen: »Frieden!«".[20] Der geehrte Gesandte Muḥammad – Segen und Friede seien auf ihm – trug diese Eigenschaft in seinen sozialen Beziehungen hinein und rief mit seinen Worten dazu auf. Einmal kam jemand den Gesandten Muḥammad besuchen, doch die Person erschrak vor der Ehrfurcht einflößenden Erscheinung des Propheten und fing an zu zittern. Daraufhin sagte der Prophet, um ihn zu beruhigen: „Beruhige dich, ich bin kein König, sondern der Sohn einer Frau von den Qurayš, die Dörrfleisch aß," und half ihm somit wieder zur Ruhe zu kommen.[21] Der Gesandte Muḥammad spricht über die Demut Folgendes zu den Menschen: „Wahrlich Allah hat mir offenbart, dass ihr demütig sein sollt."[22] „Wer auch immer für Allah Bescheiden ist, dessen (spirituellen) Stufen wird Allah wahrhaftig erhöhen."[23] Daher sollte bei den Tätigkeiten der Seelsorge ein Kontakt gepflegt werden, der auf Vertrauen baut, und die Demut mit schönen Worten und einer süßen Zunge vorhanden sein, um letztlich positive Resultate zu erbringen.

4. Die Ziele der islamischen Seelsorge

Die Dienstleistung der Seelsorge verwendet für Menschen mit geistigen Problemen und Schwierigkeiten, für solche, die sich seelisch nicht wohlfühlen, die sich in ihrem Glauben und ihren Gedanken auf Irrwegen befinden, spirituelle Mittel und Therapiemethoden, um diese Personen wieder in ihren gesunden Geisteszustand zu versetzen. Das Endziel ist, dass die Person sich von seelischen Risikos fernhält und sich dabei noch seelisch wohlfühlt und somit inneren Frieden erreicht. Seelische Risiken stellen die Möglichkeiten dar, in die Falle des Egos zu tappen und seinen Wünschen und Trieben grenzenlos Folge zu leisten. Die seelischen Risiken die entstehen können, wenn man keine religiöse Erziehung genossen hat oder nicht die Mechanismen der Erziehung der eigenen Triebseele, des Egos, angewandt hat, stellen alle Zweifel bezüglich *Īmān*, *ʿibāda* und den anderen religiösen Fundamenten dar. Auch dass die herrschende Triebseele (*an-nafs al-ammāra*) mit ihren üblen und mit der Religion in Konflikt

20 Koran 25:63.
21 Ġazzālī, *İhyâu Ulûmi'd-din*, II, Kahire 1954, S. 483-484.
22 Riyaḍ uṣ-Ṣāliḥīn, II, 37.
23 Muslim, Birr, 69; Tirmiḏī, Birr, 82.

stehenden Handlungen das Herz in Faulheit versetzt und es die Gefühle des Glaubens verändert und die Spiritualität erschüttert, sind solche Risiken.[24]

Als Resultat des ständigen Hereinfallens auf die Hinterlistigkeit des Egos sowie des ständigen Ausführens seiner Wünsche ohne Hemmungen kann im Herzen des Individuums gegenüber dem Glauben, der Wahrheit und der Dienerschaft die Eigenschaften der Ablehnung erwecken. Dies ist das größte seelische Risiko. Ein jedes seelisches Risiko öffnet die Türe für andere seelische Risiken und kann die gesellschaftliche Ordnung zerstören. So wies der Gesandte Muḥammad – Segen und Friede seien auf ihm – daraufhin, dass das Auftreten dieser spirituellen Probleme auch soziale Auswirkungen hat: „Die Sünde ist nicht nur für denjenigen, der sie begeht, sondern es ist auch ein Übel für die anderen. Wenn er lästert, sündigt er. Wenn er damit (dem Lästern) zufrieden ist, ist er Teilhaber an der Sünde.“[25]

Daher misst der Islam der Präventivarbeit anhand der schützenden seelsorgerischen sozialen Dienstleistung Priorität bei und stellt an erste Stelle Haltungen und Taten, welche die sozialen Schäden der spirituellen Verirrungen eindämmen und die Verirrung selbst entfernen. Hierfür werden die Reue und Abkehr von der Sünde (*tawba*) und das Flehen um Vergebung (*istiġfār*) als Methoden der spirituellen und sozialen Rehabilitation erachtet. Im Fokus der Seelsorge, der sich um die Bewahrung und Entwicklung der potenziellen Fähigkeiten des Menschen und seiner spirituellen Quellen dreht, liegt die Beziehung zwischen dem Menschen und seiner seelischen Welt. Daher ist es möglich die allgemeinen Ziele der Seelsorge mit sozialem Inhalt wie folgt aufzulisten:[26]

1. Die Entwicklung seelischer Kapazitäten für die Lösung seelischer Probleme, welche auch einen Einfluss auf das Sozialleben des Menschen haben. Insbesondere, dass Menschen, die soziale Probleme aufgrund ihrer seelischen Lage haben, Strategien entwickeln, um ihre seelischen und sozialen Probleme zu lösen und ihrer Herr zu werden.
2. Die Verbindung der Menschen zu Glaubenssystemen, die ihnen spirituelle Entfaltung ermöglichen.
3. Die Schaffung von Instituten und Hintergründen, um dem Glaubenssystem einen tieferen Einfluss auf die Menschen zu eröffnen.
4. Das Schaffen einer Wachsamkeit der Menschen gegenüber spirituellen Risiken.
5. Das Fernbleiben einer Person von spirituellen Krankheiten und das Verhindern dessen, dass diese Krankheiten jemanden befallen können.

---

24 Seyyar, *Tıbbî Sosyal Hizmetlerde Manevî Bakım*, Rağbet Yayınları, Genişletilmiş 2. Baskı, İstanbul 2010, S. 57.

25 Celaleddin es Suyuti, *Câmiü-s-Sağir*, Yeni Asya Neşriyatı, C. 3, No: 2229, İstanbul 2002, S. 2229.

26 Ali Seyyar, *Sosyal Hizmetlerde Manevî Bakım*, Şefkatli Eller Yayınları, Ankara 2007, S. 136/137.

6. Die Erziehung eines Menschen, sodass er in seinem gesamten Leben in seinen Charaktervorstellungen, Handlungen und Haltungen einen festen Halt aufweist und an die Grundsätze des schönen Charakters und die spirituellen Werte gebunden ist.
7. Die Schaffung eines Nährbodens für eine Lehre, deren Ziel neben der Wissensvermittlung auch die Förderung von Herz und Gewissen ist, welche eine innere Kontrolle ausüben und anhand derer der Mensch seine Handlungen mit Hilfe von tugendhaften und spirituellen Werten ordnet.

Das heilige Ziel der Seelsorge ist es, ihren Ansprechpersonen die Wege zur Erkenntnis Allahs (*maʿrifat Allāh*), Liebe Allahs (*maḥabbat Allāh*) und Anbetung Allahs (*ʿibāda*) aufzuzeigen und ihnen innerhalb der moralischen, sozialen und seelischen Verantwortung dabei behilflich zu sein, ein Leben gemäß dem Wohlgefallen Allahs zu führen. Die Seelsorge, welche das Verständnis der Spiritualität vom schönen Charakter auf die Handlungen und Zustände übertragen will, führt dazu, dass das Individuum seine weltlichen und jenseitigen Pflichten als gleichwichtig erachtet und sein Leben aus einer vollständigen Perspektive betrachtet.

Eine auf göttlichen Quellen beruhende Seelsorge behandelt den Menschen gemeinsam mit den Schwächen seines Egos und seiner spirituellen und natürlichen Dimension. Die Seelsorge erinnert den Menschen daran, dass er durch seine Unfähigkeit (*ʿağz*) und Bedürftigkeit (*faqr*) ein Diener ist, und er mit den potenziellen Fähigkeiten seines Herzens und seines Gewissens, jedoch noch immer mit den Schwächen seines Egos die Unterstützung der göttlichen Macht benötigt. Sie lädt ihn zu einem andauernden Bewusstsein über den eigenen Schöpfer ein. Ob reich, arm, gesund, krank – niemand kann getrennt von seinem Schöpfer glücklich sein. Daher betont und spricht die nach den islamischen Werten geformte seelsorgerische Dienstleistung davon, dass ein bleibender seelischer Frieden an den Glauben an Allah und an die Ausübung der Dienerschaft Ihm gegenüber gebunden ist.

Besonderheiten der islamischen Seelsorge aus verschiedenen Perspektiven

	Manevî Danışmanlık
Thema	• Der Mensch, sowie alle seine sichtbaren und unsichtbaren, in der Inneren Welt geschehenden (jedoch verstehbaren) Handlungen. • Die Schaffung von Lösungen für weltliche und jenseitige Probleme um die spirituellen Werten herum.
Seelische Ziele	• Das Verstehen der Seele des Menschen, seine Vernunft eingeschlossen, also seiner gesamten seelischen Quellen und vor diesem Hintergrund die Handlungen des Menschen. • Die Vermeidung der Erschütterung der seelischen Welt einer Person und die Unterstützung einer gesunden Entwicklung. • Die Rehabilitierung der erschütterten Welt einer Person.
Soziale Ziele	Unterstützung durch sozialen und seelischen Einklang für diesseitiges und jenseitiges Glück.
Heilige Ziele	Das Aufbauen der Liebe zum Menschen und zur Gesellschaft um die Erkenntnis Allahs und der Liebe Allahs herum.
Mittel	• Seelische/Herzliche Eingebung und Führung, • Seelische Rehabilitation, • Seelische Unterstützung.
Wissensquelle – Form	Wissen, welches sich auf die Offenbarung (Koran und Sunna) und auf die positiven Wissenschaften stützt. (Bewusstes Wissen, gestützt auf die Weisheit.)

Abb. 2: Besonderheiten der islamischen Seelsorge aus verschiedenen Perspektiven[27]

5. Die Praxis der Seelsorge in der Epoche der Glückseligkeit

Der geehrte Gefährte Abū Hurayra war ein fähiger Prophetengefährte des letzten und geehrten Propheten Muḥammad, der mit dessen Erlaubnis insbesondere im Bereich der Rechtsgutachten (*fatwā*) seelsorgerischen Rat gab. Das von Abū Hurayra überlieferte und gleich angeführte Geschehen, welches voller Lektionen ist und als ein Beispiel fungiert, zeigt uns, in welcher Richtung der seelsorgeri-

27 aus: Seyyar, *Tıbbî Sosyal Hizmetlerde Manevî Bakım*, S. 208.

sche Rat gegeben werden sollte. Daher erscheint es lohnenswert, dieses Geschehen genauer zu analysieren.[28]

> „Eines Tages kam eine Frau zu mir und fragte: ‚Ich habe Unzucht begangen und aus dieser Unzucht kam ein Kind hervor. Dieses Kind habe ich getötet. Kann ich Reue zeigen und mich von der Sünde abkehren? (Kann ich aus spiritueller Sicht wieder rehabilitiert werden?)‘, und ich antwortete ihr: ‚Auf dass du nie Gutes siehst! Nein, du kannst dich nicht von der Sünde abkehren, Reue zeigen (Vergebung finden).‘ Die Frau verließ mich mit großer Trauer und Enttäuschung. Am Morgen betete ich das Gebet mit dem Gesandten Allahs. Ich ging nach dem Gebet zu ihm und berichtete ihm von der Frau sowie meine Antwort an sie. Er bemerkte: ‚Wie falsch du doch gesprochen hast!‘, und fragte: ‚Liest du denn etwa nie diesen Vers: *Und die, welche keinen anderen Gott außer Allah anrufen und niemanden töten, dessen Leben Allah unverletzlich gemacht hat – es sei denn, (sie töten) dem Recht nach –, und keine Unzucht begehen: und wer das aber tut, der soll dafür zu büßen haben. Verdoppelt soll ihm die Strafe am Tage der Auferstehung werden, und er soll darin auf ewig in Schmach bleiben, außer denen, die bereuen und glauben und gute Werke tun; denn deren böse Taten wird Allah in gute umwandeln; und Allah ist ja Allverzeihend, Barmherzig.* (25:68-70)?‘, und er warnte und schimpfte mich. Ich verstand meinen Fehler und verließ den Gesandten Allahs und befragte jedes einzelne Haus in Medina nach der Frau. Doch ich konnte sie nicht ausfindig machen. Mit großer Trauer kehrte ich zurück. Sie hat wohl gehört, dass ich nach ihr gesucht habe, weshalb sie am darauffolgenden Tag erneut zu mir kam. Ich berichtete ihr von dem Gespräch zwischen mir und dem Gesandten Allahs und rezitierte den Vers. Die Frau freute sich so sehr und warf sich in die Niederwerfung und sprach: ‚Gepriesen sei Allah, der für mich einen Ausweg geschaffen hat!‘“

Aus seelsorgerischer Perspektive ist es möglich aus diesem Geschehen mehrere Punkte abzuleiten:

Sogar wenn ein Mensch bewusst und absichtlich eine Sünde begangen hat, kann er im Tiefen eine Reue verspüren und somit seine Abkehr von der Sünde zeigen. Das Auftreten einer tiefen Reue geschieht obwohl gar kein Zwang ausgeübt wurde und zeigt sich, indem die Person ein öffentliches Geständnis gibt.

- Wenn ein Sünder oder Schuldiger gekommen ist und aus seinem Herzen vom Seelsorger ein religiöses Gutachten erbeten hat, wird diese Person auf keinen Fall durch den Seelsorger bestraft oder gedemütigt, unabhängig davon, was diese Person getan hat.
- Der Seelsorger muss bei Anfragen über Taten, die gegen die Religion gehen, Worte äußern, die für diese Person von Vorteil sein können und welche die spirituelle Welt dieser Person beruhigen können und ihr einen Ausweg zeigen.
- Dem Anfragenden gegenüber eine sanfte Haltung einzunehmen, Empathie zu verspüren und liebevoll mit ihm umzugehen und die erlittenen Qualen versuchen zu beseitigen und Worte zu sprechen, welche Hoffnung geben

28 İbn-i Kesir, *Tefsir-ul-Kurani'l Azim*, Kahraman Yayınları, İstanbul 1985, S. 408.

und dies fördern, ist eine Herangehensweise, welche der sozialen Sunna entspricht.

- Die Förderung und Festigung der sozialen und spirituellen Rehabilitation soll vermittelt werden, indem mitgeteilt wird, dass die Reue bei Allah im wahrsten Sinne akzeptiert und angenommen ist, und indem zur Unterstützung dieser Worte Verse aus dem Koran sowie Worte des Propheten zitiert werden.

6. Fazit

Einer der dynamischsten Ratschläge des Islams zur Seelsorge ist die Herangehensweise des „Anordnen[s] aller Guten Dinge und das Warnen vor dem Übel“. „Helft einander zur Frömmigkeit und Gottesfurcht, aber nicht zur Sünde und Übertretung! Und fürchtet Allah! Er verhängt schwere Strafen.“[29] Dieser Befehl schließt alle Bereiche des Lebens ein. Eine Führung und Dienstleistung mit Fokus auf die Seelsorge darf nicht mit negativen Gefühlen, welche zu Hoffnungslosigkeit führen und die spirituelle Welt erschüttern können, geschehen, sondern muss nach Maßstäben vonstatten gehen, welche einen sozialen und spirituellen Nutzen hervorbringen. Der Islam sagt, dass eine ideale Gesellschaft nur mit Individuen zustande kommen kann, welche das Bewusstsein und das Gefühl für soziale Angelegenheiten haben. Der Koran hat diese Vorbedingung als das Fundament der idealen Gesellschaft festgelegt. So sagt der Koran: „Aus euch soll eine Gemeinschaft (von Leuten) werden, die zum Guten aufrufen, gebieten, was recht ist, und verbieten, was verwerflich ist. Denen wird es wohl ergehen.“[30] und lastet somit allen Individuen die soziale Verantwortung auf, und insbesondere jenen, welche in diesem Bereich eine aktive Rolle innehaben und Fachkräfte sind.

29 Koran, 5:2.
30 Koran 41:33.

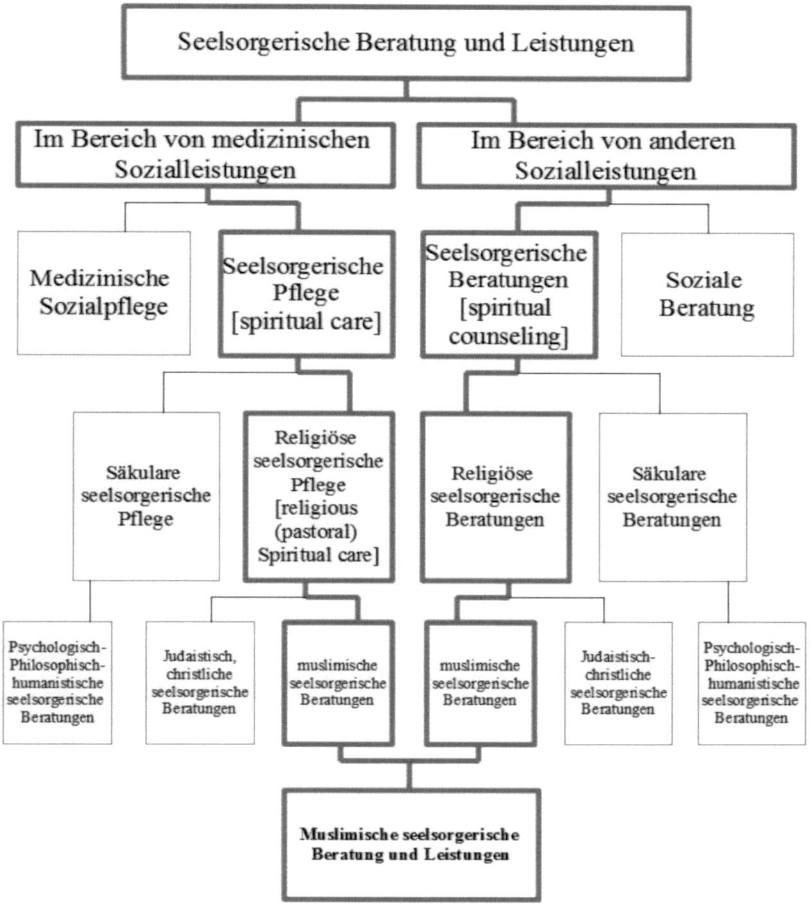

Abb. 3: Die Beziehung zwischen seelsorgerischer Pflege und seelsorgerischen Beratungen im Hinblick auf die Sozialleistungen aus islamischer Sicht

Literatur

Ahmed b. Hanbel, *Müsned*, V. Çağrı Yayınları, İstanbul 1982.

Altas, Nurullah, *"Din Hizmetleri ve Dinî Danışmanlık İlişkisi"*, Dinî Danışmanlık ve Din Hizmetleri, Gündüz Yayıncılık, Ankara 2012.

Ders., *"Hastanelerde Dinî Danışmanlık Hizmetleri"*, Dinî Danışmanlık ve Din Hizmetleri, Gündüz Yayıncılık, Ankara 2012.

Gazalî, *İhyâu Ulûmi'd-din*, II, Kahire 1954.

Hadis Kaynakları,*Riyazu's-Salihin*, II. Müslim Bir ve's Sıla, Tirmizî.

İbn-i Kesir, *Tefsir-ul Kuranil Azim*, İstanbul 1985.

Kula, Naci, *"Bakıma Muhtaç Kişilere Yönelik Sosyal Hizmetler ve Dinî Değerler"*, Dinî Danışmanlık ve Din Hizmetleri, Gündüz Yayıncılık, Ankara 2012.

Kuran-ı Kerim, hrsg. v. Ahmet Davutoğlu, Çile Yayınları, İstanbul 1988.

Ok, Üzeyir,*"Dinî Danışmanlık: Tanımı ve Tarihi"*, Dinî Danışmanlık ve Din Hizmetleri, Gündüz Yayıncılık, Ankara 2012.

Özarslan, Sevinç, *"Türkiye'nin İlk Manevi Bakım Elemanları"*, in: die Zeitung *Zaman* vom 14.10.2012.

Özsoy, Ö., *Sünnetullah*, Ecer Yayınları, Ankara 1994.

„Richtlinien der Familienberatungsbüros des Präsidiums für Religiöse Angelegenheiten" vom 19.03.2010, und Nummer 25.

Seyyar, Ali, *Sosyal Hizmetlerde Manevî Bakım*, Şefkatli Eller Yayınları, Ankara 2007.

Ders., *Tıbbî Sosyal Hizmetlerde Manevî Bakım*, Rağbet Yayınları, Genişletilmiş 2. Baskı, İstanbul 2010.

Suyuti, Celaleddin es,*Câmiü-s-Sağir*, Yeni Asya Neşriyatı, C. 3, No: 2229, İstanbul 2002.

Seelsorge(konzepte) zwischen Modernität und religiöser Tradition[1]

Von Isabelle Noth

1. Einleitung

Als ich den mir vorgeschlagenen Titel „Seelsorge(konzepte) zwischen Modernität und religiöser Tradition" las, kam mir als Schweizerin gleich als erstes das Schild in den Sinn, das bei uns auf jedem Bahnhof in mehreren Sprachen anzutreffen ist: „Achtung! Überschreiten der Geleise verboten!" Der Titel enthält nämlich eine Prämisse, die zu einer Falle werden könnte, in die wir nicht unbedacht treten sollten. Er suggeriert, dass zwischen Modernität und religiöser Tradition ein Gegensatz besteht. Gerade die Seelsorge dekonstruiert jedoch die gängige Stilisierung beider zu Antipoden. Seelsorge – so hat es mit aller Vehemenz u.a. die Praktische Theologin Doris Nauer gezeigt – ist gerade dann modern bzw. auf der Höhe der Zeit, wenn sie sich an der Tradition orientiert.[2] Wirklich glaubwürdige Seelsorge „bindet sich in Theorie und Praxis konsequent zurück an die eigene Glaubenstradition" – ohne diese zu verherrlichen oder gar zu verabsolutieren.[3] Seelsorge in christlicher Perspektive ist bibel- und geschichtsbewusst; sie ist theologisch verankerte und traditionsverwurzelte Seelsorge. Den Anspruch auf Modernität können demnach nur solche Konzepte erheben, die sich nicht von religiöser Tradition abkoppeln, sondern auf ihr fußen bzw. sich von ihr her verstehen und mit ihr in lebendigem Gespräch bleiben. Um es mit einem vielzitierten und Ricarda Huch zugeschriebenen Wort zu sagen: „Tradition pflegen heißt nicht, Asche aufzubewahren, sondern Glut weiterzureichen." Moderne Seelsorge reicht nicht die Kälte der Asche, sondern die Glut der Tradition weiter.

Erlauben Sie mir, mich mit diesem kleinen Schachzug der Gegenüberstellung von Modernität und religiöser Tradition zu entziehen und die Frage nach Seelsorgekonzepten von einer anderen, m.E. hilfreicheren Seite her aufzurollen.

Ausgehend von der vielfach geäußerten Beobachtung, dass eine schier unüberblickbare Zahl unterschiedlichster Seelsorgemodelle existiert, unternahm die schon erwähnte Praktologin Doris Nauer die Herkulesarbeit ihrer Systematisierung. 2001 legte sie ihre Darstellung in Form eines währschaften Kompendiums vor, in welchem sie nicht weniger als dreißig verschiedene Seelsorgekon-

1 Leicht überarbeitete Fassung eines Vortrags gehalten am 28. Juni 2012 an der Tagung „Islamische Seelsorge" in Osnabrück. Der Vortragsstil wurde beibehalten.

2 Vgl. Doris Nauer, *Seelsorge. Sorge um die Seele*, Stuttgart 2007, S. 281.

3 Ebd., S. 14.

zepte unterschied.[4] Dabei ordnete sie diese dreißig Konzepte drei spezifischen Konzepttypen zu. Sie unterschied sie inhaltlich durch die Perspektive, die in ihnen jeweils bestimmend ist. Von zentraler Bedeutung zu sein scheint mir ihr Grundentscheid, allen zuzugestehen, auf einer primär theologischen Perspektive zu beruhen und einem christlichen Referenzrahmen zu entstammen, also auch biblisch orientiert zu sein. Damit wird ein gemeinsames Fundament gelegt und bewusst vermieden, Seelsorgekonzepte als theologische oder nichttheologische bzw. als biblische oder nichtbiblische gegeneinander auszuspielen. Nauer sieht den Unterschied zwischen den Konzepten nicht darin, ob sie theologisch (und damit unpsychologisch und unsoziologisch) oder psychologisch oder soziologisch (und damit untheologisch) sind, sondern im Ausmaß ihrer jeweiligen sog. „Affinität" zu einer biblischen, zu einer psychologischen und zu einer soziologischen Sichtweise. In den drei Konzepttypen dominiert also entweder eine theologisch-biblische Perspektive, eine theologisch-psychologische Perspektive oder eine theologisch-soziologische Perspektive.[5] Angesichts der Vielzahl unterschiedlicher Konzepte, die einander – trotz manchem *wishful thinking* und *mindless writing* – nicht abgelöst oder überflüssig gemacht haben, entwickelt Nauer dann selbst ein „kombinatorisches Seelsorgekonzept", nämlich ein sog. „multiperspektivisches" bzw. „multidimensionales".[6] Dieses Modell vereint in sich eine „mystagogisch-spirituelle", eine „pastoralpsychologisch-ethische" und eine „diakonisch-prophetische" Dimension. Ziel ist es, die gegebene Vielfalt anzuerkennen, sie zu integrieren und die Perspektivenpluralität bestehender Seelsorgemodelle als konzeptuelle Voraussetzung zu deklarieren.

2. Gewichtungen

Wie fächert man nun diese Perspektivenpluralität sinnvoll auf – also so, dass sie im Rahmen dieser Publikation zu islamischer Seelsorge fruchtbar werden kann?

Ein Blick auf das letzte Drittel des 20. Jahrhunderts – beginnend mit der deutschen Seelsorgebewegung und der Gründung der *Deutschen Gesellschaft für Pastoralpsychologie (DGfP)* im Jahre 1972 – soll die Frage nach Seelsorgekonzepten weniger systematisch als vielmehr klassifizierend bzw. gewichtend angehen und zwar im Sinne ihrer bisherigen effektiven Relevanz für die christliche Seelsorge. Es haben ja nicht alle Konzepte dieselbe Bedeutung in der Poimenik erlangt.

Wissenschaftshistorisch und -theoretisch von herausragender Bedeutung war und bleibt die theologische Wiederentdeckung Freuds in den 1960er Jah-

4 Vgl. Doris Nauer, *Seelsorgekonzepte im Widerstreit. Ein Kompendium*, Praktische Theologie heute (PTh) Bd. 55, Stuttgart u.a. 2001.
5 Vgl. ebd., S. 17.
6 Vgl. ebd., S. 376-433.

ren.[7] Sie hat die Seelsorge ganz neu zu denken animiert. Man begann sich zu fragen, was das sog. Unbewusste für die eigenen Theoriemodelle und für die Seelsorgepraxis allgemein zu bedeuten hat. Konzepte wie Übertragung und Gegenübertragung, methodische Einsichten wie das Nichtagieren oder die Abstinenzregel und die Erkenntnis der überragenden Bedeutung der Kindheit haben sich der Seelsorge tief eingeprägt.[8]

Dass die Psychoanalyse eine solche herausragende Wirkung entfalten konnte, erstaunt sehr, wenn man bedenkt, dass sie in der ersten Hälfte des 20. Jahrhunderts in breiten Kreisen zunächst als Neuerung empfunden wurde, die mit der eigenen Tradition ganz und gar nicht vereinbar schien.[9] Man hielt sie für eine regelrechte Kampfansage gegen das Christentum, in Österreich gar als Versuch, den Katholizismus zu vernichten.[10] Quasi analog zur historischen Mär von den Juden als Jesusmörder sah man die Psychoanalyse als Versuch, das Christentum zu erledigen. Es entstanden Ansätze von Verschwörungstheorien. Dem Juden Freud und seiner neuen, modernen und gottlosen Lehre warf man vor, alles und jedes zu sexualisieren und damit zu pervertieren. Der Widerstand – um einen in psychoanalytischer Tradition geprägten Begriff zu verwenden – war so groß und verbreitet, dass man kaum glauben kann, dass Freuds Lehre schließlich dennoch einen solch großen Stellenwert in der Poimenik erlangen konnte. Heute ist man sich einig, dass die Psychoanalyse in ihrem Gottes- und Menschenbild stark von der Hebräischen Bibel beeinflusst ist und gerade deshalb so anschlussfähig war für die Seelsorge.[11]

Galt die Psychoanalyse einst als Ausdruck dekadenter Modernität und deshalb als mit der christlichen Tradition ohne jeden Zweifel inkompatibel, so gilt sie heute genau umgekehrt zwar als in der eigenen religiösen Tradition stehend, dafür aber als unmodern bzw. veraltet.

---

7 Vgl. Joachim Scharfenberg, *Sigmund Freud und seine Religionskritik als Herausforderung für den christlichen Glauben*, Göttingen ²1970 [1968].

8 Vgl. Christoph Morgenthaler, *„Zur Funktion der Psychoanalyse in der gegenwärtigen Pastoralpsychologie. Acht Thesen mit Erläuterungen"*, in: Isabelle Noth/Christoph Morgenthaler (Hg.), *Seelsorge und Psychoanalyse*, Praktische Theologie heute (PTh) Bd. 89, Stuttgart 2007, S. 59-67, hier S. 62: „Die Wirkung der Psychoanalyse innerhalb der Entwicklung der deutschen Pastoralpsychologie kann kaum hoch genug eingeschätzt werden. Sie hat das theologische Nervenzentrum dieser Disziplin gereizt. Sie hat einen tiefen Einfluss auf Menschenbild und Gottesverständnis ausgeübt. Sie hat selbstreflexive und emanzipatorische Impulse innerhalb der Theologie verstärkt. Sie hat die Praxis der Seelsorge tief greifend verändert."

9 Vgl. Isabelle Noth, *Freuds bleibende Aktualität. Psychoanalyserezeption in der Pastoral- und Religionspsychologie im deutschen Sprachraum und in den USA*, Praktische Theologie heute (PTh) Bd. 112, Stuttgart 2010.

10 Vgl. ebd., S. 143ff.

11 Zur biblischen Anthropologie Freuds vgl. ebd., S. 318ff.

Die Psychoanalyse hat die bisherige Entwicklung der Seelsorge konzeptionell wie praktisch nachhaltig beeinflusst (so ist auch verständlich, dass Doris Nauer bei tiefenpsychologisch orientierten Seelsorgekonzepten am allermeisten Namen aufzählt) – doch genau dies wird nun seit längerer Zeit bemängelt. Nun steht die Psychoanalyse nicht mehr im Gegenüber zur Tradition, sondern wird selbst zur Tradition! Die Praktologin Isolde Karle hat sich mit ihrer Dissertation von 1996 exponiert.[12] Sie hat die Einseitigkeit wissenschaftlicher Poimenik angeprangert. Sie beanstandete heftig, dass die Poimenik ihren Fokus fast ausschließlich auf die Psychologie und hier insbesondere auf die Psychoanalyse richte. Vehement ins Visier nahm sie die sog. individualistische Verengung psychoanalytisch orientierter Seelsorge, ihr Ausblenden soziologischer Perspektiven. Sie hat eindrücklich und nachhaltig gezeigt, welche verschiedenen hermeneutischen Konsequenzen es hat, wenn Seelsorgekonzepte gesellschaftsanalytisch naiv bzw. unreflektiert bleiben. Sie hat nichts weniger als zu einer soziologischen Aufklärung der Seelsorge aufgerufen.

Karles Untersuchung trägt den Titel: „Seelsorge in der Moderne. Eine Kritik der psychoanalytisch orientierten Seelsorgelehre." Wenn ich das höre, kommt mir natürlich gleich wieder das Bahnhofsschild in den Sinn. Dieser Titel impliziert ebenfalls subtil die Prämisse einer Diastase zwischen Moderne und Tradition im Sinne von Vergangenheit und zu Überwindendem, wobei mit Letzterem nun eben die psychoanalytisch orientierte Seelsorgelehre gemeint ist. Modernität wird irgendwann unweigerlich selbst zur Tradition. Der Faktor Zeit gibt den Ausschlag.

In der praktischen Seelsorgeausbildung wandte man sich schon früh der Gesprächspsychotherapie zu. Eine gründliche psychoanalytische Ausbildung erforderte schon damals sehr viel Zeit – zu viel Zeit, und die Theologie war alles andere als eine umworbene Disziplin in psychoanalytischen Kreisen. Carl R. Rogers schien zudem um einiges verständlicher als die Psychoanalytiker zu sein und seine Methode der Gesprächsführung geradezu simpel und mit etwas Übung leicht anwendbar. Die Bedeutung gesprächspsychotherapeutischer Grundhaltungen von einfühlendem Verstehen, Echtheit, Akzeptanz und Wertschätzung gehören seit langem allgemein und anerkanntermaßen zu den seelsorglichen Basics.

Nach einem Rückgang der Gesprächspsychotherapie in der akademischen Psychologie scheint sie offenbar u.a. im Zuge von Evaluation und Qualitätssicherung in der Therapieforschung – glaubt man neueren Studien – mit der dominierenden kognitiven Verhaltenstherapie, die eine „überdurchschnittlich hohe Abbruchquote" hat, bald evtl. mithalten zu können.[13]

---

12 Vgl. Isolde Karle, *Seelsorge in der Moderne. Eine Kritik der psychoanalytisch orientierten Seelsorgelehre*, Neukirchen-Vluyn 1996.

13 Mark Galliker, *Psychologie der Gefühle und Bedürfnisse. Theorien, Erfahrungen, Kompetenzen,* Stuttgart 2009, S. 204.

3. Ausblick

Beobachtet man neuere Entwicklungen, so sind interessante Verbindungen und Amalgame entstanden wie z.B. Christoph Morgenthalers systemische Seelsorge, deren 6. Auflage dieses Jahr erscheinen wird und die ja eigentlich *psycho*systemische Seelsorge heißen sollte, wäre der Titel nicht so lang.[14] Ihr Ziel ist es, Menschen in ihren familiären und kontextuellen Bezügen und Netzwerken wahrzunehmen und ein Verständnis für sie von ihnen her zu gewinnen, ohne sie jedoch als Einzelne mit ihren je individuellen innerpsychischen Konflikten aus den Augen zu verlieren.

Die Seelsorge ist heute stärker denn je darum bemüht, den Reigen ihrer Gesprächspartnerinnen und -partner um weitere Referenzdisziplinen – über die Psychologie hinaus – zu erweitern: Außer der schon erwähnten Soziologie dürften – so wie es in den USA schon seit längerem geschieht – in Zukunft vermehrt auch die Neurowissenschaften hinzukommen. Wir denken an die bahnbrechenden Erkenntnisse in der Hirnforschung, an die Einsicht in die Veränderbarkeit des Gehirns und zwar in beiderlei – strukturaler wie funktionaler – Hinsicht, an die Plastizität des ganzen Nervensystems.

Das Gespräch wird aber auch allgemein mit der Medizin stärker gesucht: Deren Bemühen z.B. im Bereich von Spiritual Care fordert uns heraus – auch konzeptionell. Die bisherige Konzentration auf die pastoralpsychologische Dimension wird mit Nachdruck um die spirituelle erweitert. So manche Professur in den USA, die ursprünglich Pastoral Care gewidmet war, heißt nun Spiritual Care. Dieselbe Entwicklung lässt sich an der Religionspsychologie beobachten, die zunehmend zu „Psychology of Religion & Spirituality" erweitert wird.

Im Bereich der Interkulturellen Seelsorge benötigt es Konzepte, die auf Gesprächen mit der Religionswissenschaft und der Religionspsychologie beruhen und sich intensiv mit der Theologie der Religionen befassen.

Dies ein paar willkürlich gewählte Hinweise, die schon bestehende Seelsorgekonzepte herausfordern und aller Voraussicht nach neue generieren werden.

Geht man davon aus, dass fachliche Entwicklungen in den USA oft früher oder später auch unsere mitbeeinflussen, darf man prognostizieren, dass der Einbezug und die Analyse gesellschaftlicher Strukturkategorien wie z.B. Geschlecht, sozioökonomischer Status, Ethnie, sexuelle Orientierung, Hautfarbe etc. eine stärkere und grundlegendere auch konzeptionelle Beachtung erfahren werden als bisher.

Die insbesondere von afrikanischer und afroamerikanischer Seite stammende Kritik an euroamerikanischer Seelsorge als primär krisen- und katastrophen-

---

14 Christoph Morgenthaler, *Systemische Seelsorge. Impulse der Familien- und Systemtherapie für die kirchliche Praxis,* Stuttgart [6]2012.

orientiert muss vermehrt Gehör finden.[15] Seelsorge ist eben nicht nur Trost und Aushalten, sondern auch Empowerment, Spaß, Freude, Tanz und Spiel/Vergnügen.

Interessanterweise hat sich die Diskussion in den USA – wenn ich es recht sehe – z.Zt. etwas wegbewegt von der Frage, welche Konzeption favorisiert wird; stattdessen befasst man sich mehr damit, *wer* eigentlich welche Konzeption lehrt und vermittelt – im Wissen darum, dass schon in der Vermittlung entscheidende Weichen gestellt werden.

Angesichts der Vielzahl an Konzepten und ihres noch zu erwartenden Zuwachses – die noch kaum in ihrer ganzen Tiefe erkannte Bedeutung des Faktors Klima/Ökologie drängt ganz nach oben auf die poimenische Agenda – gilt es, sich möglichem konfessorischen Zwang entgegen zu stellen und einer gewissen Leichtigkeit Platz einzuräumen. So wichtig und unerlässlich es ist, sich konzeptionell zu verorten, so notwendig ist es auch, sich in der Kunst seelsorglicher Gelassenheit zu üben und sich aufgrund der unauflösbaren Verschränktheit von Modernität und Tradition eine großzügige Palette an seelsorglichen Handlungsoptionen zu erarbeiten.

Literatur

Galliker, Mark, *Psychologie der Gefühle und Bedürfnisse. Theorien, Erfahrungen, Kompetenzen,* Stuttgart 2009.

Karle, Isolde, *Seelsorge in der Moderne. Eine Kritik der psychoanalytisch orientierten Seelsorgelehre*, Neukirchen-Vluyn 1996.

Morgenthaler, Christoph, *„Zur Funktion der Psychoanalyse in der gegenwärtigen Pastoralpsychologie. Acht Thesen mit Erläuterungen"*, in: Isabelle Noth/Christoph Morgenthaler (Hg.), *Seelsorge und Psychoanalyse*, Praktische Theologie heute (PTh) Bd. 89, Stuttgart 2007, S. 59-67.

Ders., *Systemische Seelsorge. Impulse der Familien- und Systemtherapie für die kirchliche Praxis,* Stuttgart ^{6}2012.

Nauer, Doris, *Seelsorgekonzepte im Widerstreit. Ein Kompendium*, Praktische Theologie heute (PTh) Bd. 55, Stuttgart u.a. 2001.

Dies., *Seelsorge. Sorge um die Seele*, Stuttgart 2007.

Noth, Isabelle, *Freuds bleibende Aktualität. Psychoanalyserezeption in der Pastoral- und Religionspsychologie im deutschen Sprachraum und in den USA*, Praktische Theologie heute (PTh) Bd. 112, Stuttgart 2010.

Scharfenberg, Joachim, *Sigmund Freud und seine Religionskritik als Herausforderung für den christlichen Glauben*, Göttingen ^{2}1970 [1968].

15 Vgl. Isabelle Noth, *Freuds bleibende Aktualität. Psychoanalyserezeption in der Pastoral- und Religionspsychologie im deutschen Sprachraum und in den USA*, Praktische Theologie heute (PTh) Bd. 112, Stuttgart 2010, S. 281ff. [3.3 *"From the West to the rest?" Interkulturelle Seelsorge*, Emmanuel Y. Lartey].

Interreligiöse Seelsorge – Anmerkungen zur Konzeptionierung einer Arbeit in diesem Bereich

Von Klaus Temme

Dass eine Publikation wie diese zum Thema Seelsorge einmal zustande kommen könnte, um einen Überblick über die verschiedensten Entwicklungen und Ergebnisse zu geben, die in Deutschland in der Zwischenzeit erreicht sind und um Aufgaben und Ansätze transparent zu machen, an denen es weiter zu arbeiten gilt, das hätte ich mir vor etwa zehn Jahren, als ich in diesem Bereich zu arbeiten begonnen habe, oder 2007, als wir auf dem Deutschen Evangelischen Kirchentag in Köln eine relativ kleine eintägige Fachkonferenz[1] zu diesem Thema veranstalten konnten, damals überhaupt noch nicht vorstellen können. Insofern bin ich über diese Entwicklung persönlich sehr erfreut.

Mit den folgenden Ausführungen werde ich einen Arbeitszwischenbericht über die Arbeit unseres Vereins „Gesellschaft für Interkulturelle Seelsorge und Beratung – Society for Intercultural Pastoral Care and Counselling (SIPCC)" an Fragestellungen rings um die Stichworte „interreligiöse Seelsorge" geben. Es geht mir dabei um die *Konzeptionierung* unserer *Arbeit*.

Da es für mich auch schon einen ersten, nötigen methodischen Schritt in diesem Arbeitsfeld bedeutet, die eigene Position, von der aus man denkt, redet und arbeitet, möglichst deutlich zu erklären, werde ich mit diesem Schritt beginnen: Ich bin in Lippe aufgewachsen und in der Lippischen Landeskirche als reformierter Pfarrer ordiniert worden – vor jetzt ziemlich genau 40 Jahren. Somit stehe ich in dieser evangelisch-landeskirchlichen Tradition. Und ich stehe gleichzeitig auch durch verschiedene Ausbildungen in der Tradition dessen, was man in Deutschland gemeinhin die pastoralpsychologische Seelsorgeausbildung nennt, und da speziell die sog. Klinische Seelsorgeausbildung (KSA). Zudem beziehe ich mich auf verschiedene eigene Erfahrungsfelder in interkultureller und interreligiöser Arbeit: im Düsseldorfer Stadtbereich habe ich mich seit über 15 Jahren in der gemeinwesensorientierten, interreligiösen Dialogarbeit des *Stadtteilladens Flingern der Diakonie* in Düsseldorf engagiert, und über die Jahre, in denen dieses Netzwerk bestand, auch sehr in dem *Interreligiösen Dialognetzwerk* als einer Gruppe von engagierten Personen aus allen in Düsseldorf präsenten Religionsgemeinschaften. Innerhalb unseres Vereins SIPCC haben wir

1 Vgl. die Dokumentation Nr. 14 in der SIPCC–Schriftenreihe *Interkulturelle Seelsorge und Beratung*, URL: http://www.ekir.de/sipcc/downloads/ISB-014-txt.pdf (letzter Zugriff: 10.12.2012).

etwa um das Jahr 2000 herum begonnen, unsere Beschäftigung mit interkulturellen Fragestellungen in der Seelsorge auch auszudifferenzieren in den Bereich von interreligiösen Fragestellungen hinein und haben dazu Veranstaltungen organisiert und dazu auch publiziert. Ich schreibe also vor diesem besonderen persönlichen Hintergrund – eine andere evangelische Person würde höchstwahrscheinlich etwas anderes zu Papier bringen und Vertreterinnen und Vertreter anderer christlicher Kirchen ebenso.

Den Schwerpunkt der Reflektionen hier soll eine bestimmte Fragestellung bilden – nämlich wie es mit der *Arbeit an Haltungen ist, die für interreligiöse Seelsorgearbeit sinnvoll und hilfreich und richtig erscheinen.* Solche Arbeit bei uns folgt immer wieder einem bestimmten Schema, dem Schema Praxis – Reflektion – Praxis, daran liegt uns als Ausgangspunkt sehr. Die folgenden Ausführungen gelten zunächst einmal *allgemein interreligiöser Seelsorgearbeit* und sind zunächst *nicht zugespitzt auf eine christlich-muslimische* Diskussion darüber.

Zudem schreibe ich auch zunächst nur mit Blickrichtung auf die allgemeine Ausbildungsarbeit an evangelischen Seelsorgerinnen und Seelsorgern, also Seelsorgepersonen, die meinen Hintergrund teilen, eine landeskirchliche Anbindung *und* eine pastoralpsychologische Anbindung haben oder die die Intentionen dieser Richtung teilen.

Auch wenn unsere Arbeit davon geprägt ist, dass wir von der Praxis ausgehen und über die Reflexion dieser Praxis wieder zu realer und eventuell veränderter Praxis zurückzukommen, so sind uns die Reflexionsergebnisse wichtig und für die Konzipierung unsere Arbeit auch notwendig.

1. Begriffsklärungen zu interreligiöser Seelsorge

Darum zunächst zu den Arbeitsdefinitionen für die beiden Hauptstichworte ‚interreligiöse Seelsorge', die sich für mich als hinreichend tauglich und sinnvoll erwiesen haben, und hier wiederum zunächst zu „Seelsorge": Sich um Menschen und ihr Mensch-Sein zu sorgen ist für Christen wesentlicher Bestandteil ihres Glaubens. In der Seelsorge gehen Menschen aufeinander zu, sie nehmen sich in ihrer jeweiligen Lebenswirklichkeit wahr und nehmen aneinander Anteil und stehen einander bei. Auf diese Weise ist Seelsorge Wahrnehmungs-Arbeit und auch gleichzeitig Beziehungsarbeit und grenzt eng an kontextuelle, diakonische, beraterische und therapeutische Arbeit an. Die Zuwendung Gottes zu den Menschen regt an, sich anderen zuzuwenden. Das ist Grundlage von Seelsorge. Sie *wird* dann und dadurch auch *zum Ausdruck von Gottesliebe und Nächstenliebe.* Solche Seelsorge zielt schließlich auf die *Erfahrung von Gottes Liebe* in beiden Formen der Liebe von Gott her zu uns und der Liebe von uns zu Gott hin. Und sie tut das – wo solche Liebe manchmal verdunkelt erscheint – eschatologisch. So, auf diese Weise, ist Seelsorge religiöse Deutungsarbeit[2]. Seelsorge ist also glaubens-(religions-)basierte Wahrnehmungs-, Beziehungs- und Deutungsarbeit.

Auch bei dem Stichwort „interreligiös“ spielt der Ansatzpunkt unserer Arbeit wieder eine entscheidende Rolle, nämlich der Ansatz bei den Realitäten, die wir vorfinden, – und auch hier prägt das die Definition für dieses Stichwort: ‚interreligiöse‘ Seelsorge ist für mich Seelsorgearbeit, die in *interreligiösen Situationen* geschieht. Das kann dann in funktionalen Seelsorgestellen der verschiedenen Art sein, im Krankenhaus, in Heimen, in Institutionen, in Schulen, in den Situationen der Notfälle etc., aber ganz deutlich auch in der allgemeinen Gemeindearbeit – kurzum in ‚interreligiösen Situationen‘, wie sie derzeitiger deutscher normaler Arbeitsalltag für Seelsorgepersonen im evangelischen, landeskirchlichen Auftrag und mit pastoralpsychologischer Ausrichtung sind.

Solche Seelsorgepersonen treffen dabei faktisch immer wieder auf zwei Gruppen von Menschen, die, die aus „anderen Religionen“ – also den sog. Groß-Religionen kommen, und die, die aus anderen ‚religiösen‘ Milieus (auch binnen-christlichen religiösen Milieus) kommen, die deutlich anders sind als das eigene Milieu, in dem man selbst groß geworden ist und als Christ lebt.

2. Zum *Vorlauf* für die Arbeit an Haltungen

Wenn eine Person sich auf Arbeit im Bereich von interkultureller und interreligiöser Seelsorge oder auf Ausbildung in diesem Bereich einlässt, so erscheint es unabdingbar nötig, dass es dafür einen *Vorlauf* gibt. Es gibt grundsätzliche Punkte, die eine wichtige Voraussetzung für solch einen Einstieg sind. Zwei Bereiche gehören nach der Erfahrung unserer Arbeit hierher, wenn es um diesen Einstieg in die Arbeit an Haltungen geht. Den *ersten* fasse ich unter dem englischen Schlagwort *immersion* zusammen. Es hat sich in der internationalen Diskussion unserer Seminare herausgebildet. Es ist auf Deutsch wörtlich mit *eintauchen* wiederzugeben, ist in einem tieferen Sinne aber noch weit gehender gemeint, nämlich als ein *sich aussetzen* oder sogar *sich ziemlich weit einlassen auf andere Welten* – soweit es nur geht. Eine brasilianische Kollegin, Mary Esperandio, verweist uns in unserer SIPCC-Arbeit auf die Terminologie des portugiesischen Poeten Fernando Pessoa[3] und seinen Begriff des *outramento*. Was

---

2 Diese Definitionen und Merksätze stammen zum Teil aus der Internetpräsenz, die ursprünglich für die Arbeit von Pfarrer Weiß auf der Website des Kirchenkreises Düsseldorf aufgebaut wurde, aber dort bis heute gilt, vgl. URL: http://www.evdus.de/seelsorge/evangelische-seelsorgefortbildung.html (letzter Zugriff: 29.08.2012).

3 Vgl. Dokumentation Nr. 17 aus der Reihe *Interkulturelle Seelsorge und Beratung*, S. 56, URL: http://www.ekir.de/sipcc/downloads/ISB-017-txt.pdf (letzter Zugriff: 10.12.2012).

und wer wir sind, das entsteht in der Begegnung mit ‚anderen/m‘[4]. Das ist an sich theologisch und psychoanalytisch klar; es ist aber auch klar, dass dieser Vorgang für die hier in Rede stehende Arbeit so wichtig ist, dass es nötig ist, ihn vorweg und dann immer wieder einzuüben[5]. Sich also möglichst tief in ‚die andere Welt‘ einzulassen, sie in sich und bei sich aufzunehmen, darum geht es hier – wie wenn man ein anderer wäre – fast, und doch in dem Bewusstsein, dass man es nicht ist.

Dieser Vorgang der Immersion erfordert beides, einen gewissen Mut, aber in jedem Fall eine große Neugier. Wo diese Neugier auf andere Menschen und ihre anderen Lebenswelten nicht vorhanden ist, wäre diese Arbeit vielleicht auch nicht die richtige Arbeit für jemanden. Beides, Neugier und Mut, erscheint nach der Erfahrung unserer Vereinsarbeit unabdingbare Voraussetzung zu sein. Neugier und Freude auf Menschen als seelsorgliche Grundhaltungen implizieren außerdem immer, dass man in diesem Bereich *mit großem Respekt* an alle und alles herangeht.

Wie gesagt, zwei Bereiche gehören dazu, wenn es um den *Vorlauf, den Einstieg in die Arbeit an Haltungen* geht. Der *zweite* ist *Erfahrung im interreligiösen Dialog*. Es ist nötig, dass jemand sich mit interreligiösen Dialogen beschäftigt hat und mit dem, was man als *Transfers daraus* gewinnen kann. Dreierlei ist mir hier wichtig: einmal geht es um das *Wechselspiel zwischen Wichtigkeit und Begrenztheit von Kenntnissen und Informationen*. Für konkrete Seelsorgesituationen allgemein und auch für Seelsorge in interreligiösen Situationen sind Kenntnisse bzw. das Sammeln von *Wissen und Informationen* notwendig und unabdingbar[6]. Gleichzeitig gilt aber hier (und wohl mehr als bei interreligiösen Situationen, die einen anderen als den seelsorglichen Schwerpunkt haben), dass der Wert solcher Kenntnisse ein begrenzter ist, der den Begegnungscharakter einer seelsorglichen Beziehung gelegentlich unterstützen, ihn aber nicht konstituieren oder ersetzen kann.

---

4 Die Übersetzungsarbeit hier ist schwierig. Wenn man dabei die Debatte aufnimmt, die um den Begriff des ‚*othering*‘ geführt wird, so wird schnell deutlich, dass man hier dünnes Eis betritt. So wichtig es ist, in vielerlei Hinsicht die Wahrnehmung je ‚anderer‘ Realitäten zu schulen, das ‚Sich-einlassen‘ und ‚Eintauchen‘ einzuüben, so notwendig wird es bleiben immer selbstkritisch zu beachten, was alles für einen selbst die ‚Konstruktion des Anderen‘ ausmacht, um die Fallen unangemessener Etikettierungen möglichst zu vermeiden. Paul Mecherill hat in seinen Arbeiten immer wieder darauf verwiesen, z.B. vgl. URL: http://www.staff.uni-oldenburg.de/paul.mecheril/download/beratung_mecheril2004.pdf, S. 5ff. (letzter Zugriff: 29.08.2012).

5 Wir legen daher die Struktur unserer Jahresseminare so an, dass dieser Vorgang der Immersion Raum und Chancen hat.

6 Die Arbeit des *Ontario Multifaith Council* und seine Informationspalette, URL: http://www.library.omc.ca/ (letzter Zugriff: 29.08.2012) ist hier ein großartiges Beispiel.

Zum anderen ist mir wichtig festzuhalten, wie der erreichte Stand der Dinge in Deutschland ist, dass es nämlich so etwas wie *einen erreichten Respekt* gibt. Es ist durch die Arbeit vieler Personen und Institutionen eine Situation erreicht, die in beide Richtungen von Respekt getragen ist. Es gibt in weiten Fachbereichen eine Dialogkultur „auf Augenhöhe". Wer immer sich auf die Arbeit in diesem Bereich der interreligiösen Seelsorge einlassen will oder auf Ausbildungen, müsste hier die eigene Position abgeklärt haben und sie von seiner Theologie begründen können und sie in seine Frömmigkeit integriert haben, um sich solch einer Kultur des Dialogs auf Augenhöhe gut anschließen zu können. Es geht hier darum, wie man/frau sich eine eigene Position aufbaut nach einer Auseinandersetzung mit den Positionen einer Theologie der Religionen, die man fast schon traditionell in inklusivistische, exklusivistische und religionsplurale Positionen aufzuteilen versucht hat[7].

Zu den Erfahrungen im interreligiösen Dialog, die jemand sinnvollerweise mitbringen sollte, wenn er sich auf interreligiöse Seelsorge einlässt, gehört auch noch dieser Bereich: es hat sich auf allen Ebenen von interreligiösem Dialog die Intention deutlich herausgebildet, dass *die Dialoge vom Kopf in die Praxis gezogen werden müssen*. In vielen Bereichen, wie z.B. in der interkulturellen und interreligiösen Pädagogik, ist dies seit langen Jahren eine Alltäglichkeit geworden[8]. In anderen Bereichen ist es auf jeden Fall als Intention sehr klar. Wer also Arbeit oder Ausbildung beginnt, sollte sich hiermit auseinandergesetzt haben und wissen, ob er diese Bewegung teilen kann, oder zumindest zum Beispiel damit, welchen Stellenwert für ihn Theoriediskussionen haben und ob sie für ihn in jedem Falle Vorrang vor der Praxis haben.

3. Zur Arbeit an Haltungen

Die folgenden Reflexionen behandeln die leitende Methodik, die Zielsetzungen und das Stichwort ‚Grenzen'.

---

7 In SIPCC sind für uns die Arbeiten von Christian Danz (z.B. *Die Deutung der Religion in der Kultur*, Neukirchener, Neukirchen-Vlyn 2008) mit seiner Kritik dieser traditionellen Positionen und seiner hermeneutischen Theorie zur Überwindung ihrer jeweiligen Schwachstellen wichtig geworden.

8 Dieser Tage zeigt die Universität Bern eine Tagung an, die solche alltägliche Praxis schon voraussetzt und nun nochmals auf die Ebene der Reflexion darüber gehen wird, URL: http://www.theol.unibe.ch/unibe/theol/christkath/content/e4166/e122144/cktheol_vortrge_2012_ger.pdf (letzter Zugriff: 29.08.2012).

3.1 Leitende Methodik

Die *leitende Methodik* ist für unsere Arbeit klar, wie schon erwähnt, dass wir nämlich von der Praxis ausgehen und dass wir es für sinnvoll und nötig halten, immer wieder diesen Zirkel zu durchlaufen, um von Praxis über deren Reflektion zu veränderter, verbesserter Praxis zu kommen. Wir sind überzeugt, dass das, was klinische Seelsorgeausbildung (KSA) genannt wird, dafür eine geeignete Form darstellt und anbietet[9].

Die Schwerpunkte bei diesem KSA-Ansatz skizziere ich kurz: Klinische Seelsorgeausbildung geht prinzipiell so vor, dass die Person, die sich in die Ausbildung hinein begibt und die sich damit in die Arbeit an eigenen Haltungen hinein begibt, *ein eigenes Seelsorgepraxisfeld hat und mitbringt.* In der Ausbildungsgruppe werden dann *Fallbesprechungen* vorgenommen, mit hoher Intensität und fortlaufender Wiederholung dieser Arbeitsform. Auszubildende Personen zeichnen Gespräche und Situationen aus dem Kopf und aus der Erinnerung auf – und an diesem Gesprächsprotokoll wird gearbeitet. Es geht darum, dann die Haltungen der Seelsorgeperson anzuschauen, Emotionen, die auf beiden Seiten der Beteiligten eine Rolle spielen, die Beziehungen – wie sie entstehen, wie sie ablaufen – oder halt auch nicht entstehen, und mögliche Deutungen, die in dem Protokoll sichtbar werden.

Es geht in der Ausbildungsgruppe ferner ganz stark auch um *lebensgeschichtliches Arbeiten,* also die Arbeit an der Wahrnehmung des eigenen Kontextes, aus dem man kommt, damit man auch Kontexte der Seelsorgepartner-Personen besser verstehen und sich in sie einfühlen lernt. Diese Arbeit ist gleichzeitig ein Teil der Arbeit an der Selbstwahrnehmung.

Dann gibt es eine weitere Arbeitsform, die inzwischen zumeist *Interaktionsarbeit* genannt wird. Dabei geht es darum, wie sich innerhalb der Gruppe Kommunikationsvorgänge abspielen, wie die Gruppenmitglieder ‚interagieren'. Das soll auch wiederum der Ausarbeitung der Selbstwahrnehmung und auch der Fremdwahrnehmung dienen. Das Ganze wird begleitet von *Theoriearbeit*, theologischer und psychologischer Theoriearbeit.

Last, but not least, ist auch klar, dass zur KSA-Arbeit im Prinzip auch *Einzelsupervision* gehören muss. Im Blick auf die Herausarbeitung von Haltungen, die ich mehr in dem Gruppengeschehen verorte, ist dies aber eine Geschichte, die noch etwas anderen Charakter hat.

---

9 Die Erfahrung mit KSA-Kursen im Ausland bzw. bei christlichen Teilnehmenden mit sehr unterschiedlichen religiösen Traditionen zeigt, dass es auch eine methodische Form mit einer hinreichenden Neutralität ist.

3.2 Zielsetzungen

Bei Interreligiöser/Interkultureller Seelsorgearbeit, insofern sie *Wahrnehmungsarbeit* ist, geht es darum, dass der kulturelle und religiöse Kontext (wie immer man auch ‚religiös' versteht) der jeweiligen Person wahrgenommen, beachtet wird und dass er in die Seelsorgearbeitsbeziehung eingebracht wird.

Interreligiöse/Interkulturelle Seelsorge, insofern diese *Beziehungsarbeit* ist, beachtet die Differenzen auf allen Ebenen der menschlichen Beziehungen im Seelsorgegeschehen. Es geht vor allen Dingen darum, die Unterschiede der Lebens- und Glaubenswelten (nach ihrer Wahrnehmung) dann auch auszuhalten und nicht zu übergehen. Und es geht dennoch darum, dass nach Verbindungen und *zwischenmenschlichen(!)* Gemeinsamkeiten gesucht wird.

Interreligiöse und interkulturelle Seelsorge ist auf der Ebene der Beziehungsarbeit *gleichzeitig* emotionale und rationale Beziehungsarbeit. Beide Seiten suchen nach Differenzen, aber sie suchen gleichzeitig auch – bei allen Differenzen – danach, Punkte der gegenseitigen tiefen Berührung sowohl im Verstehen als auch im Fühlen zu finden, d.h. Stellen, an denen man sagen würde, dass hier die beteiligten Partner als Menschen gleich sind.

Interreligiöse und interkulturelle Seelsorgearbeit, insofern sie *Deutungsarbeit* ist, geschieht für uns immer auf dem Hintergrund einer letzten Wirklichkeit und sie begründet von daher ihre Praxis und ihr Verstehen theologisch. Es ergeben sich dadurch aber auch Selbst-Begrenzungen in der Arbeit.

Es gibt insgesamt bei diesen Zielsetzungen einen Rahmen: interreligiöse und interkulturelle Seelsorge ist *Arbeit in einem jeweiligen gesellschaftlichen Kontext*. Das beachten wir sehr und es ist uns sehr wichtig. Sie muss daher auch immer kontextuell neu gedacht und formuliert werden. Sie ist an den gegenwärtigen Verhältnissen interessiert und sie sucht nach deren Bedeutung für die Zukunft.[10]

3.3 Grenzen und Umgang mit Grenzen

Es sollen hier nicht prinzipiell und dogmatisch Grenzen aufgezeigt werden oder es soll nicht theoretisch bewiesen werden, dass es diese und jene Grenzen geben muss. Meine Intention ist, wie immer wiederholt, über die Entwicklung von Haltungen und die Arbeit an Haltungen zu reden – und das gilt für den Umgang mit Grenzen m.E. ganz besonders. Die Stichworte, die gleich genannt werden, sollen darauf hinweisen, dass eine auszubildende Person hier für und bei sich

---

10 Diese Passage ist angelehnt an Helmut Weiß, *"Interreligious and Intercultural Pastoral Care and Counselling. Notes from a German Perspetive"*, in: Schipani/Bueckert, *Interfaith Spiritual Care – Understandings and practices*, Pandora Press, Ontario 2009, S. 235ff. Sie, wie auch viele andere Passagen, spiegelt den engen Arbeitskontakt mit H. Weiß wieder.

selbst besondere Aufmerksamkeit aufwenden soll und besondere Arbeit an sich selbst leisten muss.

- Der erste Punkt beim Umgang mit Grenzen ist, dass man/frau *Achtung entwickelt und Respekt,* soweit das nur eben möglich ist. Sogar für religiöse Einstellungen oder vielleicht auch Attitüden der Partnerperson im Seelsorgegeschehen, die einem selbst fremd, ungewohnt, fast uneinfühlbar sind.
- Der nächste Problem- und Aufgabenbereich besteht darin, ein Sensorium dafür zu entwickeln, wo man *übergriffig* werden könnte, und dann jegliche Form von Übergriffigkeit auf die Meinungen, auf das Lebensgefühl oder den Glauben der anderen Person möglichst zu vermeiden. Es wird aber trotzdem – selbst bei ‚den besten Absichten' – geschehen. Dann bleibt dennoch die professionelle Aufgabe zu sehen, dass hier und dadurch das Beziehungsgeschehen möglichst nicht abreißt. Wo die Aufarbeitung gelingt, ist das dann ein vertiefender Prozess. Besonders schwierig finde ich die folgenden beiden Punkte, weil sie zumeist mit einem hohen emotionalen Potential einhergehen. Es sind somit für mich Punkte ganz besonderer Aufmerksamkeit, wenn es um die Entwicklung eigener Haltungen in diesen Bereichen geht:
- Wie steht es mit dem Umgang mit Grenzen bei *Ritualen*? Die Frage, ob man als Angehöriger einer Religion religiöse Rituale der Person des andersgläubigen Seelsorgepartners in einer interreligiösen Situation selbst ausführen kann/darf/will, wenn man denkt, sie könnte für den Partner in der Situation hilfreich sein, erfordert eine differenzierte innere Auseinandersetzung.
- Wie steht es mit dem Umgang mit Grenzen bei dem, was aus dem christlichen Kontext gemeinhin *Mission* genannt wird?[11] Nochmals: die Arbeit an Haltungen ist für mich hier der Zielpunkt, an den sich dann jede Einzelfragestellung ausrichten müsste, auch diese. Auszubildende auf der christlichen Seite müssen ein Gefühl entwickeln, wie sie mit dem ‚Missionsauftrag' umgehen. Zum Beispiel, ob sie sich die Erinnerung an diesen Missionsauftrag innerlich ganz verbieten – was bei manchen Kollegen und Kolleginnen in den letzten 20 Jahren so war, wenn meine Erfahrungen und Wahrnehmungen mich nicht ganz getäuscht haben. Was mir im Kopf ist und woran wir in unserem Verein auch die nächsten Jahre arbeiten wollen, das ist die Frage, wie man *mit Freude und mit Stolz vor allen Menschen ein Bekenntnis abgelegt für die Schönheit des eigenen Glaubens.* Wie kann man/frau von der Schönheit des eigenen Glaubens so reden, dass es ohne Aggression und Dominanzwillen geschieht, aber auch ohne selbstauferlegte Scham, Angst oder Minderwertigkeitsgefühle.
- Wie entwickelt man/frau eine Haltung dazu, dass Raum gegeben wird und die Seelsorgepartner *Chancen zur Selbstinterpretation auf allen Ebenen* haben, also ihrer existenziellen Erfahrungen und spirituellen Erfahrungen, bei

---

11 Ich sehe hier auch Parallelen zu Fragestellungen, die sich ergeben, wenn muslimische Freunde ihrer Pflicht zur Einladung zum Gebet auch mir gegenüber nachkommen.

ihrer Einbindung in ihre eigene Religion, bei ihrem Umgang mit Kritik an ihren Traditionen, vielleicht sogar auch ihrer eigenen Religion.

- Bei diesen Fragestellungen zu Grenzen und dem Umgang mit Grenzen möchte ich aber auch hervorheben, dass ich das Folgende *noch nicht als ‚Grenze'* empfinde: wenn auszubildende christliche Personen an der verschärften Wahrnehmung existenzieller Fragestellungen so gearbeitet haben, dass sie sich dann auch trauen und es wagen, ihre gemachten Wahrnehmungen in das seelsorgliche Beziehungsgeschehen einzubringen, so halte ich das für angemessen. Wenn z.B. in einer bestimmten Situation und bei einem bestehenden Vertrauenskontakt ganz offensichtlich wird, dass die andersgläubige Seelsorge-Partner-Person bestimmte Auseinandersetzungen vermeidet, dann kann es vielleicht sogar eine sehr *sinnvolle und hilfreiche Herausforderung (‚challenge')* sein, diese Wahrnehmung einzubringen. Das sehe ich dann noch nicht als übergriffige religiöse Deutungsarbeit.
- Letzte Anmerkung hier: An anderen Orten versucht man die *Grenzziehungsproblematik dadurch in Formen zu gießen und zu regulieren, dass man Ethik-Codes aufstellt als Verhaltensregeln*[12]. Das ist eine Herangehensweise, die mir mit der starken Betonung auf der Beziehungswahrnehmung und der Wahrnehmung der anderen Person und ihrer Eigenheiten und dem verantwortlichen Umgang mit dem Wahrgenommenen aber *nicht wichtig erscheint – oder auch in gewisser Weise überflüssig erscheint.* Wenn die Wahrnehmung der ‚anderen' Person und die Wahrnehmung der Beziehung gelingt, und auch die Selbstwahrnehmung mit kritischer Selbstdistanz bei der Seelsorgeperson genug vorhanden ist, sodass man/frau an heiklen Punkten die Abstände würdigend achtet, dann halte ich Regel-Kataloge für überflüssig und ziehe es vor, dass man ethische Grenzen in den Beziehungen selbst gestaltet und entwickelt.

4. Warum solche Überlegungen in einer Publikation eines islamischen Ausbildungszentrums?

Einerseits um *christliche Kolleginnen und Kollegen noch einmal zu ermutigen,* viel über diese Fragestellungen in ihrem eigenen Umfeld zu arbeiten und auch freundliche Unterstützungs- und PR-Arbeit zu machen. Es gäbe noch viele Pfarr-Konferenzen zu besuchen, an denen man über diese Dinge gut reden könnte. Die Aufgabenstellung, unsere *eigenen Seelsorgepersonen* so auszurüsten, dass sie in interreligiösen Situationen ihrer Arbeit mit freudiger Neugier, Sensibilität und Kompetenz handeln können, ist ja noch lange nicht erledigt.

---

12 Vgl. z.B. URL: http://www.mfghc.com/reg_code.pdf (letzter Zugriff: 29.08.2012). Der Link zu http://www.mfghc.com ist lohnenswert in jedem Falle!

Ein anderer Grund ist, dass ich einfach gerne darstellen möchte *„wie wir es machen“*. Dabei habe ich die Hoffnung, dass sich aus solchen Gelegenheiten wie der Tagung zur Islamischen Seelsorge an der Universität Osnabrück[13] ein besseres gegenseitiges Verständnis ergibt und eine *Transparenz über die jeweilige Praxis*, dass konstruktive und anregende Diskussionen entstehen und gegenseitiges Lernen und auch die eine oder andere Anregung hin und her geschieht. Mein Wunsch und meine Vision wäre gleichzeitig, dass es ganz interessant sein könnte, in 5-10 Jahren einmal zu schauen, ob sich so etwas wie interreligiöse Seelsorgearbeit in einer ähnlichen Weise nun auch mit Seelsorgepersonen anderer Religionen hier in Deutschland eingestellt haben würde: wenn zum Beispiel ein Imam dann ein Seelsorgegespräch mit Eheleuten einer christlich-muslimischen Ehe führen wird.

Hauptsächlich aber stelle ich unseren Ansatz, unsere Arbeit und meine Überlegungen dazu dar, um Mut zu machen und unsere These zu untermauern, dass *Ausbildungskooperation möglich* ist.

In unserem Verein haben wir zunächst viel Erfahrung gesammelt in *unserem angestammten Bereich*, d.h. bei der pastoralpsychologisch orientierten Arbeit von christlichen Seelsorgepersonen, sowie bald auch bei der Supervisionsausbildung unserer eigenen Kolleginnen und Kollegen. Der Ansatz, den ich skizziert habe, hat sich für uns sehr bewährt, wenn es um ‚normale‘ Fallbesprechungsarbeit mit Kolleginnen und Kollegen ging, die Seelsorge in faktisch interreligiösen Situationen ausgeübt haben[14]. Und wir sehen das gleiche Ergebnis, wenn wir auf die weitere Fortbildungsarbeit für Seelsorgepersonal schauen, nämlich die Supervisionsausbildung auf ihren verschiedenen Stufen, sodass am Ende auch Lehrsupervisorinnen und -supervisoren bei ihrer Arbeit Kompetenzbildung für interreligiöse Seelsorge als Querschnittsaufgabe mit aufgenommen haben.

Wir haben auch innerhalb und außerhalb Deutschlands die Erfahrung gemacht, dass sich dieser Ansatz bewährt hat, wenn sich Seelsorgepersonen in die Ausbildung begeben haben, die selbst ganz anderen als deutsch-landeskirchlichen Gruppierungen innerhalb des Christentums angehören. Das geht so weit, dass sie die hilfreichen Aspekte dieser Konzeption dann auch bei Ausbildungsarbeit einsetzen, die sie in ihren Kontexten weiter leisten.

---

13 *Islamische Seelsorge – zwischen Herkunft und Zukunft, von der theologischen Grundlegung zur konkreten Praxis in Deutschland*, Tagung an der Universität Osnabrück vom 27.06.-29.06.2012.

14 Vgl. die Falldarstellungen in *Interkulturelle Seelsorge und Beratung* Nr. 14 von Pfr'in Elisabeth Lehmann (S. 16) und Pfr'in Ulrike Mummenhoff (S. 17), sowie von Pfr'in Ulrike Mummenhoff, *„Interreligiöse Seelsorge im Arbeitsfeld Krankenhaus“*, in: Weiß/Federschmidt/Temme, *Handbuch interreligiöse Seelsorge*, Neukirchener Theologie, Neukirchen-Vlyn 2010, S. 245ff.

Von da aus sind wir zu dem Punkt gekommen, dass es sinnvoll und möglich sein könnte, auch zu schauen, wie vor dem Hintergrund dieser Konzeptionierung Ausbildungsarbeit mit Personen aus anderen Religionen geschehen könnte. Und auch hier sind unsere bisherigen Erfahrungen ermutigend.

5. Konsequenzen

Aus dem dargelegten Arbeitsansatz und den gemachten Erfahrungen ergaben sich weitere Arbeitsschritte als ‚Nachlauf'[15]: sinnvoll erschienen uns also *Arbeitskooperationen* und nötig erscheint uns eine theologische Weiterarbeit zu dem Komplex ‚*Theologie der Religionen*'. Unser Gedanke war, Arbeitskooperationen als *Joint Ventures* zu entwickeln[16]. Wenn unser Ansatz, an Wahrnehmungen, Beziehungen und (gemeinsam zu entwickelnden) existentiellen und religiösen Deutungen zu arbeiten, allgemein für Situationen interreligiöser Seelsorge richtig ist, so wollten wir sehen, ob und wie sich das speziell in (wiederum gemeinsam zu entwickelnden) interreligiösen Ausbildungsprojekten bewähren könnte.

Konkrete Arbeit haben wir hier bisher nur mit Auszubildenden angestrebt, die ihren eigenen religiösen Hintergrund/ihre Fundamente im Islam haben. Wir wollten sehen, wie diese Arbeit – nach ihrer *gemeinsam Entwicklung* – auch gemeinsam reflektiert und ausgewertet werden könnte.

In einer Zusammenarbeit mit *Medical Muslim Bridge e.V.* in Essen haben wir eine Einführungswoche und einen 6-Wochen-Grundkurs über fast 2 Jahre hin durchgeführt, der im Wesentlichen den Standards der Deutschen Gesellschaft für Pastoralpsychologie (für Ehrenamtliche) folgte, und haben Anfang

---

15 Oben unter dem Stichwort ‚Vorlauf' ging es mir mehr um die *individuelle* Ebene. Auch auf dieser Ebene sind Konsequenzen nötig und eine fortlaufende Supervisionsarbeit wird für Seelsorgepersonen mit dem beschriebenen eigenen Hintergrund unerlässlich sein, um professionell und nachhaltig in diesem Bereich arbeiten zu können. Im Folgenden hier nun geht es mir bei beiden Punkten mehr um die *strukturellen* Ebenen.

16 Wir haben dies nun *nur* im Blick auf christlich-muslimische bzw. muslimisch-christliche Projekte gedacht. Im März 2004 gab es dazu eine eintägige SIPCC-Konsultation in Düsseldorf, aus der zunächst Arbeitsabsprachen in Köln hervorgingen, die nicht realisierbar waren. Nach dem Werkstatt-Tag beim Dt. Ev. Kirchentag in Köln 2007 (siehe SIPCC-Doku Nr. 14) entwickelte sich ein umfangreicheres Projekt in Duisburg, das aber nach der Planungsphase dann auch nicht in Praxis enden konnte. Diese Entwicklungen hat Pfr. Helmut Weiß in seinen beiden Artikeln beschrieben *„Der muslimische Gruß"*, in: Noth/Kunz, *Nachdenkliche Seelsorge – seelsorgliches Nachdenken – Festschrift für Christoph Morgenthaler*, Vandenhoek, Göttingen 2012, S. 123ff., sowie in *„Einander wahrnehmen und stärken. Voraussetzungen und Kompetenzen für christlich-islamisches Lernen in der Seelsorge"*, in: Wenz/Kamran, *Seelsorge und Islam in Deutschland – Herausforderung, Entwicklungen und Chancen*, Verlagshaus Speyer, Speyer 2012, S. 106ff.

Juni 2012 auch eine erste Auswertung machen können[17]. Wir sind auch entschlossen, solche Arbeit fortzusetzen, wo das möglich sein wird.

Zu den Konsequenzen aus unserer Erfahrung, die uns als unabdingbar erscheinen, gehört es, dass Theologiearbeit im Blick auf eine *Theologie der Religionen* weiter vorangetrieben wird, mit einer Zuspitzung auf ihre Seelsorgetauglichkeit. Wie kann eine Theologie der Religionen weiter ausgearbeitet werden, die es untermauert, dass Religionen sich auf Augenhöhe begegnen können? Wie kann so etwas jeweils aus den eigenen Quellen der theologietreibenden Religion heraus im Blick auf ‚die anderen' Religionen komplett entwickelt werden oder welche Schwierigkeiten[18] würden für so etwas entstehen? Wie kann so etwas auch in die jeweils eigene Frömmigkeit einzelner Religionsmitglieder so weit integriert werden, dass sie interreligiöse Zusammenarbeit und Begegnungen und auch das ‚Sich-Einlassen' auf die Denk- und Erlebniswelten der Gläubigen ‚anderer' Religionen möglichst *nicht mehr als äußerlich oder innerlich eigentlich verbotene Grenzüberschreitung* empfinden oder Wege sehen können, mit ihren Empfindungen umzugehen. Die Zuspitzung dieser Weiterarbeit auf Fragen von solcher und anderer seelsorglicher Relevanz[19] wäre uns dabei wichtig. Die Ergebnisse der Weiterarbeit müssten für Seelsorgepraxis und Seelsorgeausbildung und den interreligiösen Austausch darüber leicht durchzubuchstabieren sein. Hier bleibt viel zu tun, bis hin zu dem Punkt, dass vielleicht neue Strukturen für den wissenschaftlichen Vergleich gefunden werden müssten.[20]

---

17 Ich verweise auf die mir bekannten ähnlichen (*also ev.-landeskirchlich und pastoralpsychologisch ausgerichtet*) Unternehmungen, wie sie der ev. Pfarrer und KSA-Supervisor Winfried Hess seit einigen Jahren im Frankfurter Raum macht, und die Arbeit, die Pfr'in und Seelsorge-Ausbilderin Dr. Christina Kāyalis in Zusammenarbeit mit dem Schura-Rat in Hamburg macht. Auch sei auf die Arbeit der *Ev. Akademie der Pfalz* und des *Mannheimer Instituts* unter Dr. Georg Wenz verwiesen, die in ihrer Auswertung schon weit gediehen ist.

18 Vgl. z.B. Jonathan Magonet, *„Religion und interreligiöse Begegnung aus jüdischer Sicht"*, in: Weiß/Federschmidt/Temme, *Handbuch interreligiöse Seelsorge*, Neukirchener Theologie, Neukirchen-Vlyn 2010, S. 29ff.

19 Beispielhafte Fragestellungen wären meines Erachtens, wie sich die Haltung der ‚Achtsamkeit' im interreligiösen Vergleich darstellen und fruchtbar machen ließe, oder die Haltung der ‚Beziehungsorientiertheit', oder die der ‚Ergebenheit in Leiden' oder die des ‚Vertrauens auf Barmherzigkeit'.

20 Ich verweise hier auf die alte und traditionsreiche Ausbildungs- und Forschungsstätte für KSA, wie es sie an der *Claremont School of Theology* gab und gibt, traditionell eine Einrichtung der Methodistischen Kirche in den USA, wo es vor einiger Zeit eine „Ausgründung" einer neuen Universität gab mit dem oben beschriebenem, speziellen universitären Auftrag, vgl. http://www.claremontlincoln.org/ (letzter Zugriff: 29.08. 2012).

6. Einige letzte Anmerkungen zu dem *Schlagwort „spiritual care"*, als Blick über den Zaun

Man kann das deutsche Worte „Seelsorge", das ja auch in unserer Sprache in vielen unterschiedlichen Kontexten und mit vielen unterschiedlichen Detailbedeutungen begegnet, nach meiner Erfahrung eigentlich nicht ins Englische oder andere Sprachen übersetzen/übertragen. Es gibt immer Deckungsprobleme der Wortinhalte oder der anderen Assoziationen oder der anderen Kontexte für solch einen Fachausdruck und der Realitäten ringsum. Wenn man „Seelsorge" mit „Care and Counselling" übersetzt, ist das nur grob deckungsgleich, wenn man „interreligiös" mit „interfaith" übersetzt, stimmt das nicht ganz. Und das Wort, das im Sprachgebrauch für mich die meiste Verwirrung stiftet, ist das Wort ‚spiritual', besonders auch dann in der Verbindung *Spiritual Care.* Andererseits ist es eine gegenwärtige Realität, dass dieser englische Ausdruck auch in den deutschen, fachsprachlichen Bereich eingedrungen ist. ‚Spiritual Care' hat als Fachausdruck in den verschiedenen englischsprachigen Sprachwelten circa fünf verschiedene Deutungsmöglichkeiten[21].

---

21 Hier differenziere ich nach meiner Erfahrung so: einmal eine Begriffsverwendung, bei der der *‚mönchische' Rahmen* die prägende Rolle spielt, also der Rückbezug auf die alte und ehrwürdige Einübung in geistliches Leben, wie sie nun in der Bewegung ‚Spirituelle Begleitung' in Deutschland, zunächst vornehmlich im katholischen Bereich aber nun auch im evangelischen, eine große Dynamik und Beliebtheit gewonnen hat; sodann eine Verwendung, bei der der Rahmen von *humanistischen und/oder esoterischen Gedanken und Praktiken geprägt* ist und von einer Abgrenzung gegenüber verfassten Religionsgemeinschaften; sodann eine Verwendung, bei der der Rahmen von der *Überwindung alles ‚Pastoralen'* geprägt ist, also die Rolle des Pfarrers/Priesters im christlichen Bereich durch Mitglieder der *Gemeinschaft aller Gläubigen* abgelöst wird. Aus dem englischsprachigen Bereich habe ich seit 20 Jahren die vehement vorgetragene Forderung vernommen, im Sinne eines *nicht-exklusiven Sprachgebrauches* in interreligiösen Situationen niemals mehr das Wort ‚pastoral' zu gebrauchen und es immer durch ‚spiritual' zu ersetzen. Neuerlich ergibt sich aus den *Ergebnissen der Hirnforschung* ein neuer Rahmen, der sich darauf beruft, dass Erkenntnisse dieser Forschung die Abbildung *spirituellen Erlebens* in Gehirn-Reaktionen nachzuweisen scheinen; vgl. z.B. URL: http://www.ecrsh.eu (letzter Zugriff: 29.08.2012). Mir scheint, dass darauf nun auch Sprachverwendungen beruhen, die über diese Schiene die *Effizienz von seelsorglichen Handeln in Heilungszusammenhängen* belegen, bis hin zu der Konsequenz, dass damit *Mitarbeit im therapeutischen Team* des Krankenhauses und möglicherweise auch *Refinanzierungen* begründet werden könnten. Harri Koskela hat darüber hinaus eine *allgemein-inhaltliche* Differenzierung des Wortes *‚Spirituality'* vorgelegt und kommt auch dort im innerchristlichen und im nicht-christlichen *englischen* Sprachgebrauch schon auf eine hohe Zahl von Differenzierungen der rein inhaltlichen Begriffsverwendung, Harri Koskela, *"The significance of a loss of a child for the formation of parents' spirituality: spiritual, mental and social coping processes"*, in: Louw/Ito/Elsdörfer, *Encounter in Pastoral Care and Spiritual Healing*, LIT, Münster 2012, S. 204-210, hier S. 205.

Der Punkt, der mir hier in diesem Zusammenhang am Herzen liegt, ist aber, dass ich eine gewisse Angst oder Befürchtung bei der Verwendung dieses Begriffes habe. Er ist in vielerlei Hinsicht notwendig, in vielerlei Hinsicht hinreichend, muss aber –so glaube ich – dann sehr ausführlich diskutiert werden, und das sehe ich im Rahmen dieser Publikation nicht wirklich als Ziel an.

Meine Befürchtung kommt daher, dass ich in manchen englischsprachigen Ländern eine Tendenz verspürt habe, dass einige Kollegen wohl eher zu einer Trans-Religionen-Religiosität kommen wollen, so nenne ich das mal mit ‚deutschen' Worten. *Professional Spiritual Care Givers* könnten dann hin und her eingesetzt werden können, abrechenbar über den Pflegesatz. Der Grundgedanke, dass sie dann kompetente Seelsorgepersonen wären, die mit Seelsorgepartner-Personen im Grunde jeder anderen Religions- oder Weltanschauungsgemeinschaft Seelsorge machen könnten, hat für mich aber eine sehr hohe Ambivalenz. Eine fachliche Auseinandersetzung zu diesem Themenbereich erscheint mir für die nächste Zeit unumgänglich, auch im interreligiösen Austausch. Das Mantra, das ich für alle interkulturelle/interreligiöse Arbeit für äußerst wichtig halte, nämlich sich immer wieder durch diese Fragestellung gleichsam zyklisch hindurch zu quälen *„was sagst du eigentlich, wenn du das und das sagst...?"*[22] kann auch hier vielleicht die Grundlage einer Verständigung bilden. Man müsste also genau hinsehen, was da jeweils gemeint ist, wenn nun im deutschsprachigen Raum verstärkt dieser englische Ausdruck *‚spiritual care'* adaptiert wird. Und es würde wieder um die zentralen alten Fragen von Kommunikation gehen müssen: wer spricht, vor welchem Traditionshintergrund, mit welchem Interesse, mit welcher Zielsetzung, Absicht und auch mit welchem Machtanspruch!

22 Ulrike Elsdörfer, *„Lebenswelten, Sprachwelten und Verstehen"*, in: SIPCC-Docu 11 als online Publikation, S. 2.

Literatur

Danz, Christian, *Die Deutung der Religion in der Kultur*, Neukirchener, Neukirchen-Vlyn 2008.

Elsdörfer, Ulrike, *„Lebenswelten, Sprachwelten und Verstehen"*, in: SIPCC-Doku Nr. 11 (Engl.), URL: http://www.ekir.de/sipcc/_a-wpt-sem-engl/elsdoerfer-Sprache-short-engl.pdf, S. 2 (letzter Zugriff: 29.08.2012).

Esperandio, Mary Rute, *„Anmerkungen zum 23. SIPCC Seminar aus der Sicht einer ‚beteiligten Beobachterin'"*, in: *Interkulturelle Seelsorge und Beratung Nr. 17*, S. 55f.

Interkulturelle Seelsorge und Beratung – Schriftenreihe der SIPCC, hrsg. v. Federschmidt, Karl/Temme, Klaus/Weiß, Helmut, Selbstverlag, Düsseldorf, ISSN 1431-8962.

Koskela, Harri, *"The significance of a loss of a child for the formation of parents' spirituality: spiritual, mental and social coping processes"*, in: Louw/Ito/Elsdörfer, *Encounter in Pastoral Care and Spiritual Healing*, LIT, Münster 2012, S. 204-210.

Lehmann, Elisabeth, *„Schwangerschaftsabbruch"*, in: *Interkulturelle Seelsorge und Beratung Nr. 14*, S. 15.

Louw, Daniel/Ito, T. David/Elsdörfer, Ulrike, *Encounter in Pastoral Care and Spiritual Healing*, LIT, Münster 2012.

Mecheril, Paul, *Beratung in der Migrationsgesellschaft. Paradigmen einer pädagogischen Handlungsform,* urspr. 2004, URL: http://www.staff.uni-oldenburg.de/paul.mecheril/download/beratung_mecheril2004.pdf (letzter Zugriff: 29.08.2012), S. 5ff.

Magonet, Jonathan, *„Religion und interreligiöse Begegnung aus jüdischer Sicht"*, in: Weiß/-Federschmidt/Temme, *Handbuch interreligiöse Seelsorge*, Neukirchener Theologie, Neukirchen-Vlyn, 2010, S. 29ff.

Mummenhoff, Ulrike, *„Sterbebegleitung"*, in: *Interkulturelle Seelsorge und Beratung Nr. 14*, S. 16.

Dies., *„Interreligiöse Seelsorge im Arbeitsfeld Krankenhaus"*, in: Weiß/Federschmidt/ Temme, *Handbuch interreligiöse Seelsorge*, Neukirchener Theologie, Neukirchen-Vlyn 2010, S. 245ff.

Noth, Isabelle/Kunz, Ralph (Hg.), *Nachdenkliche Seelsorge – seelsorgliches Nachdenken – Festschrift für Christoph Morgenthaler*, Vandenhoek, Göttingen 2012.

Schipani, Daniel S./Bueckert, Leah Dawn (Hg.), *Interfaith Spiritual Care – Understandings and practices*, Pandora Press, Ontario 2009.

Weiß, Helmut, *"Interreligious and Intercultural Pastoral Care and Counselling. Notes from a German Perspective"*, in: Schipani/Bueckert, *Interfaith Spiritual Care – Understandings and practices*, Pandora Press, Ontario 2009, S. 235ff.

Ders., *„Der muslimische Gruß – Der Beginn eines Ausbildungskurses in ‚Islamischer Seelsorge im Krankenhaus'"*, in: Noth/Kunz, *Nachdenkliche Seelsorge – seelsorgliches Nachdenken – Festschrift für Christoph Morgenthaler*, Vandenhoek, Göttingen 2012, S. 123ff.

Ders., *„Einander wahrnehmen und stärken. Voraussetzungen und Kompetenzen für christlich-islamisches Lernen in der Seelsorge"*, in: Wenz/Kamran, *Seelsorge und Islam in Deutschland – Herausforderung, Entwicklungen und Chancen*, Verlagshaus Speyer, Speyer 2012, S. 106ff.

Weiß, Helmut/Federschmidt, Karl/Temme, Klaus (Hg.), *Handbuch interreligiöse Seelsorge*, Neukirchener Theologie, Neukirchen-Vlyn 2010, S. 245ff.

Wenz, Georg/Kamran, Talat (Hg.), *Seelsorge und Islam in Deutschland – Herausforderung, Entwicklungen und Chancen*, Verlagshaus Speyer, Speyer 2012.

III. Seelsorge in der Praxis: Erfahrungsberichte

Muslime in Altersheimen mit besonderer Berücksichtigung der altenseelsorgerischen Betreuung

Von Hüseyin Kurt

1. Altern in der Migration

Arbeitsmigranten, die als „Gastarbeiter" ab den 1960er Jahren nach Deutschland gekommen sind, haben im letzten Jahrzehnt das Rentenalter erreicht. Bereits im Jahr 2000 hatte man vorausberechnet, dass die Zahl der in Deutschland lebenden Personen ausländischer Herkunft über 60 Jahre bis 2020 auf 2,3 Millionen und bis 2030 auf über 2,8 Millionen ansteigen wird[1]. Zum Ende des Jahres 2010 waren 23,7% der Menschen ohne Migrationshintergrund über 65 Jahre, bei den Migranten waren es nur 9,4%[2]. Wenn man bedenkt, dass aktuell 19,5% der Menschen einen Migrationshintergrund haben, so wird der relative Anteil der Migranten über 65 Jahre in den kommenden Jahren stetig wachsen[3].

Ein beachtlicher Teil der Arbeitsmigranten kommt aus muslimischen Ländern, insbesondere aus der Türkei. Laut den aktuellen Angaben des statistischen Bundesamtes sind ca. 235.000 Menschen über 65 Jahre und 443.000 Menschen über 55 Jahre aus typisch muslimischen Herkunftsländern[4] im Ausländerzentralregister angemeldet. Die größte Bevölkerungsgruppe der Muslime sind die Türken mit 194.000 über 65 Jahre und 343.000 über 55 Jahre[5]. Nach Angaben des Bundesamtes für Migration und Flüchtlinge leben in Deutschland ca. 4,3 Milli-

---

1 *Bericht der Beauftragten der Bundesregierung für die Belange der Ausländer über die Lage der Ausländer in der Bundesrepublik Deutschland*, Kapitel 3.1, S. 82 (2000), URL: http://www.bundesregierung.de/Content/DE/Publikation/IB/2-auslaenderbericht.pdf?__blob=publicationFile (letzter Zugriff: 11.03.2013).

2 Statistisches Bundesamt 2011, *Mikrozensus 2010*, URL: https://www.destatis.de/DE/Publikationen/Thematisch/Bevoelkerung/MigrationIntegration/Migrationshintergrund2010220107004.pdf?__blob=publicationFile (letzter Zugriff: 11.03.2013).

3 Statistisches Bundesamt, *„Bevölkerung mit Migrationshintergrund 2011 um 216.000 Personen gestiegen"*, Pressemitteilung Nr. 326 vom 19.09.2012, URL: https://www.destatis.de/DE/PresseService/Presse/Pressemitteilungen/2012/09/PD12_326_122.html (letzter Zugriff: 30.11.2012).

4 Türkei, Nordafrika, Nahoststaaten, Afghanistan, Pakistan, Balkanländer.

5 Statistisches Bundesamt, *„Publikationen im Bereich Migration"*, URL: https://www.destatis.de/DE/Publikationen/Thematisch/Bevoelkerung/MigrationIntegration/Migrationshintergrund2010220107004.pdf?__blob=publicationFile (letzter Zugriff: 30.11.2012), siehe S. 65, lfd. Nr. 17.

onen Muslime[6]. Wenn wir, wie oben ausgeführt, davon ausgehen, dass ca. 9,5% von ihnen über 65 Jahre alt sind, dann leben in Deutschland ca. 400.000 Muslime, die über 65 Jahre alt sind.

Nach aktuellen Angaben der Bundesregierung erhalten ca. 2,42 Millionen Menschen Leistungen aus der Pflegeversicherung. Ca. 750.000 von ihnen werden in vollstationären Pflegeheimen versorgt[7]. Etwa 83% der Pflegebedürftigen sind über 65 Jahre alt[8]. Somit sind ca. 3,2% der Menschen über 65 Jahre in vollstationären Pflegeheimen untergebracht. Wendet man diese Berechnungen auf die 400.000 Muslime an, die über 65 Jahre alt sind, so müssten in Deutschland ca. 12.800 Muslime über 65 Jahre in vollstationären Pflegeheimen leben.

Betrachtet man das Erwerbsleben und Lebensumstände der Arbeitsmigranten in Deutschland, so waren diese meist mit erheblichen gesundheitlichen und psychischen Belastungen verbunden[9]. Migranten mussten oftmals schwierigere, gesundheitsgefährdende, weniger bezahlte und (früher) zur Verschleiß- und Arbeitsunfähigkeit führende Arbeiten verrichten. Dazu kommen noch die psychischen Belastungen durch die eigene Migration (Heimatverlust, Heimweh, Sprach- und Anpassungsprobleme am Arbeitsplatz und in der Nachbarschaft, Rückkehrillusion etc.) hinzu. Diese Belastungen führten dazu, dass sehr viele Migranten vor dem Erreichen des regulären Rentenalters aus dem Arbeitsleben ausschieden und vor ihren deutschen Altersgenossen pflegebedürftig wurden. Unter diesem Gesichtspunkt sollten mehr Menschen mit Migrationshintergrund in vollstationären Pflegeheimen untergebracht sein als oben theoretisch berechnet wurde[10.]

Es liegen jedoch kaum aussagekräftige, statistische Daten über Migranten vor, die pflegebedürftig sind und in institutionellen Pflegeheimen gepflegt werden. Der Grund für diese schlechte Datenlage liegt darin, dass Migranten im Vergleich zu deutschen Pflegebedürftigen viel weniger in institutionellen Pfle-

---

6 BAMF, *Forschungsbericht 6, Muslimisches Leben in Deutschland*, (2009), S. 11, URL: http://www.bmi.bund.de/cae/servlet/contentblob/566008/publicationFile/31710/vollversion_studie_muslim_leben_deutschland_.pdf (letzter Zugriff: 30.11.2012).

7 Bundestag Drucksache 17/8332 vom 12.01.2012, *„Fünfter Bericht über die Entwicklung der Pflegeversicherung und den Stand der pflegerischen Versorgung in der Bundesrepublik Deutschland“*, URL: http://dip21.bundestag.de/dip21/btd/17/083/1708332.pdf (letzter Zugriff: 30.11.2012).

8 BAMF, Forschungsbericht Br. 12, *„Pflegebedürftigkeit und Nachfrage nach Pflegeleistungen von Migrantinnen und Migranten im demographischen Wandel“* 2012, Kapitel 3.

9 Robert Koch Institut, *Bericht: Migration und Gesundheit* (2008), URL: http://www.migration-boell.de/web/integration/47_3119.asp (letzter Zugriff: 30.11.2012).

10 Bundesamt für Migration und Flüchtlinge, *Pflegebedürftigkeit und Nachfrage nach Pflegeleistungen von Migrantinnen und Migranten im demographischen Wandel*, Forschungsbericht 12, Kap. 3, Nürnberg 2012.

geheimen gepflegt und diese auch statistisch erfasst werden[11]. Demgemäß ist davon auszugehen, dass anspruchsberechtigte Migranten, insbesondere muslimische Migranten, nur in geringem Maße ihre Ansprüche auf Hilfeleistungen der Pflegeversicherung geltend machen.

Im folgenden Abschnitt werden Gründe diskutiert, warum die muslimischen Migranten in der Akzeptanz der professionellen Altenhilfe zurückhaltend sind.

2. Barrieren in der Akzeptanz der professionellen Altenhilfe unter den muslimischen Migranten

Auch eigene Erfahrungen und Beobachtungen bestätigen die oben diskutierte Tatsache, dass die muslimischen Migranten von den Möglichkeiten der professionellen Altenhilfe weniger Gebrauch machen als deutsche Altersgenossen. Die Gründe hierfür sind[12]:

Mangelnde Kenntnisse: Die Altenhilfe als eine Säule des deutschen Sozialsystems ist den (muslimischen) Migranten weitgehend nicht bekannt. In der Migrantencommunity wird die Pflegeversicherung kaum thematisiert. Von anderen Säulen des deutschen Sozialhilfesystems, insbesondere von der Kranken- und Arbeitslosenversicherung haben sie bereits in ihrem aktiven Arbeitsleben Gebrauch gemacht. Sie haben immer mit dem Traum gelebt, relativ jung und gesund in die Rente zu gehen und viele gesunde Jahre als Rentner zu leben. Dagegen tritt die Pflegebedürftigkeit plötzlich oder in hohem Alter ein, in einer Phase, wo der Hilfsbedürftige in der Regel sich selbst nicht mehr helfen kann.

Historische und familiäre Barriere: Muslimische Arbeitsmigranten, die als junge Menschen in den 1960er und 70er Jahren nach Deutschland gekommen sind, haben ihre älteren (zum Teil pflegebedürftigen) Familienmitglieder in der Heimat zurückgelassen und sind in Deutschland alt geworden ohne mit der Problematik der Altenhilfe konfrontiert zu werden. Aus diesem Grund konnte sich die Kultur der Altenhilfe in ihren Familien nicht weiterentwickeln.

Sprachliche Barriere: Aufgrund unzureichender Sprachkenntnisse sind die zumeist nur in deutscher Sprache vorhandenen Informationsmaterialien und Formulare zum Antragsverfahren für Migranten kaum verständlich. Sprachliche Barrieren führen oft zur falschen Begutachtung der pflegebedürftigen Migranten.

---

11 Arbeitskreis Charta für eine kultursensible Altenpflege/Kuratorium Deutsche Altershilfe, *Für eine kultursensible Altenpflege – Eine Handreichung* (2002), URL: http://www.kultursensible-altenhilfe.de/download/materialien_kultursensibel/handreichung.pdf (letzter Zugriff: 30.11.2012), S. 112.

12 BAMF, *Pflegebedürftigkeit und Nachfrage nach Pflegeleistungen*, Kapitel 3.

Religiöse und kulturelle Barrieren: Viele muslimische Familien sehen es durch die religiöse Vorschrift, dass man „sich um das Wohl der eigenen Eltern – und älteren Verwandten – kümmern muss“ als heilige Aufgabe an, die Eltern (insbesondere im Pflegefall) so lange zu versorgen, bis sie in ihrer oder der eigenen Wohnung sterben. Auch wenn sie mit der Pflege ihrer älteren Familienmitglieder überfordert sind und eigentlich die Möglichkeiten der vollstationären Pflegeheime gerne in Anspruch nehmen würden, haben viele pflegende Familien Angst davor, dass sie von eigenen Bekannten und Verwandten und von der muslimischen Community mit dem Vorwurf „du hast deine Eltern für dein Privatvergnügen in ein Pflegeheim abgeschoben!“ konfrontiert werden. In der Pflege der eigenen Eltern kommen sie nicht auf die Idee, von dem übergeordneten Grundsatz des Islam, dass die Arbeit bzw. die Aufgabe, die man selbst nicht fach- und sachgerecht ausführen kann, Spezialisten überlassen werden soll, Gebrauch zu machen[13].

Die Akzeptanz der professionellen und vollstationären Altenhilfe in Pflegeheimen wird von den Pflegebedürftigen der ersten Generation, der Arbeitsmigranten geringer sein als die der deutschen Altersgenossen. Erst die kommenden, in Deutschland sozialisierten und heranwachsenden Generationen werden allmählich in ähnlichem Umfang professionelle, vollständige Altenhilfe in Pflegeheimen in Anspruch nehmen, wie die Deutschen.

3. Religions- und kultursensible Altenhilfe

Das Altenhilfesystem in Deutschland ist seit Anfang dieses Jahrhunderts mit der neuen Herausforderung konfrontiert, für Menschen, die unterschiedlichen Religionen und Kulturen angehören, Altenhilfeangebote zu entwickeln, die ihren religiösen und kulturellen Bedürfnisse gerecht werden. Insbesondere die Öffnung der Altenhilfe für muslimische Arbeitsmigranten stellt das Altenhilfesystem vor großen Herausforderungen.

In den letzten Jahren gab es viele Bemühungen, Altenhilfeangebote für ältere Arbeitsmigranten zu entwickeln. Bereits im Jahr 2002 hat der Arbeitskreis „Charta für eine kultursensible Altenpflege“ mit Vertretern der Wohlfahrtsverbände und anderer Initiativen auf Bundesebene ein Memorandum[14] und eine detaillierte Handreichung[15]: „Für eine kultursensible Altenpflege“ verabschiedet.

13 Mehmet Emin Köktas, *„Alter und Altenhilfe in der Islamischen Zivilisation“*, in: Journal of Religious Culture, 132(2009), URL: http://web.uni-frankfurt.de/irenik/relkultur132.pdf (letzter Zugriff: 30.11.2012).

14 Forum für eine kultursensible Altenpflege, *Memorandum für eine kultursensible Altenpflege*, 2002, URL: http://www.kultursensible-altenhilfe.de/download/materialien_kultursensibel/memorandum2002.pdf (letzter Zugriff: 30.11.2012).

15 Arbeitskreis Charta für eine kultursensible Altenpflege/Kuratorium Deutsche Altershilfe, *Für eine Kultursensible Altenpflege*.

Die interkulturelle Öffnung der Altenhilfe wird zunehmend Gegenstand der Forschung[16].

In Deutschland gibt es nur wenige Zentren, die sich auf die Pflege pflegebedürftiger muslimischer Migranten spezialisiert haben:

- seit 1997 das multikulturelle Seniorenzentrum „Haus am Sandberg" in Duisburg[17],
- seit 2004 das Interkulturelle Altenhilfezentrum Victor-Gollancz-Haus, Trägerorganisation Frankfurter Verband für Alten- und Behindertenhilfe e.V.
- seit 2007 „Türk Bakimevi" der Marseille-Kliniken in Berlin Kreuzberg, im Jahr 2012 Namensänderung in „Pflegehaus Kreuzberg", damit verabschiedete man sich von dem Konzept „Pflegeheim für türkische Senioren" und öffnete sich für alle Nationen[18],
- seit 2008 das Städtische Senioren- und Behindertenzentrum in Köln Mülheim[19],

Im Folgenden werden die religions- und kultursensible Altenhilfe und die Aktivitäten des Frankfurter Verbandes für Alten- und Behindertenhilfe e.V. ausführlicher erläutert[20].

Der Frankfurter Verband für Alten- und Behindertenhilfe e.V. setzt sich seit 2002 für die interkulturelle Öffnung ein und entwickelte spezielle Angebote für muslimische Migranten. Das Ziel war, Arbeitsmigranten der ersten Generation beim Zugang zum Altenhilfesystem zu unterstützen und ihnen konkrete Hilfen anzubieten. Dabei stand nicht der Integrationsgedanke im Vordergrund, sondern

---

16 Melanie Janie, *Auf dem Weg zu einer interkulturelle Hilfe*, Uni Düsseldorf, 2004; Anne Schmitt/Gürcan Kökgiran, *Pflege-Migration-Kultur. Die Frage nach kultursensibler Altenpflege von türkischen Menschen*, Uni Marburg, 2010; Nevin Altintop, *Wie sich Türkische Migranten ihre Zukunft in Wien vorstellen*, Uni Wien, 2010; Hanna L'hoest, *Die Interkulturelle Öffnung von Altenheimen als Herausforderung für die soziale Arbeit*, Ev. Hochschule Darmstadt, 2012; Mohammed-Rahmani Ghassabeh, *Wohnen im Alter – Kultursensible Pflege muslimischer Migranten in Berlin*, TU Berlin 2010.

17 Deutsches Rotes Kreuz, *„DRK Multikulturelles Seniorenzentrum ‚Haus am Sandberg'"*, URL: http://www.drk-haus-am-sandberg.de/ (letzter Zugriff: 30.11.2012).

18 Isabelle Buckow, *„Heimat ohne Heim"*, Der Tagesspiegel vom 25.05.2012, URL: http://www.tagesspiegel.de/berlin/heimat-ohne-heim/6672080.html (letzter Zugriff: 30.11.2012); Care Konkret Nr. 23 vom 8.6.2012; Qiez, *„Interkulturelles Projekt ist geplatzt"*, 25.05.2012, URL: http://www.qiez.de/kreuzberg/gesundheit-und-wellness/seniorenheime/erstes-pflegeheim-fuer-muslime-aendert-kurs-in-kreuzberg/3208110 (letzter Zugriff: 30.11.2012).

19 *„Yaşlı ve Engelli Merkezi. Köln-Mülheim (Türkçe)"* (Alten- und Behindertenzentrum in Köln Mülheim [Türkisch]), URL: http://www.sbk-koeln.de/standorte/mulheim/mulheim-turkce/ (letzter Zugriff: 13.12.2012).

20 Der nachfolgende Teil dieses Anschnittes wurde auf Grundlage der Vorträge und Veröffentlichungen von Ute Bychowski, Fachbereichsleitung stationäre und teilstationäre Pflege, Frankfurter Verband für Alten- und Behindertenhilfe e.V. erstellt.

die Teilhabe der pflegebedürftigen Menschen an der Gemeinschaft. Die Aktivitäten konzentrieren sich auf drei Bereiche:

- Angebot von Pflege im vollstationären Bereich,
- Angebot von Tagespflege,
- Zugang zu Informationen über das Altenhilfesystem und individuelle Beratung der Zielgruppe.

Im Jahr 2004 wurde im neuen Victor-Gollancz-Haus in Frankfurt Sossenheim eine Wohngruppe für Menschen muslimischen Glaubens eröffnet. Aufgrund der regen Nachfrage wurde vor kurzem in einem weiteren Pflegeheim des Frankfurter Verbandes in Sachsenhausen ein Wohnbereich eröffnet. Im Jahr 2009 wurde auf dieser Grundlage im stationären Bereich eine interkulturelle Tagespflege eröffnet. In diesem Zentrum haben die Tagesgäste zu ca. 50% einen Migrationshintergrund mit sehr unterschiedlichen kulturellen Prägungen.

In den vorangehenden Abschnitten wurden bereits ausführlich die Gründe diskutiert, warum muslimische Pflegebedürftige mit der Akzeptanz der vollstationären Altenhilfe zurückhaltend sind. Der Frankfurter Verband für Alten- und Behindertenhilfe e.V. hat sehr früh diese Gründe analysiert und nach Wegen gesucht, wie man die älteren muslimischen, pflegebedürftigen Menschen ohne Hindernisse am besten erreichen kann.

Es wurde erkannt, dass die islamischen Gemeinden und Kulturvereine wichtige Anlaufstellen für ältere muslimische Migranten sind. Aus diesem Grund hat man bereits in der Planungsphase Kontakt mit der muslimischen Community (den Moscheevereinen) aufgenommen und sich mit den Vorständen beraten. Es reichte nicht aus, die Beratung und Information aus den Institutionen in die Migrantenorganisationen (Moscheevereine) zu verlagern. Es mussten diese Beratungen und Gespräche von Menschen angeboten und durchgeführt werden, denen die älteren muslimischen Menschen und ihre Angehörigen vertrauen. Die Beratung sollte nicht nur ein Thema umfassen, sondern sich auf alle Lebensbereiche erstrecken, d.h. sie sollte sozial-beraterisch angelegt sein. Es wurden aus den Reihen der muslimischen Organisationen Mitarbeiter akquiriert, die in der Lage sind, in den Migrantenorganisationen regelmäßig Informationsveranstaltung zu verschiedenen Themen des Altenhilfesystems durchzuführen. Es wurde zu den muttersprachlichen Medien ein freundschaftliches und vertrauensvolles Verhältnis aufgebaut. Die Hausbroschüre und Homepage wurden in die türkische Sprache übersetzt.

Bei der Konzeptionierung der religions- und kultursensiblen Altenhilfe in einem vollstationären Pflegeheim wurden folgende Grundsätze beachtet:

- Für Menschen mit unterschiedlichen kulturellen Hintergründen und Glaubenszugehörigkeiten einen Ort schaffen, der ihnen ein Gefühl von Heimat, Geborgenheit, gewohnte kulturelle und religiöse Atmosphäre vermittelt. Einen Ort, an dem sie sich geschätzt und geschützt fühlen.

- Die unterschiedlichen kulturellen und religiösen Zugehörigkeiten der Bewohner sollten verbinden und nicht trennen.
- Das Zusammenleben von einheimischen und nichteinheimischen Bewohnern ermöglichen, ohne die jeweilige kulturelle, biographische und religiöse Identität zu ignorieren.

Das Konzept der religions- und kultursensiblen Altenhilfe beinhaltet folgende Angebote:

- Integrativ und nicht separativ, keine räumliche Abtrennung der muslimischen Wohngruppe; muslimische Bewohner können an allen Aktivitäten der deutschen Bewohner teilnehmen. Deutsche Bewohner können an allen Aktivitäten der muslimischen Bewohner teilnehmen.
- *Halal*-Menü – Dadurch wird sichergestellt, dass die muslimischen Bewohner Speisen und Getränke erhalten, die nach religiösen Regeln eingekauft und nach Rezepten der türkisch-islamischen Küche zubereitet werden.
- Teestunden im „Çayodası-Teezimmer“ – die muslimischen Bewohner verbringen ihre Zeit im „Cayodasi-Teezimmer“ und werden von türkischsprechenden Mitarbeitern betreut. Sie trinken gemeinsam Tee aus dem Semewar und probieren Spezialitäten der türkischen Küche.
- Muttersprachliche Mitarbeiter sowohl in der Pflege als auch in der Betreuung – die bilingualen muttersprachigen Mitarbeiter sind Garanten für die Verständigung mit den Bewohnern. Dennoch wird eine Aufteilung nach Sprachen gemieden. Denn die Pflege und Betreuung ist eine Gemeinschaftsaufgabe.
- Die Bewohner haben die Möglichkeit in ihrem Zimmer oder im gemeinschaftlichen „Cayodasi-Teezimmer“ in ihrer Muttersprache fernzusehen und muttersprachliche Tageszeitungen zu lesen.
- Es wird auf religions- und kulturbedingte Schamgefühle der muslimischen Bewohner geachtet.
- Es wurde ein muslimischer Gebetsraum eingerichtet, der sowohl von den Bewohnern, als auch von den Angehörigen und Mitarbeitern benutzt wird. Selbstverständlich sind die muslimischen Bewohner nicht gleich religiös, daher wird den Bewohnern so viel „Religiosität“ geboten, wie sie sich wünschen. Es findet eine enge Kooperation mit der muslimischen Gemeinde in näherer Umgebung statt. Der Imam kommt regelmäßig in die muslimische Wohngruppe und betreut die muslimischen Bewohner seelsorgerisch.
- Die Feste (Ramadanfest, Weihnachten, Opferfest, Ostern und sonstige religiöse und jahreszeitliche Feste) werden gemeinsam mit allen Bewohnern, ihren Angehörigen und Mitgliedern aus Nachbargemeinden gefeiert. Im Fastenmonat Ramadan wird eine gemeinsame *ifṭār*-Veranstaltung (Fastenbrechen) organisiert, zu der nicht nur muslimische Bewohner und Gemeindemitglieder, sondern auch deutsche Bewohner eingeladen werden.

Rückblickend kann das zehnjährige Engagement des Frankfurter Verbandes im Bereich der religions- und kultursensiblen Altenhilfe als erfolgreich bewertet werden, denn:

- Die religions- und kultursensible Altenhilfe hat sich von einem Projekt zu einem Regelangebot entwickelt.
- Der Frankfurter Verband konnte sehr früh das Vertrauen der muslimischen Community, deren Organisationen und aus deren Reihen engagierte Persönlichkeiten für sein Vorhaben gewinnen.
- Durch diese gute Zusammenarbeit ist die muslimische (insbesondere türkisch sprechende) Community in Frankfurt und Umgebung über das Altenhilfesystem besser informiert als anderswo.
- Durch gezielte Beratungen und Informationsveranstaltungen unter Zuhilfenahme der muslimischen Theologen konnten religiös begründete Zugangsbarrieren gegenüber der professionellen Altenhilfe abgebaut werden.
- Die Angebote des Frankfurter Verbandes im Bereich der religions- und kultursensiblen Altenhilfe werden von der Zielgruppe der Migranten immer mehr in Anspruch genommen, sodass die Kapazitäten dieser Angebote erweitert und z.B. in andere Pflegeheime ausgeweitet werden müssen.
- Der Frankfurter Verband mit seinen Angeboten im Bereich der religions- und kultursensiblen Altenhilfe hat sich für die Migranten in Frankfurt zu einer bekannten und anerkannten Anlaufstelle entwickelt.
- Die Arbeit des Frankfurter Verbandes ist nicht nur in Frankfurt und Umgebung bekannt, sondern auch über die Grenzen des Landes Hessen hinaus.

4. Altenseelsorge im Islam, eine kurze theologische Betrachtung

Zunächst sollte die allgemein seelsorgerische Betreuung der älteren muslimischen Menschen aus theologischer Sicht betrachtet werden[21]:

> „Und dein Herr hat bestimmt, dass ihr nur Ihm dienen und zu den Eltern gütig sein sollt. Wenn nun einer von ihnen oder beide bei dir ein hohes Alter erreichen, so sag nicht zu ihnen: ‚Pfui!‘ und fahre sie nicht an, sondern sag zu ihnen ehrerbietige Worte. Und senke für sie aus Barmherzigkeit den Flügel der Demut und sag: ‚Mein Herr, erbarme Dich ihrer, wie sie mich aufgezogen haben, als ich klein war‘[22].“

Der obige Koranvers kann der islamischen Theologie als Grundlegung der Altenseelsorge dienen. Das Alter hat bekanntlich ganz spezifische Charakteristika. Die Fürsorge und der Halt, den alte Menschen brauchen, ist anders als der Bedarf der jungen Menschen. Das Alter braucht andere Voraussetzungen als die

21 An dieser Stelle sei Herrn Mustafa Cimşit (Generalsekretär von UMTI) für die fachliche Beratung gedankt.

22 Koran 17:23-24.

Jugend. Hier sollen einige wichtige Voraussetzungen genannt werden, um dem Leser ein Bild zu zeichnen:

Alte Menschen haben mehr Zeit nachzudenken. Der Lebensabschnitt „Alter“ stellt meist die Phase dar, in der die Menschen ihr Berufsleben abgeschlossen haben und den Ruhestand durchleben. Die fehlende Arbeit führt sie unweigerlich in den Zustand des Suchens. Der Ruhestand, den ältere Menschen auch als eine Zeit der Beschäftigungssuche empfinden, kann auch die Beschäftigung mit der Sinnsuche mit sich bringen. Sie haben Lebenserfahrung, die sie dabei nutzen und dieses Erbe an Wissen leitet sie in die Tiefen ihrer gedanklichen Erinnerungen, sowohl in die Vergangenheit als auch in die Zukunft. Die Zukunftsfrage bringt für sie auch die Frage mit sich, was sie mit bzw. nach dem Tode erwartet. Sie fühlen sich unweigerlich dem Tode sehr nahe. Diese Nähe regt sie an und sie sind intensiv auf der Sinnsuche. Sie kennen das Leben in ihrer für sie durchlebten Form. Sie waren als Kind schwach und bedürftig und später möglicherweise jung und stark. Sie sind nun zum zweiten Mal im Leben schwach. Zuvor kennen sie diese Art von „Dauerschwäche“ nur aus ihrer Kindheit.

Diese Schwäche im Alter ist aber ganz anders. Sie haben die Reife und das Reflexionsvermögen und spüren die Ohnmacht des Alters. Sie suchen Halt und Trost im Alter, möglicherweise von jenen, die sie mal beschützt und gepflegt haben. Jedoch sind gerade diese Menschen, beispielsweise die Kinder, im Berufsleben und gar nicht so greifbar, wie sie es früher für sie waren. Sie sind vermutlich schon ausgezogen.

Im Zeitalter der Kleinfamilie laufen alte Menschen leider die Gefahr, in der Einsamkeit zu leben. Sie haben die natürliche menschliche Angst zu vereinsamen. Diese Angst benötigt Bewältigung und auch Entgegnung. Hinzu kommt, dass alte Menschen oft auch kranke Menschen sind. Sie brauchen Halt und Trost, um Krankheiten in ihr Leben und ihren Alltag integrieren und diesen Umstand akzeptieren zu können. Diese Bedürftigkeit könnte zur Folge haben, dass alte Menschen sich vielleicht nutzlos vorkommen, weil sie der Gesellschaft direkt keinen Nutzen mehr bringen und sich als Last empfinden. Diese Situation geht mit dem Wunsch einher auch im hohen Alter die Würde nicht zu verlieren.

Im letzten Abschnitt des Lebens im hohen Alter werden Menschen, unabhängig von ihrer religiösen Zugehörigkeit, in besonderer Weise mit der Endlichkeit des Lebens konfrontiert. Der Tod, die Glaubensfragen, das Leben nach dem Tode, das Jüngste Gericht gewinnen vielfach an Bedeutung; ihr Blick führt immer häufiger über die Grenzen dieses Lebens hinaus. Alte Menschen brauchen deshalb verlässliche Partner und seelsorgerische Begleitung, die mit ihnen in einer vertrauten Atmosphäre diskutieren und für ihre Sorgen und Ängste Verständnis haben.

Um all den besonderen Lebenslagen älterer Menschen gerecht zu werden, steht der muslimische Altenseelsorger vor großen Herausforderungen – sowohl theologisch als auch in der praktischen Umsetzung.

- Der muslimische Seelsorger sollte den Halt, der durch den Glauben gefunden werden kann, bei älteren Menschen stärken und ihnen Wege zeigen selbst diesen Halt des Glaubens aufzubauen und aufrecht zu halten. Dazu können die überlieferten Erfahrungen aus den heiligen Büchern helfen die Erfahrungen der Alten neu zu deuten.
- Die Vorbereitung auf die Zeit nach dem Tode ist ein wichtiger Aspekt in der Sorge der Älteren. Diese Vorbereitung gilt es theologisch aufzuarbeiten und für den Lebensabend nutzbar zu machen.
- Die körperliche Schwäche im Alter stellt eine enorme Belastung für den Menschen dar. Die Herausforderung könnte durch seelischen Beistand in eine geistige Stärke umgewandelt und mental nutzbar gemacht werden.
- Die oft schier unerschöpfliche Lebenserfahrung der Älteren ist eine große Ressource für unerfahrene Menschen. Die Bereitstellung der Erfahrung an Jüngere bringt der neuen Generation einen Synergieeffekt dahingehend, dass der Ältere dadurch das Gefühl der fehlenden Nützlichkeit überwinden kann. Das trägt einen wichtigen Beitrag dazu bei, dass alte Menschen in Würde leben und sterben.
- Durch eine islamische Altenseelsorge wird den alten Menschen das Gefühl vermittelt, dass sich jemand um sie kümmert und für sie da ist. Die Einsamkeit, mit der die Alten unserer Gesellschaft zu kämpfen haben, wird dadurch reduziert.
- Die islamische Seelsorge kann und sollte auch bei der Sinnsuche helfen. Denn wer für sich die Sinnsuche positiv beantworten kann, kann dem Anspruch auf ein erfülltes Leben gerecht werden.

5. Altenseelsorge in vollstationären Pflegeheimen

Die christlichen Bewohner in vollstationären Pflegeheimen werden von Seelsorgern betreut, die speziell von den Kirchen ausgebildet werden. Bei den muslimischen Bewohnern kann nicht von einer geregelten seelsorgerischen Betreuung die Rede sein.

Wie in den vergangenen Abschnitten besprochen, steckt die professionelle Altenpflege der älteren muslimischen Migranten in vollstationären Pflegeheimen noch in den „Kinderschuhen". Man ist weit davon entfernt, für ältere muslimische Bewohner eine institutionell etablierte seelsorgerische Betreuung, wie es bei christlichen Bewohnern üblich ist, anzubieten.

Der Vergleich von muslimischen und christlichen Bewohnern in deutschen Pflegeheimen zeigt, dass die muslimischen Bewohner heterogener sind. Die Bewohner eines typischen Altenpflegeheimes kommen in der Regel aus der näheren Umgebung, sind im gleichen Viertel sozialisiert und hatten eine ähnliche

Biographie. Viele von ihnen kannten sich vor ihrer Zeit im Pflegeheim, sie sind zum Teil gemeinsam alt geworden.

Die muslimischen Bewohner, die in der Regel als Arbeitsmigranten aus unterschiedlichen, ländlichen und ärmeren Regionen der muslimischen Ländern nach Deutschland gekommen sind und in unterschiedlichen Regionen in Deutschland gelebt haben, kannten sich vor ihrer Zeit im Pflegeheim nicht. Sie sind verschieden ausgeprägt religiös, hatten einen unterschiedlich traditionellen Hintergrund und haben somit unterschiedlichen Betreuungs- und Seelsorgebedarf.

In dem im vorigen Abschnitt vorgestellten Victor-Gollancz-Haus werden die muslimischen Bewohner vom Imam aus der in der Nähe des Pflegeheimes gelegenen muslimischen Gemeinde seelsorgerisch betreut. Der gesundheitliche Zustand der muslimischen Bewohner ist sehr angeschlagen und ihre kognitiven Fähigkeiten sind sehr eingeschränkt, sodass ein sinnvolles verbales Seelsorgegespräch in der Regel nicht möglich ist. Dennoch versucht der Imam mit den muslimischen Bewohnern ins Gespräch zu kommen, mit ihnen über ihre Sorgen und Ängste zu reden. Bewohner, die bettlägerig sind und sich nicht im Gemeinschaftsraum aufhalten, werden vom Imam am Bett besucht. Durch Augenkontakt und Handhalten versucht er, dem nicht ansprechbaren Bewohner, Trost zu spenden. Besonders schwierig ist die seelsorgerische Betreuung bei verhaltensauffälligen und demenzkranken Bewohnern, deren Krankheit weit fortgeschritten ist. Der Besuch des Imams endet in der Regel mit einer spirituellen Koranrezitation, die eine beruhigende und seelenheilende Wirkung auf die Bewohner hat.

Eine weitere Aufgabe des Imams ist die seelsorgerliche Betreuung der Bewohner im Sterbeprozess, wenn dies von den Angehörigen erwünscht wird. Der sich im Sterbeprozess befindliche muslimische Bewohner wird nicht alleine gelassen. Der Sterbende wird nach Möglichkeit auf die rechte Seite und sein Gesicht Richtung Mekka gedreht, wenn dies nicht möglich ist, so kann der Sterbende auf den Rücken gelegt werden. Dabei sollten die Füße Richtung Mekka geneigt sein und der Kopf etwas gehoben werden. Damit soll der Ausdruck verliehen werden, dass sich der Sterbende Gott zuwendet.

Die anwesenden Gläubigen – und wenn vorhanden der Imam – rezitieren mit leiser Stimme (in der Regel die 36. Sure *Yā-Sīn*) aus dem Koran. Die Sure *Yā-Sīn* hat an mehreren Stellen die Auferstehung zum Inhalt. Dies soll den sterbenden muslimischen Bewohner auf den Tod vorbereiten und Hoffnung auf die Auferstehung geben.

Die Imame der Moscheegemeinden, die ehrenamtlich in ihrer Freizeit die muslimischen Bewohner im vollstationären Pflegeheim seelsorgerisch betreuen, haben in ihrer akademischen Laufbahn als Theologe in der Regel keine spezielle Seelsorgeausbildung erhalten. Aus diesem Grunde kann man von ihnen keine professionelle seelsorgerische Betreuung erwarten, wie dies bei christlichen Seelsorgern der Fall ist.

Sehr oft benötigen nicht nur die Bewohner, sondern auch die Angehörigen, die vor der Aufnahme ins Pflegeheim ihrer pflegebedürftigen Familienmitglieder gepflegt haben, seelsorgerlichen Beistand. Wie in den vorangehenden Abschnitten besprochen, versuchen die Muslime ihre pflegebedürftigen Älteren zunächst innerhalb ihrer eigenen Familienstrukturen zu pflegen, insbesondere die pflegenden weiblichen Familienmitglieder stoßen oft an ihre Grenzen, sowohl gesundheitlich als auch psychisch-moralisch. Die Familien verkennen die Grenze, ab wann ihre pflegebedürftigen Familienmitglieder eine professionelle Pflege in einem vollstationären Pflegeheim brauchen und nehmen oft zu spät die Möglichkeiten der professionellen Pflege wahr. Die Familienangehörigen, die den „mutigen" Schritt wagen, ihre pflegebedürftigen Familien an vollstationäre Pflegeheime anzuvertrauen, müssen nicht nur sozial-beraterisch, sondern auch religiös und seelsorgerisch betreut werden. Die Familien müssen mit viel Fingerspitzengefühl darüber aufgeklärt werden, dass sie keine Sünde begehen, wenn sie ihr pflegebedürftiges Familienmitglied in ein vollstationäres Pflegeheim geben. Ganz im Gegenteil, sie handeln im Sinne der religiösen Grundsätze, weil sie bei einer Aufgabe, die sie selbst nicht professionell zum Wohl ihres älteren Familienmitgliedes lösen können, die kluge Entscheidung treffen, ihre älteren Familienmitglieder einem Experten anvertrauen. Ins-besondere die pflegenden Familienmitglieder, die wegen der Last der Pflege gesundheitlich und psychisch überfordert sind, sollten ebenfalls seelsorgerisch unterstützt und rehabilitiert werden. Daher braucht ein Pflegeheim Mitarbeiter, die sich im Umgang mit dieser Situation gut auskennen, die in der Lage sind sich in die Gefühlslage der Familien zu versetzen, die Familien überzeugen, ohne sich in die innere Angelegenheiten der Familien einzumischen. Ideal wären erfahrene Mitarbeiter, die aus dem Kreise der muslimischen Community kommen und das Vertrauen der muslimischen Organisationen und Familien genießen.

6. Staatskirchenrechtliche Betrachtung der seelsorgerischen Betreuung der Muslime in sozialen Einrichtungen

Die Trennung von Staat und Religion ist im Grundgesetz verankert[23]. Der Staat hat die Verpflichtung, die freie Ausübung der Religion zu ermöglichen, er hat aber mit ihrer Durchführung nichts zu tun. Das Recht der Religionsgesellschaften, in sozialen und institutionellen Einrichtungen Seelsorge anzubieten, ist im Grundgesetz garantiert: „Soweit das Bedürfnis nach Gottesdienst und Seelsorge im Heer, in Krankenhäusern, Strafanstalten oder sonstigen öffentlichen Anstal-

23 Artikel 140 GG; die Bestimmungen der Artikel 136, 137, 138, 139 und 141 der deutschen Verfassung vom 11. August 1919 sind Bestandteil dieses Grundgesetzes.

ten besteht, sind die Religionsgesellschaften zur Vornahme religiöser Handlungen zuzulassen, wobei jeder Zwang fernzuhalten ist."[24]

Aufgrund des Trennungsprinzips von Staat und Religion ist die seelsorgerische Betreuung und deren Finanzierung in der Regel Aufgabe der jeweiligen Religionsgemeinschaft. Ausgenommen davon ist die seelsorgerische Betreuung in Gefängnissen[25] und im Militär[26] (Bundeswehr). Hier wird die seelsorgerische Betreuung in der Regel vom Staat (rück-)finanziert. Dies hängt damit zusammen, dass aufgrund einer gerichtlichen Entscheidung, die Gefangenen nicht frei im Aufsuchen eines Seelsorgers oder einer Seelsorgerin sind[27].

Die seelsorgerische Betreuung in sozialen Einrichtungen wird in der Regel von Religionsgemeinschaften, die einen Status als Körperschaft des öffentlichen Rechts haben, finanziert. Da die muslimischen Organisationen noch nicht als Religionsgemeinschaft anerkannt wurden und somit keinen Status als Religionsgemeinschaft haben und die muslimischen Organisationen von ihren Gläubigen keine religiöse Steuer erheben, sind sie nicht in der Lage, die seelsorgerische Betreuung in sozialen Einrichtungen zu finanzieren. Die Finanzierung der muslimischen Seelsorge seitens der Träger der sozialen Einrichtungen ist nach geltendem Recht schwierig, weil sie hierfür kein Budget haben.

Dennoch gibt es vereinzelte Initiativen seitens der muslimischen Organisationen oder interreligiöser Dialogkreise mit Unterstützung der Kirchen, Seelsorger auszubilden und diese insbesondere in den Gefängnissen oder Krankenhäusern als Seelsorger einzusetzen[28].

An den in letzten Jahren gegründete Zentren für Islamstudien[29], die das Ziel haben, aus den in Deutschland heranwachsenden muslimischen Generationen,

---

24 Art. 140 GG in Verbindung mit Art. 141 WRV.

25 Konrad Hilpert, *„Menschenrechte im Gefängnis"*, in: Caritas 95 (1994).

26 Angelike Dörfler-Dirken, *Zur Enstehung der Militärseelsorge und zur Aufgabe der Militärgeistlichen in der Bundeswehr*, SOWI Forschungsbericht 83, 2008.

27 *Antwort des Hessischen Integrationsministeriums auf eine Anfrage der Arbeitsgemeinschaft der türkischen Moscheevereine in Frankfurt, 8.8.2012*; siehe auch Martina Vogel, *Anstaltsseelsorge – Religionen und Religionsgemeinschaften in freiheitlichen Rechtsstaat*, Grin Verlag, München 2011.

28 islam.de, *„Hessen: Christen helfen beim Aufbau der islamische Notfallseelsorgeausbildung 2012 – Adresse und Anmeldung hier"*, URL: http://islam.de/19424.php (letzter Zugriff: 13.12.2012); wiesbaden.de, *„Muslimische Seelsorge in Wiesbaden – Zertifikatsübergabe"*, URL: http://www.wiesbaden.de/rathaus/nachrichten/bildergalerien/2011/muslimische-seelsorge.php (letzter Zugriff: 13.12.2012); zdf.de, *„Imam für den Knast. Seelsorge hinter Gittern"*; UMTI, *„Wenn die Seele Leid erfährt. Islamische Notfall- und Krankenhausseelsorge im Aufbruch"*, URL: http://www.institut-mannheim.de/downloads/Flyer_%20Fachtagung_Islamische_Seelsorge.pdf (letzter Zugriff: 13.12.2012); http://www.klinikumfrankfurt.de/fileadmin/mediapool/Pressemitteilungen/2011-06-06_Seelsorge_tuerkisch.pdf (letzter Zugriff: 13.12.2012).

29 Bundesministerium für Bildung und Forschung, *„Zeitgemäße Integrationspolitik: Islamische Theologie an deutschen Hochschulen"*,

Theologen auszubilden, in deutschen Universitäten, wird die Seelsorge Gegenstand der wissenschaftlichen Arbeiten[30]. Dennoch wird dieses Thema nicht in dem Umfang behandelt, wie es nötig wäre. Es wäre wünschenswert, dass die Seelsorge im Islam noch stärker und intensiver in die Lehrpläne der Studiengänge für die islamische Theologie aufgenommen wird. Noch besser wäre ein Lehrstuhl für islamische Seelsorge oder praktische islamische Theologie, der unter anderem muslimische Seelsorger ausbildet.

Um in sozialen Einrichtungen, darunter auch in den Pflegeheimen, eine geregelte Seelsorge für Muslime anzubieten, müssen neben der Ausbildung der professionellen Seelsorger, die muslimische Organisationen als Religionsgemeinschaft anerkannt und als Gesprächs- und Kooperationspartner akzeptiert werden.

Bis dahin wird man auf die obengenannten Übergangslösungen, bei denen die Muslime in sozialen Einrichtungen ehrenamtlich von Imamen oder angelernten Laien seelsorgerisch betreut werden, angewiesen sein.

Muslimische Organisationen, die in Zukunft als Religionsgemeinschaft anerkannt und vom Staat als Gesprächs- und Kooperationspartner akzeptiert werden, wären gut beraten, wenn sie das Spektrum ihrer Aktivitäten erweitern und sich nicht nur im religiös-gottesdienstlichen Aufgabenbereich, sondern auch im sozial-karitativen Bereich betätigen, wie es bei Diakonie und Caritas der Fall ist.

Literatur

Altintop, Nevin, *Wie sich Türkische Migranten ihre Zukunft in Wien vorstellen*, Universtät Wien, 2010.

Antwort des Hessischen Integrationsministeriums auf eine Anfrage der Arbeitsgemeinschaft der türkischen Moscheevereine in Frankfurt, 8.8.2012.

Arbeitskreis Charta für eine kultursensible Altenpflege/Kuratorium Deutsche Altershilfe, *Für eine kultursensible Altenpflege – Eine Handreichung (2002)*, URL: http://www.kultursensible-altenhilfe.de/download/materialien_kultursensibel/handreichung.pdf (letzter Zugriff: 30.11.2012), S. 112.

Arshad, Misbah, *Schuld und Vergebung im Islam*, Uni Frankfurt, 2009.

Bericht der Beauftragten der Bundesregierung für die Belange der Ausländer über die Lage der Ausländer in der Bundesrepublik Deutschland, Kapitel 3.1, S. 82 (2000), URL: http://www.bundesregierung.de/Content/DE/Publikation/IB/2-auslaenderbericht.pdf?__blob=publicationFile (letzter Zugriff: 11.03.2013).

Buckow, Isabelle, *„Heimat ohne Heim"*, Der Tagesspiegel vom 25.05.2012, URL: http://www.tagesspiegel.de/berlin/heimat-ohne-heim/6672080.html (letzter Zugriff: 30.11.2012).

URL: http://www.bmbf.de/de/15619.php (letzter Zugriff: 13.12.2012).

30 Misbah Arshad, *Schuld und Vergebung im Islam*, Uni Frankfurt, 2009; Mustafa Cimşit, *Islamische Seelsorge bei Geburt, Ehe und Tod im Koran und den Hadithen*, Uni Frankfurt, 2009.

Bundesamt für Migration und Flüchtlinge, *Forschungsbericht 6, Muslimisches Leben in Deutschland*, (2009), S. 11, URL: http://www.bmi.bund.de/cae/servlet/contentblob/566008/publicationFile/31710/vollversion_studie_muslim_leben_deutschland_.pdf (letzter Zugriff: 30.11.2012).

Bundesamt für Migration und Flüchtlinge, *Pflegebedürftigkeit und Nachfrage nach Pflegeleistungen von Migrantinnen und Migranten im demographischen Wandel*, Forschungsbericht 12, Kap. 3, Nürnberg 2012.

Bundesministerium für Bildung und Forschung, „*Zeitgemäße Integrationspolitik: Islamische Theologie an deutschen Hochschulen*", URL: http://www.bmbf.de/de/15619.php (letzter Zugriff: 13.12.2012).

Bundestag Drucksache 17/8332 vom 12.01.2012, „*Fünfter Bericht über die Entwicklung der Pflegeversicherung und den Stand der pflegerischen Versorgung in der Bundesrepublik Deutschland*", URL: http://dip21.bundestag.de/dip21/btd/17/083/1708332.pdf (letzter Zugriff: 30.11.2012).

Care Konkret Nr. 23 vom 8.6.2012.

Cimşit, Mustafa, *Islamische Seelsorge bei Geburt, Ehe und Tod im Koran und den Hadithen*, Uni Frankfurt, 2009.

Deutsches Rotes Kreuz, „*DRK Multikulturelles Seniorenzentrum ‚Haus am Sandberg'*", URL: http://www.drk-haus-am-sandberg.de/ (letzter Zugriff: 30.11.2012).

Dörfler-Dirken, Angelike, *Zur Enstehung der Militärseelsorge und zur Aufgabe der Militärgeistlichen in der Bundeswehr*, SOWI Forschungsbericht 83, 2008.

Forum für eine kultursensible Altenpflege, *Memorandum für eine Kultursensible Altenpflege*, 2002, URL: http://www.kultursensiblealtenhilfe.de/download/materialien_kultursensibel/memorandum2002.pdf (letzter Zugriff: 30.11.2012).

Klinikum Frankfurt, „NEU: Seelsorgerische Betreuung für türkische Patienten", URL: http://www.klinikumfrankfurt.de/fileadmin/mediapool/Pressemitteilungen/2011-06-06_Seelsorge_tuerkisch.pdf (letzter Zugriff: 13.12.2012).

Ghassabeh, Mohammed-Rahmani, *Wohnen im Alter – Kultursensible Pflege muslimischer Migranten in Berlin*, TU Berlin 2010.

Hilpert, Konrad, „*Menschenrechte im Gefängnis*", in: Caritas 95 (1994).

L'hoest, Hanna, *Die Interkulturelle Öffnung von Altenheimen als Herausforderung für die soziale Arbeit*, Ev. Hochschule Darmstadt, 2012.

islam.de, „*Hessen: Christen helfen beim Aufbau der islamische Notfallseelsorgeausbildung 2012 - Adresse und Anmeldung hier*", URL: http://islam.de/19424.php (letzter Zugriff: 13.12.2012).

Janie, Melanie, *Auf dem zu einer interkulturelle Hilfe*, Uni Düsseldorf, 2004.

Köktas, Mehmet Emin, „*Alter und Altenhilfe in der Islamischen Zivilisation*", in: Journal of religious culture, 132(2009), URL: http://web.uni-frankfurt.de/irenik/relkultur132.pdf (letzter Zugriff: 30.11.2012).

UMTI, „*Wenn die Seele Leid erfährt. Islamische Notfall- und Krankenhausseelsorge im Aufbruch*", Flyer zur Fachtagung, URL: http://www.institut-mannheim.de/downloads/Flyer_%20Fachtagung_Islamische_Seelsorge.pdf (letzter Zugriff: 13.12.2012).

Qiez, „*Interkulturelles Projekt ist geplatzt*", 25.05.2012, URL: http://www.qiez.de/kreuzberg/gesundheit-und-wellness/seniorenheime/erstes-pflegeheim-fuer-muslime-aendert-kurs-in-kreuzberg/3208110 (letzter Zugriff: 30.11.2012).

Robert Koch Institut, *Bericht: Migration und Gesundheit (2008)*, URL: http://www.migration-boell.de/web/integration/47_3119.asp (letzter Zugriff: 30.11.2012).

Schmitt, Anne/Kökgiran, Gürcan, *Pflege-Migration-Kultur. Die Frage nach kultursensibler Altenpflege von türkischen Menschen*, Uni Marburg, 2010.

Statistisches Bundesamt, „*Bevölkerung mit Migrationshintergrund 2011 um 216 000 Personen gestiegen*", Pressemitteilung Nr. 326 vom 19.09.2012, URL: https://www.destatis.de/DE/PresseService/Presse/Pressemitteilungen/2012/09/PD12_326_122.html (letzter Zugriff: 30.11.2012).

Statistisches Bundesamt 2011, *Mikrozensus 2010*, URL: https://www.destatis.de/DE/Publikationen/Thematisch/Bevoelkerung/MigrationIntegration/Migrationshintergrund 2010220107004.pdf?__blob=publicationFile (letzter Zugriff: 11.03.2013).

Statistisches Bundesamt, „*Publikationen im Bereich Migration*", URL: https://www.destatis.de/DE/Publikationen/Thematisch/Bevoelkerung/MigrationIntegration/AuslaendBevoelke rung 2010200117004.pdf?__blob=publicationFile (letzter Zugriff: 30.11.2012).

Vogel, Martina, *Anstaltsseelsorge – Religionen und Religionsgemeinschaften in freiheitlichen Rechtsstaat*, Grin Verlag, München 2011.

wiesbaden.de, „*Muslimische Seelsorge in Wiesbaden – Zertifikatsübergabe*", URL: http://www.wiesbaden.de/rathaus/nachrichten/bildergalerien/2011/muslimische-seelsorge.php (letzter Zugriff: 13.12.2012).

„*Yaşlı ve Engelli Merkezi. Köln-Mülheim (Türkçe)*", URL: http://www.sbk-koeln.de/standorte/mulheim/mulheim-turkce/ (letzter Zugriff: 13.12.2012).

zdf.de, „*Imam für den Knast. Seelsorge hinter Gittern*", URL: http://www.zdf.de/Forum-am-Freitag/Imam-f%C3%BCr-den-Knast-22701800.html?mediaType=Artikel (letzter Zugriff: 11.03.2013).

Was können Juden, Christen und Muslime voneinander lernen? Islamische Gefängnisseelsorge in Deutschland

Von Ahmet Özdemir

1. Persönliche Vorbemerkung

Beginnen möchte ich mit meiner eigenen Seelsorge-Geschichte an der JVA Münster: Wenn ich Anfang 1998 in die Stadt fahren wollte, fuhr ich immer an der JVA Münster vorbei und dachte jedes Mal: „Hinter diesen dicken Mauern gibt es bestimmt auch muslimische Gefangene. Wie könnte ich sie besuchen, wenigstens am Opfer Fest und Ramadan Fest?" Damals wusste ich natürlich überhaupt nicht, wie ich Kontakt aufnehmen sollte.

Im Telefonbuch habe ich schließlich die Telefonnummer der Staatsanwaltschaft Münster heraus gesucht und angerufen. Am Telefon habe ich erzählt, was ich vorhabe. Zuerst hat man versucht mich zu vertrösten und los zu werden. Aber mir war es mit der Sache sehr ernst und ich blieb hartnäckig. Nach der 4. oder 5. Weiterleitung hat man meine Kontaktdaten notiert und gesagt: „Wir geben Ihre Kontaktdaten weiter und bei Bedarf wird sich jemand bei Ihnen melden".

Tatsächlich, ein paar Wochen später hat jemand aus der JVA Münster angerufen, wollte mich kennen lernen und wissen, was ich vorhabe. Dieser nette Herr war Pfarrer Dieter Wever, Evangelischer Seelsorger an der JVA Münster, von dem ich persönlich viel gelernt habe und immer noch lerne. Ich habe von ihm auch viel Unterstützung bekommen und auch diese dauert noch an.

2. Rechtliche Grundlagen für islamische Gefängnisseelsorge in Deutschland

Die Rechtsgrundlagen der Seelsorge in Justizvollzugsanstalten sind vornehmlich in Art. 140 des Grundgesetzes in Verbindung mit Art. 141 der Weimarer Verfassung definiert: „Soweit das Bedürfnis nach Gottesdienst und Seelsorge im Heer, in Krankenhäusern, Strafanstalten oder sonstigen öffentlichen Anstalten besteht, sind die Religionsgesellschaften zur Vornahme religiöser Handlungen zuzulassen, wobei jeder Zwang fernzuhalten ist."[1]

Im Strafvollzugsgesetz (StVollzG) heißt es in § 53:„Dem Gefangenen darf religiöse Betreuung durch einen Seelsorger seiner Religionsgemeinschaft nicht

---

1 Bundeszentrale für Politische Bildung (Hg.), *Grundgesetz für die Bundesrepublik Deutschland*, Bonn 2006, S. 92.

versagt werden. Auf seinen Wunsch ist ihm zu helfen, mit einem Seelsorger seiner Religionsgemeinschaft in Verbindung zu treten."[2]

In § 54 heißt es: „Der Gefangene hat das Recht, am Gottesdienst und an anderen religiösen Veranstaltungen seines Bekenntnisses teilzunehmen."[3]

> „Allgemeiner Auffassung zufolge ist [diese Bestimmung] auf der Grundlage der allgemeinen Religionsfreiheit gemäß Art. 4 GG nicht nur auf Christen, sondern auch auf Angehörige nichtchristlicher Religionen anzuwenden. Auch entspricht es allgemein anerkannter Meinung, dass das Recht, aufgrund von Art. 141 WRV Zugang zu den Anstalten zu fordern, nicht nur den körperschaftlich verfassten, sondern allen Religionsgemeinschaften eingeräumt werden muss".[4]

3. Aktueller Stand der islamischen Seelsorge in den Justizvollzugsanstalten

Beim Thema „islamische Gefängnisseelsorge" haben wir uns in Deutschland seit Jahren nicht nennenswert von der Stelle bewegt. Vielleicht wurde darüber hier oder dort diskutiert. Aber zu einer Einstellung eines hauptamtlichen muslimischen Seelsorgers ist es leider immer noch nicht gekommen.

Die Anzahl muslimischer Inhaftierter in Deutschland ist groß. So waren etwa im Jahre 2001 in Baden-Württemberg 21% der Insassen von Justizvollzugsanstalten Muslime. Viele von ihnen befinden sich in einer fremden Kultur, viele sind der deutschen Sprache nicht mächtig. Es gibt keine seelsorgliche Betreuung, gemessen an ihren Mitgefangenen leben sie sozusagen „in doppelter Isolation"[5].

Ein anderes Beispiel: Laut Zahlen vom 28. November 2011 befanden sich zu jenem Zeitpunkt in hessischen Justizvollzugs-, Jugendvollzugs- und Jugendarrestanstalten insgesamt 4734 Gefangene. Davon waren 1502 evangelisch, 1226 katholisch und 1023 muslimisch. Für die 1502 ev. Gefangenen sind 13,5 hauptamtliche ev. Seelsorger zuständig. Für die 1226 kath. Gefangenen sind 9,5 hauptamtliche kath. Seelsorger zuständig. Für die 1023 muslimischen Gefangenen gibt es keinen einzigen hauptamtlichen muslimischen Seelsorger. Sie werden mit ihren Sorgen und Schicksalen allein gelassen.

Leider sieht es in den anderen Bundesländern nicht viel besser aus. Es dürfte ein kleiner nennenswerter Schritt sein, dass in Hessen für das Haushaltsjahr

---

2 Bundesinnenministerium der Justiz, StVollzG, *„§ 53 Seelsorge"*, URL: http://www.gesetze-im-internet.de/stvollzg/__53.html (letzter Zugriff: 27.09.2012).

3 Ebd., *„§ 54 Religiöse Veranstaltungen"*, URL: http://www.gesetze-im-internet.de/stvollzg/__54.html (letzter Zugriff: 27.09.2012).

4 Sekretariat der Deutschen Bischofskonferenz (Hg.), *Arbeitshilfen 172: Christen und Muslime in Deutschland*, Bonn 2003, S. 210.

5 Deutschen Bischofskonferenz (Hg.), *Arbeitshilfen*, S. 208.

2012 für die Betreuung von muslimischen Gefangenen Sachkosten in Höhe von 50.000 Euro bewilligt wurden.[6]

4. Zum Vergleich: Islamische Gefängnisseelsorge in Europa

In Deutschland leben zwischen 3,8 und 4,3 Millionen Muslime mit Migrationshintergrund.[7] Nach einer Statistik aus dem Jahr 2008 lebten in den 27 EU-Ländern mehr als 19 Millionen Menschen, die aus Gebieten außerhalb der Europäischen Union zugewandert waren; die weitaus meisten von ihnen sind Muslime.[8] Das sind so viele Menschen, wie in Belgien und Österreich zusammen. Aber es gibt in den meisten Ländern keine islamische seelsorgliche Betreuung.

Dennoch, in einigen europäischen Ländern wie in den Niederlanden, in Österreich oder Großbritannien ist „islamische Seelsorge“ in ihrer Entwicklung und Umsetzung viel weiter fortgeschritten als in Deutschland. Dort sind seit Jahren hauptamtliche Seelsorger tätig. In Großbritannien z.B. sind seit 1999 islamische Seelsorger in Gefängnissen und in Krankenhäusern zugelassen. In den Niederlanden arbeiten landesweit 60 islamische Seelsorger in Gefängnissen. Sie bieten dort Einzel- und Gruppengespräche sowie verschiedene Gruppenangebote an, und sie organisieren Freitags- und Festtagsgebete sowie religiöse Feste.[9]

5. Seelsorgliches Engagement von Gruppen und Personen

Es gibt zurzeit nur wenige islamische Organisationen, Gruppen oder einzelne Personen, die sich für die seelsorgliche Arbeit engagieren. In der Gefängnisseelsorge sind es noch einmal weniger. Während es bei den christlichen Studenten in Münster ein Engagement gibt mit Gefangenen in Kontakt zu kommen, z.B. in der „Kontaktgruppe“ oder im „Sozialer Gesprächskreis“ der Kath. Studierenden- und Hochschulgemeinde Münster, findet eine solche Arbeit unter den muslimischen Studenten nur wenig Interesse.

---

6 Berichtsantrag der (SPD), *Drucksache18/4504 der Abg. Faeser, Hofmann, Waschke (SPD) Fraktion betreffend Möglichkeiten der Glaubensausübung in hessischen Justizvollzugs-, Jugendvollzugs- und Jugendarrestanstalten.*

7 Deutsche Islam Konferenz, *„Startseite“*, URL: http://www.deutsche-islam-konferenz.de (letzter Zugriff: 27.09.2012).

8 Andreas Wirsching, *„Muslime in Europa. Eine Frage des Vertrauens“*, in: Süddeutsche Zeitung 27.04.2011, URL: http://www.sueddeutsche.de/politik/muslime-in-europa-eine-frage-des-vertrauens-1.1089521 (letzter Zugriff: 10.09.2012).

9 Dienst Geestelijke Verzorging (Dienst Justitiële Inrichtingen, Ministerie van Veiligheid en Justitie) [Die Seelsorge-Abteilung des Niederländischen Justizministeriums], URL: http://www.gevangenisimam.nl/generalinfo.aspx?lIntNavId=174 (letzter Zugriff: 10.09.2012).

Gleichwohl muss gesagt werden: Die Moscheen und Kulturvereine können sich nicht von solchen und ähnlichen Arbeitsfeldern lossagen. Es gibt vielerlei Möglichkeiten, sich zu engagieren oder materielle oder finanzielle Unterstützung zu leisten, etwa indem sie z.B. für bestimmte Anlässe Getränke, Kaffee und Kuchen spenden oder im Ramadan ein *ifṭār*-Essen ausgeben.

Laut derzeit gültigem Strafvollzugsgesetz kann erwachsenen „Gefangenen, die nicht einer christlichen Religionsgemeinschaft angehören, […] an Stelle des Weihnachts- oder Osterpaketes der Empfang je eines Paketes aus Anlass eines hohen Feiertages ihres Glaubens gestattet werden.“[10] Auch hier sind islamische Organisationen und Vereine gefragt!

In diesem Zusammenhang möchte ich zwei wichtige Aspekte ansprechen:

Wenn man das Thema „Notwendigkeit von islamischer Gefängnisseelsorge“ oder den Bedarf an Imamen für das Freitagsgebet in den Anstalten anspricht, bekommt man meistens als Antwort: „Wir haben ‚draußen‘ schon viel zu tun, außerdem sind Gefangene nicht zum Freitagsgebet verpflichtet“. Erschreckenderweise ist diese Begründung zum „Allgemeinplatz“ in der deutschsprachigen Literatur[11] geworden.

Dagegen ist festzuhalten, dass in der islamischen Fachliteratur unter „Bedingungen der Verpflichtung zum Freitagsgebet“ der Aspekt „Freiheit“ zwar benannt wird, aber in erster Linie mehrheitlich in Sklaverei lebende Muslime gemeint sind, nicht aber Gefangene.

In den meisten Büchern, darunter auch der zweibändige *Ilmihal* des Diyanet, wurde ausdrücklich festgehalten: „Für die Gefangenen soll die Möglichkeit und die Räumlichkeit zum Freitagsgebet beschaffen werden“[12]. Im *Handbuch Islam* von Abdurrahman Reidegeld wird zwar in diesem Zusammenhang über Freiheit geschrieben, aber auch dort ist keine Rede von Gefangenen.[13]

Das Freitagsgebet ist ein in den Gefängnissen von den Gefangenen gut angenommenes Angebot. Es stärkt das gemeinschaftliche Leben, bietet Möglichkeiten zusammen zu kommen, über menschliche und religiöse Werte zu sprechen, und bereitet darauf vor, nach der Entlassung ein normales (neues) Gemeindeleben anzufangen.

Ein zweiter Aspekt taucht in vielen theoretischen Diskussionen auf: „Im Islam kann jeder Muslim seelsorgliche Arbeit übernehmen, daher brauchen wir

---

10 Justizportal Nordrhein-Westfalen, *„Merkblatt für den Paketverkehr in Justizvollzugsanstalten des Landes Nordrhein-Westfalen“*, URL: http://www.justiz.nrw.de/BS/formulare/vollzug/MerkblattPaketverkehr/index.php (letzter Zugriff: 10.09.2012).

11 Arikan Hasan, *Der Kurzgefaste Ilmihal. Illustriertes Gebetslehrbuch*, hrsg. v. Verband der Islamischen Kulturzentren e.V., Köln 1998, S. 133.

12 *Ilmihal Iman veIbadetler*, Bd. 1, Türkiye Diyanet Vakfi Islam Arastirmalari Merkezi, Istanbul 1999, S. 293.

13 Ahmad A. Reidergeld, *Handbuch Islam. Die Glaubens- und Rechtslehre der Muslime*, Spohr, Kandern im Schwarzwald 2008, S. 399.

keine hauptamtliche Seelsorge". Der erste Teil des Satzes dürfte richtig sein, nur die Konsequenz, die dann gezogen wird, geht an der Praxis vorbei.

Man muss immer im Auge behalten, dass Menschen ohne entsprechende Ausbildung nicht in der Lage sind, an jedem Ort und jede Art von Betreuung zu leisten. Die Aufgabengebiete sind sehr vielfältig und einige Orte nicht so einfach zugänglich, z.B. Gefängnisse, Jugendheime, Kinderheime, Psychiatrien usw.

6. Wer übt Seelsorge aus?

> „Seelsorge der Gemeindemitglieder untereinander hat es immer gegeben und es gibt sie oft in reicherem Maße, als wir sie wahrnehmen. Dazu gehören geschwisterliche Anteilnahme, gegenseitige Hilfe und Stärkung, zwischenmenschlicher Austausch über glaubens- und lebensbewegende Fragen. Daran wird die Lebendigkeit der Gemeinde spürbar."[14]

Um an Orten wie Gefängnissen oder Krankenhäusern zu arbeiten, bedarf es nicht nur einer theologischen und pädagogischen Ausbildung, sondern unter anderem auch psychologischer Kenntnisse.

Der Leipziger Theologieprofessor Jürgen Ziemer schreibt in seinem Lehrbuch zur Seelsorge: Die Praxissituationen der seelsorgerlichen Spezialdienste wie z.B. im Gefängnis oder im Krankenhaus seien deutlich abgrenzbar.

> „Hier ist die Seelsorge nicht nur Teil der Berufsarbeit, sondern deren Hauptinhalt. Um diesen Anforderungen gerecht zu werden, ist ein höheres Maß an Professionalität gefordert. Dazu gehören eine besondere Methodenbeherrschung, die Fähigkeit zur Konzeptionalisierung der seelsorgerlichen Arbeit und die Bereitschaft zur regelmäßigen und kritischen Reflexion der eigenen Praxis (z.B. durch Supervision)."[15]

Die Motive, Seelsorge zu üben, müssen reflektiert sein.

> „Glaubwürdige Seelsorge geschieht nicht aus persönlichem Mitleid, [...] Überheblichkeit oder um sich als SeelsorgerIn wichtig und unentbehrlich fühlen zu dürfen, um Ehre, Ruhm oder Verdienste anzuhäufen, um sich bei Gott beliebt zu machen, oder bei Menschen gut da zu stehen."[16]

Im Koran warnt Allah die Menschen in diesem Sinne: „Und zeige den Menschen nicht geringschätzig die Wange und gehe nicht übermütig auf der Erde einher, denn Allah liebt niemanden, der eingebildet und prahlerisch ist."[17]

---

14 Jürgen Zimmer, *Seelsorgelehre. Eine Einführung für Studium und Praxis*, Göttingen 2000, S. 177.

15 Ebd., S. 179.

16 Doris Nauer, *Seelsorge. Sorge um die Seele*, Stuttgart 2010, S. 108.

17 Koran 31:18.

Es dürfen keine Vor-Bedingungen oder Gegenleistungen vorausgesetzt werden. Alle Menschen, Starke, Schwache, Reiche, Arme, Opfer und Täter, gehören prinzipiell zum Adressatenkreis von Seelsorge.[18]
Über dies ermahnt uns Allah im Koran:

> „(Noah) O mein Volk! Ich fordere von euch dafür keinen Lohn. Mein Lohn obliegt Allah allein. Ich werde keineswegs die aus meiner Nähe verstoßen, die an meine Botschaft glauben, weil ihr sie für niedrig haltet. Sie werden Gott, ihrem Herrn, im Jenseits begegnen. Ich sehe, dass ihr ein Volk von Unwissenden seid."[19]

Einige Menschen begegnen durch seelsorgerliche Arbeit erstmals der Religion, das bringt zusätzliche Verantwortung für Seelsorgerinnen und Seelsorger.

7. Was erwarteten muslimische Gefangene von islamischer Seelsorge?

- Beistand bei Sorgen,
- Einzel und Gruppen-Gespräche über Wünsche und Probleme,
- Antworten auf Fragen, auch auf religiöse Fragen,
- einfach jemanden, der zuhört,
- Gestaltung der Freitaggebete und Festtaggebete,
- Hilfe bei der Aufnahme von familiärem Kontakt, eventuell Organisation und Begleitung der Besuche in der JVA.

8. Die klassischen Gesprächsthemen in den Anstalten

- Barmherzigkeit Allahs, Reue, Verzeihung,
- Vergebung, Hoffnung,
- Geduld, Verantwortung,
- Sünde, *ḥalāl*, *ḥarām*,
- Fasten, *ṣalāt*, *ḥaǧǧ*, *zakāt*, Bittgebete,
- Islamische Speisevorschriften,
- Drogen, Alkoholkonsum, Spielsucht,
- Heirat, Kindererziehung, Scheidung,
- Umgangsweise mit Vater und Mutter im Islam,
- Freundschaft, Nachbarschaft,
- Muslimisches Alltagsleben in Deutschland,
- Integration, Zusammenleben,
- Ausbildung, Weiterbildung, Schulabschluss.

---

18 Doris Nauer, *Seelsorge*, S. 109.
19 Sure 11: Hud Vers 29.

9. Mögliche Aufgaben islamischer Gefängnisseelsorge

Gesprächsangebote:

Einzel- und Gruppengespräche schaffen einen Raum für die Häftlinge, in dem sie sich öffnen und über ihre Sorgen und Probleme sprechen können. „Vom Imam wird erwartet, dass er den Koran auslegt und religiöse Fragen in größerer Gemeinschaft bespricht [...]. Auch in der Haft können Muslime durch Lesen und Hören des Korans Trost und Freude finden.“[20] Deshalb sind Bildungsangebote und Lernmaterialien für Islam, Koran, Hadith, *sīra* sehr wichtig. Religiöse Gegenstände wie Gebetsteppiche, Gebetskette, Gebetsmütze, Ramadan- und Gebetskalender sind daher immer willkommen.

Vor allem sollen die Seelsorgerinnen und Seelsorger über die Barmherzigkeit Allahs sprechen und Menschen Mut und Hoffnung auf die Liebe Allahs machen. Die Häftlinge werden motiviert, ein neues Kapitel in ihrem Leben aufzuschlagen.

Die gemeinsamen Gebete:

Freitagsgebet: Das Gebet am Freitag ist das wichtigste Ereignis der gesamten Woche und soll gemeinschaftlich in der Moschee verrichtet werden. Die Besonderheit des Freitagsgebets besteht aus einer Predigt, die vor dem eigentlichen Gebet in der Regel durch den Imam der Moschee gehalten wird, und zwei *rakʿa farḍ* Gebeten.

Beim Freitagsgebet wird vom muslimischen Seelsorger erwartet, dass er den Koran auslegt, eine Predigt hält, das Gebet leitet und religiöse Fragen in angenehmer Atmosphäre und in einem möglichst dafür gestalteten Raum bespricht.

Wir können davon ausgehen, dass bei vielen muslimischen Gefangenen das Bedürfnis besteht, nach der gemeinschaftlichen Verrichtung des Freitagsgebets persönliche Gespräche mit dem Seelsorger zu führen. Das gemeinsam verrichtete Gebet stärkt das Gemeinschaftsgefühl und schafft ein Stück Gemeindeleben.

Ramadan-Fest und Opfer-Fest:

Der Monat Ramadan und beide Festtage sind wichtige Tage. Im Ramadan sollen die Seelsorgerinnen und Seelsorger mit der Küche *saḥūr* und *ifṭār* organisieren.

An Festtagen gehört die Organisation des Gebetes und der Feierlichkeiten zu seinen Aufgaben. Nach dem Gebet und *ḫuṭba* soll man den muslimischen Häftlingen Zeit geben, um sich gegenseitig zu gratulieren, gemeinsam Kaffee zu trinken, eine Kleinigkeit zu essen und einfach zusammen sein.

20 Deutschen Bischofskonferenz (Hg.), *Arbeitshilfen*, S. 209.

Freizeit-Aktivitäten:

Von einem muslimischen Seelsorger kann erwartet werden, dass er regelmäßig Gesprächskreise und auch kulturelle Angebote macht, wie Lesungen, Musik oder Filmabende.

Familienbesuche:

Es ist sehr wichtig, Hilfe bei familiären Problemen zu leisten, Kontakte zu Ehepartner, Kindern, Vater, Mutter oder Verwandten (wieder-)herzustellen, Familienbesuche zu organisieren und zu betreuen. Besonders für die Zeit nach der Entlassung ist es für die Häftlinge wichtig, ein gutes Verhältnis zu ihrer Familie zu haben, ein zu Hause zu bekommen, in das sie zurückkehren können.

Sonstige Aufgaben:

Zusammenarbeit mit der Anstaltsleitung und mit anderen Mitarbeiterinnen und Mitarbeitern ist notwendig, namentlich mit Sozialarbeiterinnen und -arbeitern, Psychologinnen und Psychologen und Seelsorgerinnen und Seelsorgern der anderen Konfessionen.

Der muslimische Seelsorger soll sich einsetzen, um Bücher für die Bibliothek z.B. Koran, Hadith, *sīra*, Romane usw. vor allem in deutscher Sprache und entsprechend anderen Sprachen zu beschaffen.

10. Ausbildung, Fortbildung, Weiterbildung von Seelsorgerinnen und Seelsorgern

Ausbildung:

Seelsorgliche Ausbildung sollte im Theologiestudium beginnen. Parallel zu Vorlesungen und Seminaren sollte unter fachkundiger Supervision die erste Begegnung mit seelsorglicher Praxis erfolgen, z.B. Krankenhausbesuche bei Kranken auf einer Station, Beteiligung am Besuchsdienst in der Gemeinde, Besuche bei alten und pflegebedürftigen Menschen, in Justizvollzugsanstalten usw.[21] Von Beginn des Studiums an ist ehrenamtliches Engagement wichtig und empfehlenswert, dies dient auch der späteren Berufsorientierung.

Weiterbildung:

Die Arbeit mit den Gefangenen ist nicht immer mit Freude erfüllt, sie macht manchmal keinen Spaß und kann auch die Seele der Seelsorgerinnen und Seelsorger belasten. Diese Belastungen sollen durch Weiterbildungen verarbeitet

21 Jürgen Zimmer, *Seelsorgelehre*, S. 188.

werden können. Deshalb sollen für diese Berufsgruppen, egal, ob diese hauptamtlich oder ehrenamtlich arbeiten, Möglichkeiten geschaffen werden, um Erfahrungen auszutauschen, Probleme zu erörtern und gemeinsame Projekte zu entwickeln und vor allem sich weiterzubilden.

Fortbildung:

Außerdem ist es auch wichtig, für Seelsorger und Seelsorgerinnen Fortbildungen zu Themen wie psychische Krankheitsbilder oder Suchterkrankungen anzubieten.

11. Vor und nach der Entlassung

Genauso wichtig wie die Begleitung während der Haft ist die Betreuung während und nach der Entlassung.

> „Jährlich verlassen mehr als 16.000 Frauen und Männer in NRW die Justizvollzugsanstalten. Ein oft gehörter Satz lautet: ‚Das schlimmste am Gefängnis ist die Entlassung!' Nach festgelegten Tagesstrukturen das Leben wieder in eigene Hände zu nehmen, stellt eine große Herausforderung für die Entlassenen dar".[22]

Die Entlassungsvorbereitung dient dazu, den Gefangenen auf die Gestaltung des neuen Lebens außerhalb der Anstalt vorzubereiten, ihnen Möglichkeiten zu zeigen, wie sie Unterkunft, Unterhalt, Arbeit oder Ausbildung organisieren können.

Die muslimischen Organisationen und Vereine sollten sich bemühen, um die Menschen für die Gesellschaft wiederzugewinnen und in das Gemeindeleben zu integrieren, ihnen bei Not und Sorge zur Seite stehen, damit sie nicht wieder in ihr altes Milieu zurückkehren und rückfällig werden.

Beenden möchte ich meine Gedanken mit einem Gedicht von einem großen türkischen Dichter und Denker, Mehmet Akif Ersoy:

> „Komm, nimm Anteil an den Leiden dieser Mutter.
>
> Man sagt doch ‚geteilte Freude ist doppelte Freude' und
>
> ‚geteiltes Leid halbes Leid'.
>
> Weißt Du, dass Dein nach Osten gerichteter Blick
>
> Den Armen wie die erste Morgensonne erscheint?"[23]

---

22 *Lotse Info Nr. 70*, hrsg. v. DBH Fachverband für Soziale Arbeit, Strafrecht und Kriminalpolitik, Köln 2012, S. 8.

23 Ingeborg Böer, *Türken in Berlin 1871-1945: Eine Metropole in den Erinnerungen osmanischer und türkische Zeitzeugen*, 2002, S. 130.

Literatur

Berichtsantrag (SPD) Fraktion, *Drucksache18/4504 der Abg. Faeser, Hofmann, Waschke (SPD) Fraktion betreffend Möglichkeiten der Glaubensausübung in hessischen Justizvollzugs-, Jugendvollzugs- und Jugendarrestanstalten.*

Böer, Ingeborg/Haerkötter, Ruth/Kappert, Petra (Hg.), *Türken in Berlin 1871-1945: Eine Metropole in den Erinnerungen osmanischer und türkische Zeitzeugen*, 2002.

Bundesministerium für Justiz, *StVollzG*, URL: http://www.gesetze-im-internet.de/stvollzg/index.html#BJNR005810976BJNE009300314 (letzter Zugriff: 10.09.2012).

Deutsche Islam Konferenz, *„DIK – Zahlen, Daten, Fakten"*, URL: http://www.deutsche-islam-konferenz.de/nn_2026824/SubSites/DIK/DE/Magazin/ZahlenDatenFakten/zahlen-daten-fakten-node.html?__nnn=true (letzter Zugriff: 10.09.2012).

Dienst Geestelijke Verzorging (Dienst Justitiële Inrichtingen, Ministerie van Veiligheid en Justitie) [Die Seelsorge-Abteilung des Niederländischen Justizministeriums] 2011, URL: http://www.gevangenisimam.nl/generalinfo.aspx?lIntNavId=174 (letzter Zugriff: 10.09.2012).

Grundgesetz für die Bundesrepublik Deutschland, hrsg. v. der Bundeszentrale für Politische Bildung, Bonn 2006.

Ilmihal Cilt 1, Iman veIbadetler, Türkiye Diyanet Vakfi Islam Arastirmalari Merkezi, Istanbul 1999.

Justizportal Nordrhein-Westfalen, *Merkblatt für den Paketverkehr in Justizvollzugsanstalten des Landes Nordrhein-Westfalen*, URL: http://www.justiz.nrw.de/BS/formulare/vollzug/MerkblattPaketverkehr/index.php (letzter Zugriff: 10.09.2012).

Lotse Info, Nr. 70, hrsg. v. DBH Fachverband für Soziale Arbeit, Strafrecht und Kriminalpolitik, Köln 2012.

Nauer, Doris, *Seelsorge. Sorge um die Seele*, Stuttgart 2010.

Reidergeld, Ahmad A., *Handbuch Islam. Die Glaubens- und Rechtslehre der Muslime*, Spohr, Kandern im Schwarzwald 2008.

Sekretariat der Deutschen Bischofskonferenz (Hg.), *Arbeitshilfen 172: Christen und Muslime in Deutschland*, Bonn 2003.

Wirsching, Andreas, *„Muslime in Europa. Eine Frage des Vertrauens"*, in: Süddeutsche Zeitung 27.04.2011, URL: http://www.sueddeutsche.de/politik/muslime-in-europa-eine-frage-des-vertrauens-1.1089521 (letzter Zugriff: 10.09.2012).

Ziemer, Jürgen, *Seelsorgelehre. Eine Einführung für Studium und Praxis*, Göttingen 2000.

Wenn Seelsorge gelingt – Reflexionen zu den Ausbildungskursen islamischer Krankenhausseelsorge in Landau-Mannheim

Von Georg Wenz

In Bezug auf die mir gestellte Aufgabe, zu reflektieren, was gelungene oder besser gelingende islamische Seelsorge ist, möchte ich von den Anforderungen an die Seelsorgerinnen und Seelsorger ausgehen, sodann die Rahmenbedingungen seelsorgerischen Handelns beleuchten und schließlich anhand von drei Beispielen beides mit dem konkreten Agieren in der Praxis verbinden. Meine Überlegungen durchzieht als evangelischer Christ ein externer Blick. Gleichwohl gehört eine graduelle Annäherung an islamische Grundhaltungen und eine partielle Aneignung von Denkstrukturen, theologischen Urteilen und selbst Gefühlslagen nicht nur theoretisch zum Wesen interreligiösen Perspektivenwechsels, sondern hat sich auch in der Praxis der Seelsorgekurse eingestellt.

1. Kriterien eines Seelsorgegesprächs

In Sahīh-i Buhārī 1226 wird Mohammed mit den Worten zitiert:

> „Der beste Mensch ist derjenige, der den Menschen dienlich ist. Das beste Verdienst ist dasjenige, das im Dienste Allahs ausgegeben wird. Und der beste Weg, im Dienste Allahs auszugeben, ist es, das bereit zu stellen, was die Menschen am nötigsten haben.“

Letzteres herauszufinden, ist Anliegen von Seelsorge. Ihre Mittel sind Empathie, Blickwechsel, den Stachel fühlen, auch heraushören und erspüren, wo Menschen Lebensfreude finden oder wieder finden können. Ihre Grenzen können weder nach Religions- noch nach Konfessionszugehörigkeit gezogen werden. Im Mittelpunkt steht der Mensch als Mensch, als Subjekt in der Beziehung zum Seelsorgenden. Insofern formen religiöse Prägungen zwar zum einen die seelsorgerische Beziehung und tragen sich, ja greifen, zumindest unterschwellig, in die seelsorgerischen Prozesse ein. Zum anderen gehört aber auch die Abstraktion, das Absehen von der Person, elementar zur Grundausstattung der Seelsorgenden und erlaubt in der Überwindung von Sympathie oder Antipathie, von Zugehörigkeits-, Distanzierungs- und Abgrenzungszuweisungen, sich dem Gegenüber zu stellen und zu öffnen, einem Gegenüber, das im Seelsorgeverlauf temporär und partiell ein Stück meinerselbst wird, sich gleichsam in mich einschreibt oder eher einspricht. So ist mit dem aktiven Zuhören ein weiteres Merkmal benannt, das gelingende Seelsorge kennzeichnet.

Wenn ich die Auswertungen der muslimischen Kursteilnehmerinnen und -teilnehmer der drei Seelsorgekurse in Landau und Mannheim[1] zusammenfasse, dann ergibt sich folgendes Bild: Ihre Erfahrungswerte bestätigen die erforderliche Verknüpfung verschiedener Kompetenzen, um Seelsorge erfolgreich durchzuführen. Zu diesen Kompetenzen gehört zunächst ein fundiertes Wissen über den Islam. Dies umschließt sowohl die Kenntnis und die Durchdringung des Normensystems und dessen theologischer Auslegungen als auch die konkrete Ausführung religiöser und ritueller Handlungen wie sie etwa bei der Begleitung Sterbender oder nach Eintritt des Todes durchzuführen sind. Es umfasst auch ein systemisches Wissen um religiöse Konnotationen kontextueller islamischer Identitätszuschreibungen und -aneignungsprozesse, um islamisch-kulturelle Einflussfaktoren, um familiäre Bezugssysteme und Gemeinschaftskonstrukte und damit um Verantwortungsbereiche. Zugleich muss diesem Wissen aber, wie bereits angedeutet, die Fähigkeit zu universalisieren innewohnen. Seelsorge, die sich am Patienten orientiert, die von eigenen Eitelkeiten, Chauvinismen und Verkündigungsenthusiasmen absieht und ihren Auftrag in einer Zuwendung begreift, die ohne Hintertür zu eigenen Absichten und Zwecken fast in liturgischem Sinn doxologisch ist, verzichtet auf einen aktiven missionarischen oder werbenden Impetus und wendet sich dem Gegenüber als Impulsgeber zu. Religion kann und wird dabei eine Rolle spielen. Aber sie bildet weder ein Ausschlusskriterium noch fixiert sie das Gespräch. Seelsorge aus einer religiösen Grundhaltung vertraut auf die Heilungsimpulse, die aus der Religion erwachsen, sie maßt sich aber nicht an, Initiator dieser Impulse zu sein.

Als zweites sind Grundkenntnisse in Krankheitsbildern und in medizinischer Terminologie von Nöten, um die Lage von Patienten einschätzen und adäquat reagieren zu können. So leidet das Gespräch dann, wenn auf Patientenseite das Gefühl entsteht, unverstanden zu bleiben, die Diagnose oder den Krankheitsverlauf nicht thematisieren zu können. Oder umgekehrt, wenn die Seelsorgerin oder der Seelsorger Symptome ignoriert, falsch einschätzt oder nicht erkennt. Medizinische Grundkenntnisse sind aber auch geboten, um im Bedarfsfall kompetent als Dolmetscher zu fungieren, auch wenn dies nicht in die eigentlichen seelsorgerischen Aufgabengebiete fällt und als Übergangslösung mit der Forderung nach einer Anstellung von hauptamtlichen Dolmetschern in Krankenanstalten einhergehen muss. Ferner dient ein Grundwissen über Krankheitsbilder auch dazu, volksreligiöse Vorstellungen von Krankheit und Heilung aufzugreifen und

1 Je ein Kurs in muslimischer Krankenhaus- und Notfallseelsorge begann Ende 2008 und endete im Juni 2010. Der dritte Kurs wurde 2012 im Bereich der Krankenhausseelsorge durchgeführt. Im Folgenden beziehe ich meine Ausführungen auf den Bereich der Krankenhausseelsorge, vgl. dazu Talat Kamran/Georg Wenz, *„Einleitung“*, in: Dies., *Seelsorge und Islam in Deutschland. Entwicklungen, Herausforderungen und Chancen*, Speyer 2012, S. 7-16.

sowohl diese wie auch daraus abgeleitete Selbstmedikationen und Therapierungen ggf. korrigieren zu können.

Umgekehrt erlaubt die Verknüpfung von religiöser und medizinischer Kompetenz das verantwortliche Gespräch über die Bedeutung religiöser Vorschriften, deren Einhaltung und Aussetzungsgründe. Beispiele der bisherigen Praxis betreffen Fragen der Medikamenteneinnahme oder von Infusionen während des Ramadans, der Nutzung von bereitgestellten Mikrowellengeräten zur eigenen Essenszubereitung, wenn in diesen auch Nicht-*ḥalāl*-Speisen aufgewärmt werden, die Einnahme gelantine- oder alkoholhaltiger Substanzen oder die körperliche Berührung während der seelsorgerischen Betreuung. Zuletzt bilden beide Kompetenzen zusammen die Grundlage, um auftretende theologische Fragen um Leid, Schuld, Vorsehung oder Existenz aufzugreifen, um der Bedeutung von Geduld, Prüfung und Klage gemeinsam nachzugehen oder um erfahrener Sinnlosigkeit und Weltverlust einen neuen Horizont anzubieten.

Drittens ist ein therapeutisches Grundwissen hilfreich, wenn nicht unabdingbar. Allerdings sind die Grenzen zwischen seelsorgerischer und therapeutischer Betreuung zwingend – aus Gründen der Verantwortung gegenüber dem Patienten und dessen Schutz vor falscher Beratung wie aus Gründen der Selbstüberforderung des Seelsorgers oder der Seelsorgerin. Seelsorge beinhaltet therapeutische Methoden, Aspekte und Momente, sie ist jedoch kein Therapieersatz. Ihre Stärke liegt in der Verbindung von religiöser und therapeutischer Sachverständigkeit als Spezifikum seelsorgerischer Gesprächsführung. Der Ausgleich beider Stränge verhindert die einseitige Akzentuierung religiöser Deutungsmuster mit ihrer tendenziellen Absehung von den individuellen Aspekten einer Notlage auf der einen und der Ergründungen des Selbst mit ihrer tendenziell bekenntnisindifferenten Note auf der anderen Seite. Zugleich vertraut Seelsorge in ihrem Einbezug der ganzen Person auf Auswirkungen ihres Wirkens auf das Selbstverständnis der Patienten und darin auch darauf, dass die eigene religiöse Triebkraft auf das Gegenüber ausstrahlt.

Um dieses Wechselspiel von religiöser Grundierung und therapeutischer Sensibilität souverän zu gestalten, ist die Ergründung der eigenen Person Voraussetzung. Seelsorgerinnen und Seelsorger eignen sich entsprechend nicht nur theoretisch therapeutisches Wissen an, sondern begeben sich selbst auf den Ergründungsweg ihrer Überzeugungen, blinder Flecke, Motivationen und Ängste. Aus diesem Selbstbezug erwächst sukzessive die seelsorgerisch-kommunikative Kompetenz.

Und diese seelsorgerische Gesprächsführung ist die wichtigste Kompetenz, denn auf ihr ruhen der Verlauf und der Erfolg der direkten Begegnung. Das Erlernen von Methoden, insbesondere das Einüben aktiven Zuhörens, das Zwischen-den-Zeilen-Lesen, das Herausfiltern von Signalwörtern, die Schaffung eines mental wie emotional abgesicherten Raumes, um Angedeutetem zur Ausformulierung zu verhelfen, das Hinwirken auf das Sich-Öffnen des Patienten, sind wesentliche Voraussetzungen für ein gelingendes Gespräch. Sie verpuffen aber, wenn sie als bloß angelernte Methoden nicht mit der Authentizität des Seelsorgers oder der Seelsorgerin einhergehen. Zudem schützt die Rückkopplung des kommunikativen Instrumentariums an die je eigene Person des Seelsorgers und der Seelsorgerin vor der Anwendung scheinbar entlastender Patentrezepte, seien sie religiöser oder methodischer Natur oder seien sie auch nur „gut gemeint". Jede Begegnung, jedes Gespräch gründet in einer Einzigkeit und Eigenheit, sucht und bahnt sich einen geeigneten Weg. Manchmal ist Schweigen das richtige Verhalten, manchmal die Stärkung, manchmal der Trost, manchmal die Hilfe zur Selbsterkenntnis, manchmal das Rezitieren von *āyāt* und Suren, manchmal das Gebet, nie jedoch das Prokrustesbett dogmatischer oder phrasenhafter Vorschaltungen und Strukturierungen des Gesprächsverlaufs. Dort, wo Trost Vertröstung weicht, wo religiöse Plattitüden ernsthafte Fragen zunichte machen, wo vorgefasste Antworten die Gesprächsführung zur Vordergründigkeit verurteilen, wird seelsorgerische Begegnung verhindert. Ihr Erfolg hängt dagegen ab von der unvoreingenommenen Einschätzung der Situation und der inneren Haltung, in der das Gespräch begonnen, geführt und zu einem Ende gebracht wird.

Im Blick auf den Gesprächspartner bedeutet dies, dass die einzelne Patientin und der einzelne Patient in ihrer Person wahrgenommen, in ihrer Lage und in ihren Anliegen ernst genommen und vom Seelsorger respektive der Seelsorgerin angenommen werden. Dies kann sich in der konkreten Situation unterschiedlich ausgestalten. Unerlässlich ist jedoch die Akzeptanz des Gegenübers, unabhängig davon, ob sein Körper deformiert ist, seine Lebensverhältnisse zerrüttet sind oder sich seine Weltanschauung fundamental von meiner unterscheidet. Um dies leisten zu können, ist die Aussöhnung mit sich selbst unerlässlich.

2. Rahmenbedingungen

Aus dem bisher Ausgeführten wurde bereits deutlich, dass sich die seelsorgerische Begegnung von einem gewöhnlichen Krankenbesuch unterscheidet. Dessen Eigenwert zu erfragen, wäre eine eigene Betrachtung. Das nachfolgend Aufgelistete unterstreicht den Unterschied, indem es auf die Einbettung der Seelsorge in das Gesamtsystem der Krankenversorgung verweist.

Ergänzend zu den Fähigkeiten und Fertigkeiten von Seelsorgerinnen und Seelsorgern muss ein weiteres Moment treten, um Seelsorge gelingen zu lassen. Dieses betrifft die Rahmenbedingungen des Einsatzes vor Ort. Sie entscheiden maßgeblich mit über den Erfolg. So ist der Einbezug der islamischen Seelsorgerinnen und Seelsorger von Anbeginn ihrer Tätigkeit an in die Strukturen der Krankenhäuser und Kliniken Voraussetzung ihrer erfolgreichen Integration in das gesamte Betreuungssystem. Die Verwaltungen, die einzelnen Stationen, das Ärzteteam und das Pflegepersonal, das Netzwerk sozialer Dienste und auch die kirchliche Seelsorge, sie alle bilden Bezugspunkte und stehen für unterschiedliche Aspekte der Eingliederung. Pflegedienstleitungen, aber auch Ärzte und Pflegepersonal leisten eine unverzichtbare Hilfe in der Anfangszeit, wenn es darum geht, die Akteure und die Funktion islamischer Seelsorge bekannt zu machen. Aushänge und Informationsflyer ergänzen die verbalen Hinweise auf das islamische Betreuungsangebot.

In den meisten Krankenanstalten ist die kirchliche Seelsorge etabliert. Es liegt nahe, dass die christlichen Kolleginnen und Kollegen eine wichtige Anlaufstelle werden können. Dies gilt sowohl in Bezug auf den gegenseitigen Austausch nach aufreibenden Gesprächen als auch auf allgemeine Fragen der Einbindung von Seelsorge in den Klinikablauf. Um an der Stelle auf Dauer und mit Rechtssicherheit miteinander kooperieren zu können, bedarf es der Positionierung sowohl der Kirchen wie auch der muslimischen Verantwortungsträger. Zu klären sind der Status islamischer Seelsorge im Blick auf die verfassungsrechtlichen Vorgaben der Anstaltsseelsorge, die Standards der Seelsorgeausbildung, die Verhältnisbestimmung der christlichen zur islamischen Seelsorge vor Ort, die Zuständigkeiten in der Patientenbetreuung und der Grad der gegenseitigen Unterstützung. In diesem Zusammenhang wird auch die künftige Bezeichnung des islamischen Betreuungsangebots zu diskutieren sein. Der Übernahme des christlichen Begriffs „Seelsorge" steht die Benennung unter Rückgriff auf die islamische Tradition gegenüber. Diese stellt verschiedene Optionen bereit. Manche verweisen stärker auf die Zuwendung zum anderen, manche auf die religiöse oder spirituelle Dimension, manche auf Mohammed als Vorbild. Ob aus der endgültigen Benennung auch eine Angabe über Nähe und Distanz zur christlichen Seelsorge abzulesen sein wird, werden die kommenden Verlautbarungen zeigen. Denkt man von den Bedürfnissen der Patienten her und bezieht die bisherigen Praxiserfahrungen in die anstehenden Überlegungen ein, so ist zu wünschen, dass beide Angebote sich in Ansehung der existenziellen Dimension am Krankenbett austauschen, ergänzen, beraten.

Neben der Einbindung in das Gesamtgefüge der Krankenbetreuung ist eine infrastrukturelle Grundsicherheit und deren Nutzungsmöglichkeit erforderlich. Da muslimische Seelsorgerinnen und Seelsorger zurzeit in den meisten Fällen ehrenamtlich arbeiten, gehören die Bereitstellung eines Dienstparkplatzes und eines Diensthandys zur gebotenen Grundausstattung. Letzteres sichert die Privatsphäre und gewährleistet darin professionelles Arbeiten. Auch die Erstattung der Fahrtkosten trägt zur Gewährleistung der Versorgungskontinuität bei. Allerdings bleibt die Frage noch unbeantwortet, wer für die Kosten aufkommt. Ob Mischarrangements der Kostenteilung zwischen Krankenhäusern, islamischen Stellen und öffentlichen Budgets oder die Gründung einer islamischen Seelsorgestiftung oder eines Wohlfahrtverbandes die Lösung bilden werden, wird die Zukunft zeigen. Auch bleibt abzuwarten, ob die einzelnen islamischen Verbände, Vereine und Initiativen je eigene Betreuungsprogramme entwickeln und diese in gegenseitiger Ergänzung oder auch in Konkurrenz zueinander anbieten wollen oder ob sie den Schulterschluss wagen und in der Seelsorge eine Gemeinschaftsaufgabe entdecken, in die zu investieren das Bedürfnis der Bedürftigen auffordert. In naher Zukunft werden es die bereits ausgebildeten und tätigen muslimischen Seelsorgerinnen und Seelsorger sein, die entsprechende Signale aus der Praxis an die relevanten Entscheidungsstellen weitergeben. Je enger sie sich dabei in regionalen und überregionalen Netzwerken organisieren, desto deutlicher tritt die herkunfts-, prägungs- und zugehörigkeitsunabhängige Tätigkeit ans Licht. Wird sie als solche weiter entfaltet, wirkt sie nicht nur nach innen gemeinschaftsstiftend, sondern ist auch ein Zeichen nach außen, das das Vertrauen in islamische Seelsorge fördert.

Als letzter Punkt sei der Selbstschutz und die Pflege der eigenen Person der Seelsorgerinnen und Seelsorger sowie die damit zusammenhängende weitere Professionalisierung genannt. Hierzu gehören der regelmäßige kollegiale Austausch, der Aufbau und die Pflege eines Netzwerkes, Fortbildungen zur Vertiefung und Festigung der eigenen Kompetenzen und schließlich die professionelle Betreuung in der Form von Supervision. Während die kollegiale Beratung und die Vernetzung dem fachlichen und persönlichen Austausch und zudem der Etablierung islamischer Seelsorge im allgemeinen dient, konzentriert sich die Supervision auf die Einzelperson des Seelsorgers und der Seelsorgerin und schließt darin die Aufarbeitung belastender Eindrücke ebenso ein wie die Analyse des eigenen Verhaltens in seelsorgerischen Situationen. Projektionen, Abwehrhaltungen, Glücksmomente werden auf die eigene Person, auf das Lebens- und Arbeitsumfeld sowie auf den religiösen Hintergrund befragt, um immer tiefer in die Abläufe seelsorgerischen Handelns hineinzuwachsen und die eigene Sensibilität gegenüber geglückter und misslungener Kommunikation zu schärfen. Unabdingbar für die Bewältigung der Belastung der Seelsorgenden, scheitert die supervisorische Versorgung zum gegenwärtigen Zeitpunkt jedoch noch an der Finanzierung. Eine generelle Lösung, die diese auf Dauer sichert, ist an die weiteren Entwicklungen beim Aufbau islamischer Seelsorge gekoppelt. Der Vorzug einer Seelsorgestiftung ist augenfällig.

3. Praxisbeispiele

Wie nun sieht gelingende Seelsorge aus? Die im Folgenden skizzierten Beispiele wollen anhand dreier grundverschiedener Handlungsweisen gelingende Seelsorge von der situationsadäquaten Reaktion bzw. Aktion her begreifen. Die Patientin, der Patient steckt jeweils den Rahmen, die Seelsorgerin kreiert durch ihr Verhalten die seelsorgerische Situation. Beide Akteure zusammen gestalten diese und werden darin Teil eines Transformationsprozesses.

Seelsorge ist ein Beziehungsgeschehen, bei dem nicht ein Wissender auf der einen und ein zu Unterrichtender, gar zu Belehrender auf der anderen Seite steht.

Im Mitein-anderteilen des Leids, der Sorgen, Nöte, Ängste und auch der Hoffnungen, Sehnsüchte, des Lebensmuts und Gottvertrauens entsteht eine Atmosphäre der Verständigung, die diese Bezeichnung im ureigensten Sinn verkörpert. Es ist ein Geben und Nehmen mit unterschiedlichen Rollen, aber ähnlichen Effekten für die involvierten Personen. In diesem Sinn beschreibt eine Kursteilnehmerin die Betreuung einer krebskranken Patientin am Ende mit den Worten: „Wir haben sehr viel voneinander gelernt."

Beispiel 1: Die Patientin wird als „sehr modern und kultiviert" beschrieben, dabei als „sehr gläubig" charakterisiert. Sie war an Brustkrebs erkrankt und einer Chemotherapie unterzogen worden. In mehreren Begegnungen werden intensive Gespräche geführt. Die Seelsorgerin vermerkt: „Wenn ich bei ihr war, haben wir gar nicht gemerkt, wie schnell die Zeit verging." Aufgrund dieser Gespräche kennt die Seelsorgerin auch die religiöse Prägung der Patientin und weiß die spirituelle und emotionale Bedeutung der Religiosität für sie einzuschätzen.

In der Begegnung, die in diesem Beispiel im Mittelpunkt stehen soll, findet Konversation im eigentlichen Sinn überhaupt nicht statt. Die Seelsorgerin rezitiert Abschnitte aus der Sure *Yā-Sīn* für die Patientin. Diese bedankt sich überschwänglich und spricht Bittgebete für die Seelsorgerin und deren Eltern.

Das Gelungene dieser Begleitung liegt am richtigen Zeitpunkt, zu dem die Seelsorgerin Gott ins Spiel gebracht hat. Sie hat die Patientin in ihrer jeweils konkreten Situation wahr- und angenommen und in ihrer Begleitung prozessual agiert. Sie hat die verschiedenen Bedürfnisebenen erkannt und darauf reagiert. Und an einem bestimmten Punkt der Begleitung wusste sie, dass die Sorgen und Ängste dem Bedürfnis nach Geborgenheit und Zuversicht gewichen waren. Sie wählte das göttliche Wort als Zusicherung dieser Geborgenheit. Im Rezitieren der Verse wurden Raum, Zeit und Individuum transzendiert, aufgehoben in ein umfassendes Gottvertrauen. Auf diese Weise schenkte sie der Patientin angesichts und trotz ihrer schweren Erkrankung ein Stück innerer Ruhe und Glückerleben.

Beispiel 2: Die Seelsorgerin hört von einer „sehr alten Dame", die kurdische Muslimin sei. Da die Seelsorgerin selbst etwas kurdisch versteht, obgleich nicht gut spricht, betritt sie das Zimmer, um mit der Patientin Kontakt aufzunehmen. Als sie diese in gebrochenem Kurdisch anspricht, ist es der Beginn eines „herzlichen Verhältnisses", in dessen Verlauf die Gespräche eingebettet werden in Koranrezitationen und Bittgebete. Auch der Ehemann wird einbezogen. Mit ihm spricht die Seelsorgerin türkisch und kann sich darin gleichsam muttersprachlich über den Krankheitsverlauf und weitere relevante Hintergrundfragen informieren.

Seelsorge geschieht in diesem Beispiel im Zusammenklang unterschiedlicher Ebenen. Die eigentlich im Vordergrund stehende verbale Kommunikation tritt auf den ersten Blick in den Hintergrund. Liturgische Elemente bilden den

Rahmen. Und mehr noch, sie bieten eine Heimat. Die arabische Rezitation entfaltet in ihrer Ästhetik eine Beziehungsebene, die obwohl sprachlich initiiert, beide Protagonisten auf einer vor-kognitiven Ebene zusammenführt. Rezitation und Hören verschmelzen angesichts der Sondersituation im Krankenzimmer zu einer seelsorgerischen Handlung. Und dennoch: Das Schlüsselmoment bildet das erste Gespräch. Die zögerliche auch etwas vorsichtige Kontaktaufnahme gibt den Anstoß. Indem sich die Seelsorgerin überwindet, in einer ihr ein wenig vertrauten, letztlich aber fremden Sprache die Patientin anzusprechen, sich nach ihr zu erkundigen und sich selbst und ihre Funktion vorzustellen, ohne darauf hoffen zu können, dass die Patientin sie im Detail versteht, ja vielleicht nicht einmal in ihrem Grundanliegen, kreiert sie jenes vertrauensbildende Moment, das im allgemeinen eine seelsorgerische Situation zu einer solchen macht und in diesem konkreten Fall der Patientin das Gefühl, angenommen zu sein, vermittelt. Die muttersprachliche Kontaktaufnahme ermöglicht das seelsorgerische Gelingen, indem sie der Patientin erlaubt, in einer für sie krisenhaften Situation sie selbst sein zu können.

Beispiel 3: Es handelt sich um eine 45jährige Patientin, deren Gallenblase entfernt werden soll. Sie erwähnt eher beiläufig „Blut im Stuhl“, woraufhin eine Koloskopie durchgeführt wird. Deren Ergebnis zeigt Darmkrebs mit Metastasen in der Leber. Die vermutliche Lebensdauer beträgt noch ein Jahr. Unter Verweis auf die türkische Muttersprache möchte die Familie mit der islamischen Seelsorgerin sprechen. Diese fühlt sich von der Situation überfordert und kämpft mehrmals mit den Tränen. Zu einer anderen Gelegenheit sprechen der Oberarzt und die Seelsorgerin gemeinsam mit den beiden Söhnen, die zu dem Zeitpunkt 24 und 28 Jahre alt sind. Beide Söhne beginnen zu weinen, die Seelsorgerin kämpft erneut mit den Tränen, bietet dem älteren Sohn aber an, jeder Zeit für ein Gespräch erreichbar zu sein. Sie ist unsicher, ob dieser das Angebot hört, da das Damoklesschwert des „letzten Lebensjahres“ die Situation dominiert. Am Abend jedoch ruft der Sohn mit den Worten an: „Ja, hallo, ich wollte nur wissen, dass Sie tatsächlich erreichbar sind, falls etwas sein sollte.“ Seine Stimme klingt erleichtert. Inmitten des verwirrenden Chaos um ihn herum wurde ihm versichert „nicht allein zu sein“.

Die erkrankte Mutter hatte die Seelsorgerin von Beginn an „in ihr Herz geschlossen“. Sie vermittelt allerdings das Gefühl, die Realität nicht begreifen oder wahrhaben zu wollen. In mehreren Gesprächen auch mit Ärzten gibt sie an, dass es ihr sehr gut gehe und sie hoffe, bald entlassen zu werden. In einem ruhigen Moment gegen Ende ihres dreiwöchigen Klinikaufenthaltes bittet die Frau die Seelsorgerin „um ein paar Minuten“. In diesem Gespräch teilt sie ihr mit, ihre Lage genau zu kennen. Ihre ganze Sorge gilt den beiden Söhnen, die sie zurücklasse. Als die Patientin in Tränen ausbricht, „kann auch ich [die Seelsorgerin, Anmerkung des Verfassers] trotz meiner versuchten ‚Professionalität‘ ebenfalls die Tränen nicht beherrschen, gebe ihr einen Kuss auf die Wange und umarme sie". Die Seelsorgerin gibt später an, ihrer „inneren Stimme gefolgt zu sein", ist sich aber nicht sicher, ob ihre Verhaltensweise eine ungeschriebene Grenze überschritten hat, die sie hätte wahren müssen.

In diesem Verhalten wird eine seelsorgerische Grundbedingung scheinbar außer Kraft gesetzt – die professionelle Distanz. Dennoch geschieht auch hier das Angebrachte. Denn in einem singulären Moment, unplanbar und nicht als Methode verallgemeinerbar, nimmt das Profil der Seelsorgerin jenes der „Schwester" (im verwandtschaftlichen Sinn) an und schenkt der Patientin jene Zuneigung, Achtung und Annahme, die ihr Sterben begehrt.

Was geschieht in diesem Beispiel aus seelsorgerischer Perspektive? Der Seelsorgerin gelingt es scheinbar nicht, den bevorstehenden Tod der Patientin zu thematisieren. Sie selbst hat das Gefühl emotionaler Überforderung. Die Patientin hingegen scheint sich dem Thema zu verweigern und gibt vor, gesund zu sein. Für die Seelsorgerin ist dies eine schwierige Situation, will sie doch die Frau darin unterstützen, sich aktiv mit ihrem Tod auseinanderzusetzen und sich auf diesen vorzubereiten.

Den zweiten Bezugspunkt bilden die beiden erwachsenen Söhne. Auch ihnen gegenüber sieht sich die Seelsorgerin in der Verantwortung. Sie gibt dem älteren der beiden Brüder ihre Handynummer zur Sicherheit. Und sie ist im Bedarfsfall tatsächlich erreichbar. Diese Verbindlichkeit ist elementar für Seelsorge im allgemeinen und um so mehr für das islamische Betreuungsangebot, da es sich noch im Aufbaustadium befindet. Unbedarft ausgesprochene Zusicherungen, deren Einhaltung in Frage steht, enttäuschen nicht nur Vertrauen, sondern beschädigen in der Folge die Seelsorge selbst. Im vorliegenden Beispiel ist die telefonische Präsenz allein bereits sicherheitsstiftend und darin seelsorgerisch wirksam.[2]

Ein dritter Aspekt betrifft auch in diesem Beispiel die Bedeutung der Muttersprache. Obwohl beide Söhne in Deutschland geboren sind, suchen sie, wie auch die Patientin selbst, zuerst das Gespräch auf türkisch. In der Mischung aus Schock, Ratlosigkeit, Verlust- und Todesangst, Überforderung, Schmerz und Hoffnung greift jene Sprache Raum, die die eigene Gefühlswelt wählt. Diese Sprache verspricht nicht nur Detailpräzision in der Vermittlung und Sicherheit über das Gehörte, sondern steht auch für einen ganz eigenen Kommunikationskosmos mit eigenen Formen nuancierter Botschaftsvermittlung und mit einer eigenen Ausdrucksvariabilität für emotionale Belastungen. Missverständnisse sollen ausgeschlossen werden, Hoffnungsschimmer als solche erkannt.

Bei der Patientin wirkt die Anwesenheit einer türkischsprachigen Seelsorgerin trostreich. Es ist offen, aber denkbar, dass sowohl die Sprache als auch das Geschlecht dazu beigetragen haben, dass die Patientin die Seelsorgerin „ins Herz schließt" oder anders ausgedrückt, eine emotionale Beziehung zu ihr auf-

---

2 Zur Besonderheit der seelsorgerischen Beratung am Telefon siehe Heiner Seidlitz/ Dietmar Theiss, *Ressourcenorientierte Telefonberatung*, Dortmund ^{2}2008.

baut. Kognitiv scheint die Seelsorgerin ihr Gegenüber nicht zu erreichen. Aber auch auf ihrer Seite spielt die Emotion eine große Rolle. Sie ist öfter „den Tränen nahe“. Möglicherweise liegen die Ursachen dieses emotionalen Stresses im noch jungen Alter der Patientin begründet, im unvorhergesehenen Krankheitsbefund oder in der familiären Situation. Denkbar ist auch, die Ursache in der Seelsorgerin selbst zu suchen. Vielleicht wird sie an ihre eigene Sterblichkeit erinnert, vielleicht trauert sie gerade selbst um jemanden, eventuell sogar um die eigene Mutter, vielleicht denkt die Seelsorgerin an ihre eigenen Kinder und was mit ihnen geschähe, würde sie selbst sterben. Ob eine dieser Vermutungen zutrifft, ob eine Mischung vorliegt oder ob es noch andere Gründe gibt, wird herauszufinden Aufgabe der Supervision sein. Wichtig für die vorliegende Besprechung ist die schiere Präsenz der emotionalen Nähe. Aufgrund ihrer haben sich die Vorzeichen und damit auch das Verhältnis beider Gesprächspartner zueinander verändert. Sie erlaubt der Patientin, ihren eigenen Tod einem anderen Menschen gegenüber in Sprache zu fassen und darin ihren inneren Kampf zu teilen. In diesem Sich-Anvertrauen intensiviert sie noch die bestehende Nähe zur Seelsorgerin, die diese Entwicklung erwidert: Als die Patientin zu weinen beginnt, wird sie von der Seelsorgerin umarmt, und ein Kuss auf die Wange symbolisiert die tiefe Verbundenheit.

Die Seelsorgerin signalisiert hier mit den Mitteln, die die Patientin selbst und von Anfang an gewählt hat – die Emotion – die gleiche Verbindlichkeit und Verantwortung, die sie durch ihre telefonische Erreichbarkeit den Söhnen gegenüber vermittelt hat. Und sie gesteht darin der bald Sterbenden ihr Sterben zu. Sie verdrängt es nicht, weicht nicht aus, versucht nicht zu überspielen, spricht nicht dagegen an. In ihren Tränen nimmt sie den Tod und die kommende Trauer vorweg. In dieser Situation hat eine Geste mehr zum Ausdruck gebracht als jedes Wort und ist darin der Koranrezitation aus dem ersten Beispiel vergleichbar. Der „inneren Stimme folgend“ vollzieht sich Seelsorge, da die Seelsorgerin den Schmerz und die Trauer der Patientin mit-fühlt und in diesem Teilen über deren eigene Person auf die Hoffnung auf eine gute Zukunft hinausweist – sowohl für die Sterbende im Jenseits als auch für die beiden Söhne im Diesseits. Zugleich ist es ein Abschied unter Geschwistern.

4. Schlussbemerkungen

Andere Beispiele hätten gewählt werden können. Auch wäre das Verhältnis von familiärer und seelsorgerischer Betreuung noch zu bedenken. Islamische Seelsorge kann nicht umhin, die Familie mitzuberücksichtigen. Sie muss aber auch handlungsfähig sein, wenn die familiäre Versorgung nicht gewährleistet ist, wenn die Familie Teil der Erkrankung ist oder wenn sich jemand vor seinen Angehörigen verschließt. Eine Seelsorgerin vermerkt dazu: „Ich war aber nicht immer erfolgreich. Es gab Patienten, die wirklich Seelsorge gebraucht hätten, aber sich neben den Angehörigen nicht getraut haben, etwas zu sagen. Dann musste ich leider gehen." Es wird Aufgabe einer künftigen islamischen Seelsorgelehre sein, dieses Verhältnis zu reflektieren. Dabei wird der Stellenwert, der einer professionalisierten Seelsorge zuerkannt werden wird, auch von deren Bekanntheitsgrad und ihrer Überzeugungskraft abhängen. Letztere geht zurück auf ihre innerislamische Herleitung sowie auf eine qualitative Ausbildung. Der Grundstein dafür ist gelegt, die nötigen Strukturen müssen in einem weiteren Schritt geschaffen werden. So sind neben der wissenschaftlichen Begründung die Ausbildungsinhalte zu vereinheitlichen, Zuständigkeiten und die Trägerschaft sind zu klären. Eine ehrenamtliche Seelsorge mit hoch motiviertem Personal wird das Gerüst bilden können. Mittelfristig verlangen jedoch die verfassungsrechtliche und die finanzielle Frage Klärung. Im Verhältnis des Staates respektive der Länder zur Religionsgemeinschaft sind bis zum Abschluss von Staatsverträgen Zwischenlösungen gangbar wie die Autorisierung eines religiösen Organs zum Zwecke der Seelsorgeausübung. Das Verhältnis von christlicher zur muslimischen Seelsorge wird sich an den Ausbildungsstandards und in der Seelsorgepraxis entscheiden. Für die finanzielle Sicherung bieten sich, wie oben benannt, verschiedene Wege an. Das wichtigste Moment zur Etablierung islamischer Seelsorge liegt jedoch im innerislamischen Diskurs um ihre Aufgabe, Ausgestaltung und Ausstattung. Nimmt man die Ausbildungskurse in Landau-Mannheim als Abbild dieses Diskurses, so ist die Hoffnung groß, dass die unterschiedlichen Parteien und Strömungen zu einer Verständigung kommen.

Literatur

Seidlitz, Heiner/Theiss, Dietmar, *Ressourcenorientierte Telefonberatung*, Dortmund ^{2}2008.

Wenz, Georg/Kamran, Talat, *Seelsorge und Islam in Deutschland. Entwicklungen, Herausforderungen und Chancen*, Speyer 2012.

Der Tod fragt nicht… Notfallseelsorge

Von Ludger Pietruschka

1. Einleitung

Der Tod fragt nicht, ob er gerade kommen kann, ob auch genügend Helferinnen und Helfer da sind, die Beistand geben können, ob jemand von der Kirche, der eigenen Religion in der Nähe ist, um zu begleiten. Nein, er kommt einfach so, ungefragt, plötzlich und tödlich und alle, die es betrifft, brauchen Hilfe, wenn das Leben an Grenzen stößt.

Wenn es zum Todesfall kommt, wird dieser von verschiedenen Institutionen und Personal in unterschiedlichen Phasen begleitet. Kurzfristig, direkt vor Ort des Geschehens, erscheinen am Unglücksort Rettungsdienst, Notarzt, eventuell Polizei und/oder Feuerwehr und die Notfallseelsorge. Mittelfristig greifen Trauerbesuch, Beerdigung und gemeindliche Trauerpastoral, während therapeutische Angebote langfristiger zum Tragen kommen. Die Notfallseelsorge ist also direkt vor Ort, um zu helfen.

Wie läuft nun ein solcher Einsatz für die Notfallseelsorge organisatorisch ab? Auf der organisatorischen Seite geschieht Folgendes: Nach dem Schadenereignis gibt es eine Schadensmeldung an die Einsatzleitung (Notruf), die Einsatzleitung gibt Polizei und Rettungsdienst, auch der Notfallseelsorgerin/dem Notfallseelsorger Bescheid, der gerade Dienst hat.

Auf der Seite der Notfallseelsorge ist ein Notfallseelsorger im Dienst, er bekommt diesen Anruf und bricht mit dem eigenen PKW zum Einsatzort auf, leistet Notfallseelsorge und gegebenenfalls gibt er noch der Pfarrseelsorge vor Ort nach Einsatzende eine Rückmeldung.

Im Folgenden sollen Beispiele und Hintergründe aus der Praxis die Arbeit der Notfallseelsorge anschaulich machen.

2. Aus der Praxis

Um die Arbeit der Notfallseelsorge plastischer darzustellen, sei an dieser Stelle ein Blick in die Praxis getan, anhand einer erfolglosen Reanimation:

> Ein junges Paar sitzt vor dem Fernseher. Plötzlich fasst sich der Mann an die Brust, sieht seine Partnerin mit großen Augen an und gleitet leblos vom Sessel. Die Frau leitet alle nötigen Schritte ein, dennoch bleiben Reanimationsversuche erfolglos. Die Rettungskräfte werden sich um den leblosen Mann kümmern, während die Notfallseelsorge die junge Frau und die herbeieilende Familie unterstützt.

Für Mitarbeiterinnen und Mitarbeiter des Rettungsdienstes und der Notfallseelsorge bedeutet dies, dass sie hinschauen und zupacken, wo andere wegschauen, dass sie mit Leid, Trauer und Verzweiflung umgehen müssen, dort wo das Leben an seine Grenzen schlägt. Diese intensiven Eindrücke können natürlich belastend sein und die Ursache für Erkrankungen werden. Daher unterstützt die Notfallseelsorge ihre Mitarbeiter und andere Retter eine Situation zu ertragen und ermutigt sie, einen guten Umgang mit den erlebten inneren Bildern zu lernen.

Ein weiteres Beispiel aus der Praxis: Das Aufgabenfeld der Notfallseelsorge beinhaltet auch das Überbringen von Todesnachrichten.

> Ein Mann ist auf dem Weg zur Arbeit Opfer eines Verkehrsunfalls geworden, alle Bemühungen sein Leben zu retten bleiben vergebens. Eine Notfallseelsorgerin und ein Polizist überbringen gemeinsam der ahnungslosen Familie die Nachricht vom Tod des Ehemanns bzw. Vaters.

3. Wer ist die Notfallseelsorge? Für wen ist die Notfallseelsorge da?

Die Notfallseelsorge besteht aus Einrichtungen der evangelischen und katholischen Kirche in gemeinsamer Trägerschaft. Sie ist ein System von hauptamtlichen Seelsorgerinnen und Seelsorgern und ehrenamtlichen Mitarbeiterinnen und Mitarbeitern.

Notfallseelsorge ist für alle Betroffenen da, unabhängig von Konfession, Religion oder Weltanschauung und zwar nach plötzlichen Todesfällen oder bei „nahem" Tod, für Unfall- und Verbrechensopfer, für die Angehörigen von Betroffenen, Suizidierten oder Vermissten, für die Einsatzkräfte und für Unbeteiligte und Unfallzeugen.

Die Notfallseelsorge dient der seelsorgerischen Begleitung bei plötzlichen Todesfällen. Sie fungiert als Überbringer von Todesnachrichten, kommt zum Einsatz bei Großschadensereignissen. Darüber hinaus unterstützt sie einzelne Einsatzkräfte im und nach dem Einsatz. Notfallseelsorge kommt aber auch zum Einsatz bei schweren akuten Krisen oder der Androhung von Suizid, soweit so besonders gewünscht wird.

4. Was erleben Menschen im Notfall?

Um zu verstehen, wie es Menschen ergeht, die in Notfallsituationen geraten, ist es notwendig zu verstehen, was innerhalb des menschlichen Körper geschieht, da der Körper auf diese Notfallsituation mit einer Stressreaktion reagiert und Adrenalin und Kortisol ausschüttet und damit die Wahrnehmung verändert. Dieses kann zum sogenannten „Filmriss" (Dissoziation[1]) führen, zu Kontrollverlust und sogar zur Amnesie, (Gedächtnisverlust), sodass man im Zusammenhang mit Notfallsituationen durchaus von traumatischen Situationen sprechen kann.

5. Auftraggeber der Notfallseelsorge

Auf der einen Seite gibt es einen „äußeren" Auftraggeber, der einen Bedarf an psycho-sozialer Notfall-Versorgung erkennt und die Notfallseelsorge informiert. Dies können beispielsweise der Rettungsdienst, die Feuerwehr, die Polizei oder andere Institutionen sein.

Auf der anderen Seite ist die Notfallseelsorge unterwegs „im Namen des Herrn" und hat somit auch einen „inneren" Auftraggeber. Als kirchliche Mitarbeiterinnen und Mitarbeiter sind Notfallseelsorgerinnen und -seelsorger „Botschafter des Lebens an der Grenze es Todes", weil der Mensch „in Fülle" leben soll. So spricht Jesus, „Ich bin gekommen, damit sie [die Menschen] das Leben haben und es in Fülle haben."[2] Ein weiterer Grund liegt darin, dass für Christen und Gottgläubige der Tod nicht das „letzte Wort" haben darf.

6. Einzelschritte: Menschen im Notfall „leben helfen"

Eine Notfallseelsorgerin/ein Notfallseelsorger sollte Folgendes vermitteln können: Sicherheit, Empathie, Akzeptanz, Struktur, Abschied.

In einer Notfallsituation haben Menschen den Boden unter den Füßen verloren und folglich bemüht sich eine Notfallseelsorgerin/ein Notfallseelsorger erst einmal um die Vermittlung von einem Gefühl der Sicherheit. Dies geschieht auf dem Wege der Empathie und Akzeptanz. Gemeinsam wird der Notfall rekonstruiert und für Struktur gesorgt, damit ein Abschied des/der Verunglückten möglich wird.

Aus der ich-Perspektive sieht der Ablauf eines Einsatzes der Notfallseelsorge wie folgt aus:

1. Ich werde verständigt.
2. Ich fahre los.
3. Ich komme an.
4. Ich sorge für Ruhe.

---

1 „Dissoziation (Psychologie): Bei Dissoziationen (auch dissoziative Störungen genannt) handelt es sich um eine vielgestaltige Störung, bei der es zu einer teilweisen oder völligen Abspaltung von psychischen Funktionen wie des Erinnerungsvermögens, eigener Gefühle (Schmerz, Angst, Hunger, Durst), der Wahrnehmung der eigenen Person und/oder der Umgebung kommt.", URL: http://www.fremdwort.de/suche.php?term=Dissoziation (letzter Zugriff: 19.11.2012).

2 Joh 10,10.

5. Ich gehe auf dich zu.
6. Ich bin für dich da.
7. Ich fühle (mit dir).
8. Ich halte aus und schweige.
9. Ich frage (nach dir).
10. Ich ordne und sichere.
11. Ich sorge (für dich).
12. Ich sorge (für das danach).

All dies geschieht unter dem Motto: Selbstheilungskräfte wecken und stärken. „Das schaff‘ ich nicht allein!“, denken viele von Notfällen betroffene Menschen. Die Notfallseelsorge vertraut auf die Selbstheilungskräfte der Menschen und die Einbettung in soziale Netze. Diese Kräfte wollen Notfallseelsorgerinnen und Notfallseelsorger zusammen mit den Betroffenen zur Entfaltung bringen.

7. Das Personal der Notfallseelsorge

Wer bei der Notfallseelsorge tätig werden möchte, muss ein Engagement aus dem christlichen Glauben heraus mitbringen, sollte die Fähigkeit zur Selbstreflexion und Einfühlungsvermögen besitzen. Darüber hinaus sind Akzeptanz von Fremden und Respekt gegenüber fremden Lebensentwürfen notwendig. Zuverlässigkeit, eine Ausbildung in Notfallseelsorge und die Bereitschaft zu Nachbesprechungen und Teamtreffen sind ebenfalls Voraussetzungen für eine Tätigkeit bei der Notfallseelsorge.

Die Notfallseelsorge ist ein kirchliches Angebot. Anfallende Personalkosten werden von der Kirche übernommen; Sachkosten tragen Kommunen und Landkreise; Fortbildungen werden durch die Kirchen finanziert, zusätzliche Unterstützung erfolgt durch die Feuerwehr, die Polizei und weitere Rettungsdienste. Üblicherweise wird pro Einsatz eine Seelsorgerin/ein Seelsorger eingesetzt und nur, wenn dies nicht möglich ist, fährt eine weitere Person mit oder kommt nach.

8. Kirchliche Grundlagen

8.1 Hamburger Thesen von 2007

Notfallseelsorge wird für die ev. Landeskirchen Deutschlands in den Hamburger Thesen[3] festgeschrieben. Dort heißt es unter Selbstverständnis:

> „Menschen in Notfallsituationen beizustehen, ist unverzichtbarer Bestandteil christlichen Glaubens. Notfallseelsorge ist eine Form dieses Beistands. Sie ist damit ein

3 *„Hamburger Thesen“*, URL: http://www.nfs-kit.de/tl_files/nfs_kit/pageimages/Hamburger%20Thesen%20Langfassung12092007.pdf (letzter Zugriff: 20.11.2012)

> Grundbestandteil des Seelsorgeauftrages der Kirchen und ist in ihrem Grundsatz ökumenisch ausgerichtet.
>
> Notfallseelsorge richtet sich an alle Menschen und achtet das Recht auf Selbstbestimmung und die religiöse und weltanschauliche Orientierung der Betroffenen."[4]

Darüber hinaus werden Auftrag, Handlungsraum, Anlässe, besondere Arbeitsfelder und Rahmenbedingungen beschrieben.

8.2 Botschafter des Lebens an der Grenze des Todes von 2008

Die Notfallseelsorge in den katholischen Bistümern Deutschlands versteht sich als „Botschafter des Lebens an der Grenze des Todes" und legt dieses in einem gleichnamigen Schriftstück von 2008 mit dem Untertitel „Zum theologischen Selbstverständnis der katholischen Notfallseelsorge"[5] fest.

> „Notfallseelsorge ist ein seelsorgliches Angebot für Menschen, die in Momenten schwersten Leids und existentieller Krisen mit dem nahen und plötzlichen Tod konfrontiert sind.
>
> Kirche möchte in der Notfallseelsorge den Menschen in diesen extremen Lebenssituationen beistehen: Ihre Notfallseelsorger sind bei den Menschen in ihrer Not und ihrem Unglück, im Moment der Todesahnung und wenn der Tod noch nahe ist. Sie halten mit den Menschen das Schweigen aus, wenn angesichts von Leid, Schuld und Ohnmacht jedes Wort versagt. Und sie versuchen, Trost und Hoffnung über den Moment des Leids und des Schmerzes hinaus zu geben und so Perspektiven für den Weg zurück in den Alltag zu eröffnen."[6]

Hier werden die Abschnitte überschrieben mit: Selbstverständnis, Notfallseelsorge ist Seelsorge angesichts der Konfrontation mit dem plötzlichen Tod, Notfallseelsorge als Einzelseelsorge, Notfallseelsorge bei größeren Schadenslagen, und Notfallseelsorge und Seelsorge für Einsatzkräfte.

9. PSNV – Netzwerk Psychosoziale Notfallversorgung

9.1 Partner der PSNV

Die Notfallseelsorge ist Bestandteil der PSNV, in dem unter anderem das Bundesamt für Bevölkerungsschutz und Katastrophenhilfe (BBK), das Deutsche Rote Kreuz, das Bundesministerium der Verteidigung, die SbE (Bundesvereinigung Stressbearbeitung nach belastenden Ereignissen), die Bundesärztekammer,

---

4 Ebd., S. 1.

5 *„Botschafter des Lebens an der Grenze des Todes. Zum theologischen Selbstverständnis der katholischen Notfallseelsorge"*, URL: http://www.katholische-notfallseelsorge-muenchen.de/sites/default/files/filefield/Botschafter_des_Lebens_an_der_Grenze_des_Todes.pdf (letzter Zugriff: 20.11.2012).

6 Ebd., S. 1.

der Berufsverband deutscher Psychologinnen und Psychologen, der Deutsche Feuerwehrverband, der BVÖGD (Bundesverband der Ärzte des Öffentlichen Gesundheitsdienstes e.V.), die Deutsche Gesetzliche Unfallversicherung, der ASB (Arbeiter-Samariter-Bund), die BPtK (BundesPsychotherapeutenKammer), das Technische Hilfswerk und die Johanniter vertreten sind.

9.2 Struktur der PSNV

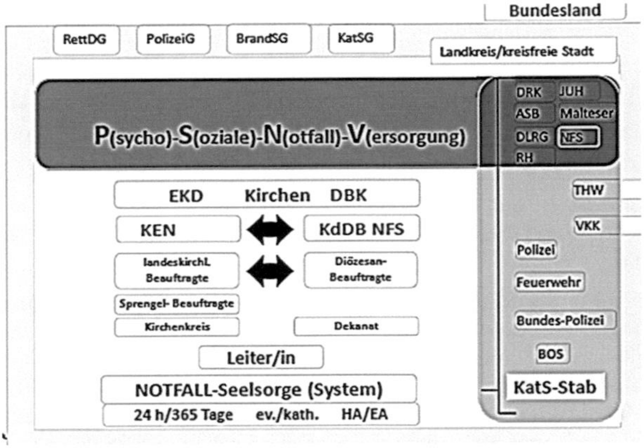

Abb. 4: Struktur der PSNV

Die PSNV entfaltet sich auf zwei Ebenen. Einerseits durch die Einsatzkräfte vor Ort, Polizei, Feuerwehr, unterschiedliche Rettungsdienste oder auch das Technische Hilfswerk, wie im rechten Balken zu sehen ist und auf der anderen Seite durch die Kirchen, EKD und DBK und untergeordnete regionale Beauftragte, die gemeinsam die Leiterin/den Leiter der Notfallseelsorge benennen. Dieser ist verantwortlich für ein Notfallseelsorge-System aus hauptamtlichen und ehrenamtlichen evangelischen und katholischen Seelsorgerinnen und Seelsorgern, die eine rund um die Uhr Versorgung an 365 Tagen im Jahr ermöglichen.

10. Zusammenfassung

Alle Menschen können in Notsituationen geraten, in denen nicht ihr Körper sondern ihre Seele in Gefahr ist. In solchen Situationen einen Helfer an der Seite zu wissen, der in erster Linie einfach nur da ist und Sicherheit, Empathie, Akzeptanz ausstrahlt, Struktur vermittelt und somit einen Weg zum Abschied und zur „Normalität", soweit diese denn möglich ist, eröffnet, bedeutet intensive christliche Nächstenliebe.

Literatur

„*Botschafter des Lebens an der Grenze des Todes. Zum theologischen Selbstverständnis der katholischen Notfallseelsorge*“, URL: http://www.katholische-notfallseelsorgemuenchen.de/sites/default/files/filefield/Botschafter_des_Lebens_an_der_Grenze_des_Todes.pdf (letzter Zugriff: 20.11.2012).

„*Dissoziation*“, URL: http://www.fremdwort.de/suche.php?term=Dissoziation (letzter Zugriff: 19.11.2012).

„*Hamburger Thesen*“, URL: http://www.nfs-kit.de/tl_files/nfs_kit/pageimages/Hamburger%20Thesen%20Langfassung12092007.pdf (letzter Zugriff: 20.11.2012).

Interkulturelle und interreligiöse Seelsorge als Normalfall – Funktion, Kompetenzen, Rollen

Von Eberhard Hauschildt

Der Titel formuliert eine These: Die interkulturelle und interreligiöse Seelsorge ist der Normalfall von Seelsorge.[1] Das mag zunächst erstaunen. Stellt solche Seelsorge nicht vielmehr einen Sonderfall dar, wenn er auch der in der Gegenwart etwas häufiger geworden sein mag? Bleibt sie nicht dennoch ein Randphänomen gegenüber dem, was meistens geschieht – zum Beispiel die Seelsorge von Christen für Christen etwa im Kontext deutscher Kultur oder die Seelsorge von Muslimen für Muslime etwa im Kontext türkischer Kultur?[2]

Die Spitze der These – so verdeutlicht die berechtigte Rückfrage – liegt nicht in einer Gewichtung der Häufigkeit, sondern in der Behauptung, dass Interkulturalität, Interkonfessionalität und Interreligiosität zu gängigen Konstellationen der Seelsorge gehören. Wenn man darauf achtet, ergeben sich weiterführende Einsichten für das Verständnis von Seelsorge. Der hier vorgelegte Beitrag möchte dazu den Nachweis führen. Er wird dabei so vorgehen, dass er nach den verschiedenen Funktionen (2.), Rollen (3.) und Kompetenzen (4.) fragt, mit denen es die Seelsorge zu tun hat. Dem sind einige Bemerkungen zum Begriff der Seelsorge vorangestellt (1.).

Eine weitere Beobachtung sei vorausgeschickt. Sie macht auf den Vorteil aufmerksam, der sich daraus ergibt, wenn Wissenschaft, hier *Seelsorgewissenschaft, in einem interkulturellen und interreligiösen Setting* betrieben wird:

Etwas als interreligiös bzw. interkulturell zu identifizieren, bedeutet eine Mittelposition einzunehmen zwischen zwei extremen Möglichkeiten, den Sachverhalt zu verstehen. Es wäre ja auch denkbar, die Sache als ganz spezifisch für

---

1 Erstmals vorgetragen habe ich Überlegungen in diese Richtung in: Eberhard Hauschildt, *„Seelsorgelehre. Interkulturelle Seelsorge als Musterfall für eine Theorie radikal interaktiver Seelsorge“*, in: Karl Federschmidt/Eberhard Hauschildt/Christoph Schneider-Harpprecht/Klaus Temme/Helmut Weiß (Hg.), *Handbuch Interkulturelle Seelsorge*, Neukirchen 2002, S. 241-261. Jener Artikel debattiert unterschiedliche Ansätze der Seelsorgetheorie und deren Wahrnehmung von Interaktivität im Seelsorgevorgang. Hier wird stattdessen das Phänomen in der Praxis selbst nachgewiesen.

2 Hier und im Folgenden exemplifiziere ich Seelsorge fast nur an den Fällen von deutscher christlicher Seelsorge einerseits und muslimischer Seelsorge in Kombination mit türkischer Kultur andererseits. Das ist in Bezug auf beide Religionen natürlich eine Engführung: Christentum wie Islam sind globale Religionen, die sich beide ebenso in Asien, Afrika und Amerika finden und historisch geprägt wurden durch die griechisch/lateinisch-europäische Entwicklungen des Christentums bzw. die arabische Herkunft des Islam.

eine Religion bzw. eine Kultur anzusehen. Dann wäre Seelsorge etwa ein spezifisch christliches, westeuropäisches Phänomen, während Muslime für eine ihrer religiösen Praxis entsprechende Ausdrucksform gerade einen anderen, einen spezifisch islamischen Begriff wählen sollten. Die Gegenposition würde die Auffassung vertreten, dass Seelsorge ein transkulturelles und transreligiöses Phänomen ist, das sich in allen Kulturen und Religionen zeigt. Seelsorge wäre dann eine anthropologische Konstante. Auch diese These macht Sinn. Sie erleichtert das wissenschaftliche Gespräch über das Thema Seelsorge zunächst ungemein – stellt sie doch sicher, dass alle Beteiligten, welcher kulturellen und religiösen Herkunft auch immer, sich mit dem gleichen Gegenstand beschäftigen, während es nach der entgegengesetzten These eigentlich keinen überzeugenden Grund zum Austausch gibt.

Ein Verständnis der Seelsorge als interkulturelles und interreligiöses Phänomen geht über beide Positionen hinaus. Es abstrahiert nicht von der Verschiedenheit der Religionen und Kulturen, sondern vertieft den Dialog zwischen ihnen über die Grenzen hinweg. Dabei geht solch ein Verständnis davon aus: Ob das, was man vorläufig „Seelsorge" nennt, eher religions- und/oder kulturspezifisch ist oder eher religions- und kulturübergreifend, gilt nicht von vornherein als ausgemacht. Erst, wenn man sich miteinander darüber austauscht, wird man dies klarer sehen können. Ein interreligiöser und interkultureller Dialog zum Thema der Seelsorge ist dann nicht nur „ganz nett", sondern in der wissenschaftlichen Befassung mit dem Thema für deren Fortschritt nötig. Denn erst im Dialog kann es gelingen, treffgenau religions- und kulturbezogene Spezifika von Seelsorge wie anthropologische Gemeinsamkeiten der Seelsorge aufzuzeigen. Bleibt man in der theologischen Reflexion de facto innerhalb der eigenen Kultur und Religion, dann behindert das gravierend bei der Aufgabe, zwischen Spezifischem und anthropologisch Allgemeinem ebenso wie zwischen den Anteilen von Religion und von Kultur zu differenzieren.

1. Seelsorge – ein interkultureller und interreligiöser Begriff

Schon der Blick in die Begriffsgeschichte[3] liefert den ersten Beweis für die faktische Interkulturalität und Interreligiosität der Seelsorge.

Ausgangspunkt ist ein griechischer Begriff philosophischer Anthropologie, der der *„psychē"* (dt.: Seele).[4] Plato entwickelte ihn fort zu einer Idee von „Seelsorge", die er gegen die dominierende Religionskultur seinerzeit profilierte. So steht am Beginn der Begriffsgeschichte ein geradezu antireligiöser, ratio-

---

3 Vgl. hierzu auch: Eberhard Hauschildt/Bülent Ucar, *„Islamische Seelsorge in Deutschland im Aufbruch"*, in: Pastoraltheologie 99 (2010), S. 256-263.

4 Vgl. Thomas Bonhoeffer, *Ursprung und Wesen der christlichen Seelsorge*, München 1985; ders., *„Zur Entstehung des Begriffs ‚Seelsorge'"*, in: Archiv für Begriffsgeschichte XXXVIII (1990), S. 7-21.

nalistischer Begriff der Seelsorge als kritische Beschäftigung mit dem eigenen Selbst, eben als Sorge um und für die Seele, das Innere, statt nur Sorge um die Sitten der Religion und der Kultur. Seelsorge als Religionskritik?

Vielleicht ist die einzige Stelle in den Evangelien des Neuen Testaments, an der eine terminologische Nähe zum Wort „Seelsorge" vorkommt, ihrerseits als kritische Replik auf solche Art von hellenistisch-philosophischer Seelsorge zu lesen: „Sorgt euch nicht um eure Seele[5] [...]; auch nicht um euren Leib [...]" (Matthäus-Evangelium Kap. 7, Vers 25). Es wird die Aufgabe, um die es geht, als religiöse bestimmt: „Trachtet zuerst nach dem Reich Gottes und nach seiner Gerechtigkeit, so wird euch alles andere zufallen." (Vers 33). In einer relativ späten Schrift des Neuen Testaments, dem He-bräerbrief (Kap. 13, Vers 17) steht in der Seelsorge nicht mehr die Sinnfindung des (religiösen) Individuums im Zentrum, sondern es heißt nun: „Gehorcht euren Lehrern und folgt ihnen, denn sie wachen über eure Seelen." Hier bedeutet Seelsorge also, dass die religiösen Lehrer sich um die Seelen der anderen Gläubigen kümmern.

Wenn von griechisch sprechenden Christen der Begriff der „Seele" aufgegriffen wurde, dann geschah dies auf der Basis einer interkulturellen Konstellation, denn darin schwang für sie der hebräische Begriff der *„näfäsch"* und die mit ihm verbundenen Vorstellungen mit. Es war nämlich bei der Übersetzung der hebräischen Schriften der Bibel in das Griechische *„näfäsch"* mit *„psychē"* übersetzt worden. Diese Übersetzung fand noch vor Christi Geburt statt, weil es eben griechisch-sprechende Juden gab, die des Hebräischen/Aramäischen nicht mehr mächtig waren. Es hatte also eine Inkulturalisierung des Judentums in den hellenistischen Bereich stattgefunden, die durch die Übersetzung weitergeführt wurde. Für das Christentum, das trotz seines Ursprungs bei den aramäisch sprechenden Bewohnern der römischen Provinz Palästina sich erst im griechisch sprechenden Raum zu einer eigenständigen Religion entwickelte, liegt also bei der Rede von „Seele" bereits ein interkultureller Bezug vor. Er wird zur interreligiösen Konstellation insofern, als sich das Christentum im Kontakt mit Judentum und griechisch sprechender Kultur samt deren religiöser Vorstellungen entfaltet. Auch im Islam gibt es übrigens einen Begriff der Seele (arab.: *an-nafs*), der zumindest terminologisch – und einiges spricht dafür: auch inhaltlich – Nähen hat zu dem des Hebräischen.[6]

Der deutsche Begriff der *„Seelsorge"*[7] stellt eine Übersetzung eines lateinischen Begriffs dar, der seinerseits durch Übertragung aus dem Griechischen gebildet worden war. Eine Verschiebung im deutschen Begriff liegt hier insofern vor, als wieder das Wort „Seele" im Singular auftaucht (wie bei Plato: Seelsor-

---

5 Hier steht im Griechischen das Wort *„psychē"*.

6 Vgl. auch die kurzen Hinweise dazu in: Eberhard Hauschildt/Bülent Ucar, *„Islamische Seelsorge in Deutschland im Aufbruch"*, S. 257f.

7 Vgl. Gerhard Ebeling, *„Luthers Gebrauch der Wortfamilie ‚Seelsorge'"*, in: Lutherjahrbuch 61 (1994), S. 7-44.

ge), während sich im griechisch sprechenden Christentum (ab dem 4. Jahrhundert) und ebenso im lateinischen die Pluralformulierung durchgesetzt hatte: Seelensorge. Man kann das so interpretieren: Bei der Pluralformulierung war der Akzent stärker auf die Aufgabe der christlichen Priester gelegt worden, sich um die Seelen (Plural!) der Gemeindeglieder zu kümmern. Die Rückkehr zum Singular (eingeführt in den Protestantismus bei Martin Luther) betont hingegen wieder stärker, dass es um die Seele jedes Einzelnen geht und dafür das Gespräch zwischen den Einzelnen von Bedeutung ist. Jedenfalls gewinnt im Protestantismus des 18. Jahrhunderts ein solcher Begriff von Seelsorge als Gespräch die Oberhand, während die rituelle Versorgung durch die Beichte zurücktritt.

In der interkonfessionellen Konstellation von Katholizismus und Protestantismus laufen die beiden Akzentuierungen (Seelsorge als vorwiegend im Gespräch sich vollziehende religiöse Beratung und Seelsorge als jegliches Handeln der kirchlichen Berufsträger an und für ihre Mitglieder) nebeneinander her – in beiden Konfessionen: mal meint Seelsorge die helfende Gesprächsführung, z.B. bei der Notfallseelsorge und der Telefonseelsorge, mal mehr die gesamte kirchliche Versorgung durch Berufsträger wie z.B. bei der Militärseelsorge und Gefängnisseelsorge.

Wenn nun im deutschen Sprachraum der Islam in die Debatte über die Seelsorge eintritt, so ist die damit gegebene interkulturelle und interreligiöse Konstellation also schon, was den Begriff angeht, nichts Ungewöhnliches, sondern der Normalfall – auch wenn der Begriff eine lange europäische Geschichte innerhalb des Christentums durchlaufen hat, der ihn mitgeprägt hat.

2. Interkulturelle und interreligiöse Funktionen der Seelsorge

Die eben angestellten Beobachtungen zur Begriffsgeschichte setzen bei der „Erfindung" des Begriffs *in einer bestimmten kulturellen und religiösen Welt* ein und verfolgen, wie im Zuge der Über-setzung (des Hinübersetzens des Wortes in andere kulturelle und religiöse Welten) seine Bedeutung transportiert und zugleich verändert wurde. Die Frage nach der Funktion der Seelsorge setzt nun umgekehrt bei *allgemeinen anthropologischen Konstellationen* an, die sich in allen Kulturen und Religionen finden. Von da aus lässt sich dann beobachten, welche Differenzierungen diese Funktion bei bestimmten Gestalten von Seelsorge erfährt, die sich jeweils kulturell und religiös entwickeln.

2.1 Arbeit an der Lebensgewissheit

Das *große gemeinsame Thema aller Seelsorge ist die Lebensgewissheit* einschließlich dessen, wie sie nach einer Störung wiedererlangt und gestärkt werden kann – und zwar (anders als bei allgemeiner Therapie und Beratung) mit religiösen Mitteln.[8] Lebensgewissheit findet sich zunächst einfach vor – in den Routinen des Alltags und in den Erwartungen an Glück und Erfolg, im Feiern und Genießen. Aber sie ist auch gefährdet – von außen wie von innen: wenn von außen her das, was man tut und wie man lebt, so nicht mehr zu tun und zu leben möglich ist (Unglücksfälle, Katastrophen, Krankheiten, Konflikte), und wenn – meist infolgedessen – von innen her das, was man tut und wie man lebt, in seinem Sinn angefragt wird, fraglich wird, seinen Sinn verliert.

Religion hat dabei die Funktion, Kenntnisse, Überzeugungen, und Praktiken sowie ein Gefühl der Nähe Gottes bereitzustellen und so der gefährdeten Lebensgewissheit aufzuhelfen. Sie liefert *als Religion eine besondere Art von Sinnzusammenhang*. Sie reagiert auf die Erfahrung von Kontingenz (also die Erfahrung, dass man den Zufällen und nicht begründbaren und beeinflussbaren Ereignissen ausgeliefert ist) so, dass sie von Gott redet. Damit redet sie von dem, der für sie jenseits des Innerweltlichen steht. So lässt sich bei dem Unerklärlichen noch die Hoffnung finden: Es war Gottes Wille, Gott wird es dereinst wieder ausgleichen. Den religiösen Sinn aber können Menschen nicht von sich aus ableiten, sondern nur von Gott her erfahren. Denn – so jedenfalls eine religiöse Grundidee in Christentum und Islam – solche Deutung ist *von Gott geoffenbart*. Heilige Schrift ist der Text, in dem Gott seinen Sinn den Menschen mitgeteilt hat. Darum ist Seelsorge dies, dass die Seele sich wieder von Gott angeredet weiß, sich gerade in dieser Situation der Gefährdung der Lebensgewissheit an ihn wendet, sich mit ihm in Austausch begibt. So wird Lebensgewissheit erneut aufgebaut: im Sich-Beziehen auf Gottes Wort, seine Heilige Schrift und – davon abgeleitet – in Ritualen und Gebeten, im Gottvertrauen, im Gott Feiern, im Gott Nachfolgen.

Von daher wird deutlich, dass *zur Erfahrung der Steigerung der Lebensgewissheit immer auch Religionen Zentrales beitragen* können – das ist eine anthropologische Konstante. Seelsorge steht für eine solche Bearbeitung von Lebensgewissheit, die darauf – anders als die religionsneutrale psychologische Beratung – so reagiert, dass sie die Thematiken der Religion mit einschließt, ja in ihr den Kern der Sache und den Schlüssel zur Bearbeitung von Lebensgewissheit sieht.

Wenn Seelsorge da ist, dann eröffnet sie eine religiöse Welt. Und das geschieht so, dass dabei nicht Religion an sich anklingt, sondern Religion *in der Fassung einer bestimmten Religion*. Und die Fassungen, in denen eine Religion begegnen kann, implizieren immer bestimmte Sprachen und *mit ihr zusammenhängende kulturelle Welten*. Nur so kann Seelsorge Lebensgewissheit vermitteln.

---

8 Vgl. nur Dietrich Rössler, *Grundriß der Praktischen Theologie*, Berlin/New York ^{2}1994, S. 210: „Seelsorge ist Hilfe zur Lebensgewißheit".

2.2 Arbeit an der interkulturellen und interreligiösen Situation

Noch in einer zweiten Weise betrifft das Vorhandensein verschiedener Religionen und Kulturen die Funktion von Seelsorge. Es sind genau die *interreligiösen und interkulturellen Konstellationen*, in denen zusätzlicher *Seelsorgebedarf* entsteht. Denn hier ist nicht mehr von vornherein klar, was religiös richtig ist. Hier wird erfahren, dass andere anders glauben. Hier ist man nicht mehr automatisch in der Mehrheit. Zwar mag innerhalb der Familie und des Freundeskreises weiterhin eine gemeinsame religiöse und kulturelle Welt bestehen, doch in weiteren Zusammenhängen, in der Arbeit, im Urlaub, in den Medien, in der Gesellschaft überhaupt ist man dem Anderen ausgesetzt.

Es ist eine Erfahrung, die sich mit der der Moderne zuspitzt: Säkulare Bereiche bilden sich aus, religiös durchtränkte und nur noch wenig religiöse Kulturbereiche differenzieren sich aus. In der deutschen Geschichte etwa fand man sich mit der Nationalstaatswerdung von der Mitte bis zum Ende des 19. Jahrhunderts in einem multikonfessionellen Land wieder. Für die türkische Geschichte wird im Zuge der Revolution unter Atatürk am Anfang des 20. Jahrhunderts ein Konzept von Laizismus bedeutsam. Im weiteren Verlauf des 20. Jahrhundert kommt es in nicht wenigen Ländern für jeweils einige Zeit zu totalitären Diktaturen. Bei teils pragmatischer Instrumentalisierung der Religion bekämpften diese Regime im Grunde die Religion, weil sie deren mögliche Kritik am politischen Totalanspruch fürchteten (so der Fall z.B. bei dem deutschen Nationalsozialismus, kommunistischen Herrschaften, totalitären Regierungen in arabischen Ländern).

Der globale „Austausch", zunächst die europäischen kolonialen Eroberungszüge, dann auch die wirtschaftlich begründeten Wanderbewegungen in umgekehrter Richtung, führten dazu, dass heute Menschen aus verschiedenen Religionen und Kulturen in praktisch jedem Land der Welt aufeinander treffen. Dabei machen fast alle mehr oder minder die Erfahrung, religiöse und/oder kulturelle Minderheit zu sein gegenüber der Mehrheit der Anderen. War eine solche Erfahrung früher ein Sonderfall, im türkischen Dorf ebenso wie in der christlichen Mehrheitsgesellschaft des 19. Jahrhunderts in Deutschland, so ist es zum Normalfall geworden: für die türkischen Migranten in Deutschland ebenso wie für die deutschen christlichen Kirchgänger am Sonntagmorgen.[9]

Diese Situationen der Pluralität schaffen typische Konflikte *bis in den privatesten Bereich* hinein: in den Familien und den Beziehungen, weil eben nicht mehr eindeutig ist, was „man" darf, oder nicht mehr von vornherein klar ist, wie

9 Die neuere Identitätstheorie geht über die klassische Frage nach der Identität zwischen individuellem „I" und einsozialisiertem „Me" (G.H. Mead) hinaus. Für sie werden Fragen der kulturellen Identität leitend, wie sie am Sonderfall der Migrantinnen und Migranten besonders deutlich hervortreten. Vgl. Stuart Hall, *Ideologie, Identität, Repräsentation*, Ausgewählte Schriften 4, Hamburg 2004.

Rollenverteilungen etwa zwischen Kindern und Eltern, Frauen und Männern auszusehen haben. Das gilt für den Streit in einer konservativen Familie mit türkischem Hintergrund darüber, was ein 16jähriges Mädchen darf und was nicht, ebenso wie für den Streit in der modernen Ehe zwischen zwei Ehepartnern mit deutschem Hintergrund darüber, welche Aufgaben in Haushalt und Kindererziehung vom Mann erwartet werden können.

Unterschiedliche Kulturen und Religionen treffen aufeinander. Und so kehren Thematiken, die scheinbar in den Diktaturen verschiedenster Art mit ihrer Religionskanalisierung bis -feindlichkeit ebenso wie in den demokratischen säkularisierten Ländern mit ihrer Religionsfreiheit und ihrem Religionsdesinteresse als „überwunden" galten, auf einmal in aller Deutlichkeit zurück *auch auf die politische Tagesordnung*.

Interreligiöse und interkulturelle Seelsorge gibt es gerade deshalb, weil es eine Funktion von Seelsorge ist, *in faktisch interreligiösen und interkulturellen Konstellationen die dadurch gestörte Lebensgewissheit zu bearbeiten*.

Sie kann diese Funktion in zwei entgegengesetzte Richtungen erfüllen: Da ist zum einen die *Funktion der Re-Sozialisierung* der Verunsicherten, durch ein Wieder-Zurückbringen in die Gemeinschaft derer, die zur Kultur und Religion gehören. Zum anderen kann sie die Funktion erfüllen durch Erweiterungen der Religion und Kultur zu individueller *Variantenbildung*. Sie ist dann behilflich dabei, dass das Individuum seinen eigenen und neuen Weg findet, seine Sicht auf seine Kultur und Religion durcharbeitet und ihm auch dies als mögliche Variante der Kultur und Religion erlaubt wird.

Solche konservative auf der einen und progressive Weise der Seelsorge auf der anderen Seite scheinen auf den ersten Blick genau entgegengesetzt zu arbeiten. Die *konservative Seelsorge* bringt das aus der Gemeinschaft und Tradition weggelaufene Individuum, das sich in der Abkehr von ihr als Sünder verirrt hatte, durch dessen Buße und Umkehr wieder zurück. Die *progressive Seelsorge* begleitet und stützt das Individuum auf der Suche nach einem eigenen Lebensweg. Doch *erst die Kombination beider Funktionen der Seelsorge*, der korrigierenden wie der bejahenden, *wird der interreligiösen und interkulturellen Konstellation gerecht.*[10]

10 Rauf Ceylan, *Die Prediger des Islam. Imame – wer sie sind und was sie wirklich wollen*, Freiburg 2010, hat in seiner wichtigen Typologie der Imame in Deutschland „traditionell-konservative", „traditionelle-defensive", „intellektuell-offensive" und „neo-salafistische" Imame unterschieden. Interessant wäre zu fragen (was von mir nicht geleistet werden kann), wie weit die folgenden Ausführungen, die sich auf christliche wie muslimische Ausprägungen von Seelsorge beziehen, sich in diese Typen der gegenwärtigen Seelsorge durch Imame einzeichnen lassen.

a) Konservierung der Religion und Kultur

Wenn eine konservative Seelsorge z.B. die Muslima und den Muslim dazu bewegt, wieder zurückzukehren in den Islam der Türkei oder des arabischen Heimatlands oder wenn eine konservative Seelsorge die Christin und den Christen dazu bewegt, wieder zurückzukehren in die Frömmigkeit des 19. Jahrhunderts, dann ist der Preis für die Lebensgewissheit hoch: Dem Individuum wird zugemutet, aus der Pluralität der Gesellschaft wieder herauszugehen in ein formiertes Handeln und Reden der Tradition. Darin ist der Anspruch inbegriffen, einzelne Lebensbereiche und Ausdrucksweisen unverändert zu lassen. Das aber kann zu einer formalisierten Fixierung der Religion führen: „Du musst in der Familie und am religiösen Feiertag nur dies und das tun, dann ist alles richtig.“ Doch setzt das der Aushöhlung der Lebensgewissheit von innen her nicht genug entgegen. Das ist die Schwäche einer *konservativen Seelsorge aus der Mehrheitsposition*, sei sie nun christlich-volkskirchlich oder türkisch-staatsnah bzw. türkisch-nostalgisch ausgestaltet.

Möglich ist auch die Zumutung, viel radikaler als früher sämtliche Lebensbereiche der kleinen Gruppe der „Rechtgläubigen“ innerhalb der Religion oder der Kultur zu unterwerfen. Damit geschieht de facto etwas Neues: Nun ist die kleine Gruppe oder die konservierte Familie die soziale Größe, die allein die Lebensgewissheit absichern soll. Schon von ihr sich zu entfernen, gefährdet alles. Das ist die Schwäche einer *konservativen Seelsorge aus der Minderheitsposition*, sei sie nun die der religiösen Gruppen in Opposition zum türkischen Staat oder die evangelikal-christlicher Provenienz.

So verbreitet sie zu sein scheint (und Islam wie Christentum haben einen konservativen Zug eingebaut, weil es ihnen um Treue zur geschehenen Offenbarung geht) und so attraktiv gerade die radikalere Fassung auf Verunsicherte zu wirken scheint (bis hin zum christlichen oder muslimischen Fundamentalismus), endet die konservative Seelsorge doch in Aporien.

b) Assimilation der Religion und Kultur

Aber Schwächen gibt es auch bei der „progressiven“ Seelsorge. Wenn sie den Prozess der Individualisierung begleitet und unterstützt, dann hat das leicht den Effekt, dass das Individuum sein kulturelles und religiöses Profil abschwächt. Die pragmatische Bewältigung der Situation wird zum Ziel, das gute eigene Gefühl zum Maßstab. Die Seelsorge nähert sich der weltlichen Beratung an, sie wird selbst zum Faktor der Säkularisierung. Gerade *für eine kulturelle und religiöse Minderheit ist das nicht ungefährlich*. Solche Seelsorge fördert die Anpassung an die Mehrheitsgesellschaft, *macht sich letztlich als Seelsorge selbst überflüssig*, trägt dazu bei, die interkulturelle und interreligiöse Situation zu nivellieren. Von daher kann man verstehen, dass die Übernahme der Standards aus der psychologischen Beratung in der Seelsorgebewegung ab den 1970er Jahren zunächst bei konservativen Christen in Deutschland Verunsicherung und Kritik hervorrief, und ich vermute, dass eine Anknüpfung an Erfahrungen und Theorien der christlichen Seelsorge und an therapeutische Standards in einer muslimischen Seelsorge ebenso Kritik von konservativen muslimischen Kreisen hervorrufen wird.

In beiden Fällen *wird das letztlich negiert, was Anlass des Seelsorgebedarfs war, die interkulturelle und interreligiöse Konstellation*: im Fall der konservativen Seelsorge durch Verstärkung der Differenzen, wobei man sie in ein Gegenüber von „drinnen und draußen" verlagert bis hin zu einer absoluten Differenz, im Fall der progressiven Seelsorge durch ein Nivellieren der Differenzen, die die eigene Religion zum Verschwinden bringt und damit in eine konturenlose Mehrheitssituation überführt.

c) Anerkennung der Differenzen

Bei interkultureller und interreligiöser Seelsorge hingegen bekommen die Beteiligten vor Augen geführt, dass Pluralität da ist und Differenzen bestehen, die anzuerkennen sind, wenn der Seelsorgekontakt überhaupt weitergehen soll und hilfreich sein soll. Für die religiöse Großgruppe, z.B. den DITIB-Islam oder die christlichen Volkskirchen, gilt es hier zu lernen, die interne Pluralität nicht nur zu ertragen, sondern anzuerkennen: unterschiedliche Formen von Kirchlichkeit in der Volkskirche etwa, oder das Sich-Herausbilden eines deutschen Islam unter dem Dach der DITIB. Die religiösen Protestgruppen, handele es sich um Vereine, die sich bewusst vom türkischen staatlichen Islam angrenzen oder um christliche evangelikale Gruppen, stehen vor der Herausforderung, sich weiterzuentwickeln in Richtung auf eine Gruppe relativer Vergemeinschaftung.[11] D.h., es wird gerade nicht das Ideal einer totalen sozialen Verankerung in der religiös profilierten Gruppe angestrebt, und man schottet sich gegenüber der religiös milderen Mehrheit der jeweiligen Religion nicht ab.

Ihre Funktion in der interreligiösen und interkulturellen Gesellschaft kann die Seelsorge erst dann adäquat ausüben, wenn sie selbst interkulturelle und interreligiöse Differenzen zulässt und anerkennt, für sich und für andere. Theologie steht vor der Herausforderung – und hier hat die akademische Theologie Vorstellungen dazu zu entwickeln – Wege zu finden, *den Absolutheitsanspruch der Offenbarung und das Recht auf Religionsfreiheit miteinander zu versöhnen.*

11 Vgl. dazu Eike Kohler, *Mit Absicht rhetorisch. Seelsorge in der Gemeinschaft der Kirche*, Göttingen 2006, S. 64ff., der sich bezieht auf Udo Tietz, *Die Grenzen des Wir. Eine Theorie der Gemeinschaft*, Frankfurt a.M. 2002. Relative Vergemeinschaftung lässt den internen Diskurs zu ebenso wie, dass die, die zu der religiösen Gemeinschaft gehören, zugleich auch in weiteren sozialen Gemeinschaften, die auf anderen als religiösen Gemeinsamkeiten beruhen, involviert sind.

Dazu gehört, interne Differenz als gewollt, gelernt, gepflegt anzuerkennen und sie in der Auslegung der Offenbarung nicht als Angriff, sondern als Weg zu begreifen, mit ihrer Fülle adäquat umzugehen. Die Pluralität der Evangelien in der Bibel und die Pluralität der Rechtsschulen im Islam weisen in diese Richtung. Ebenso gehört es im Umgang mit den Anderen dazu, ihre Koexistenz außerhalb der eigenen Religion nicht zuerst als Bedrohung, sondern auch als Bereicherung zu erfahren. Dabei wird die Entscheidung über und Zuschreibung von Rettung und Verdammnis Gott selbst überlassen.

So kann Raum geschaffen werden, um zu sehen: Zwar unterscheiden sich Religionen deutlich, wobei religionsspezifische wie kulturelle Faktoren zusammenwirken. Darum ist das, was man an der eigenen Religion in der eigenen Kultur schätzt, in der anderen Religion samt der Kultur, von der sie geprägt ist, definitiv nicht in gleichem Maße vorhanden. Aber es lehrt auch, kultur- ebenso wie religionsbedingte Schwächen nicht nur bei der anderen Religion zu sehen, sondern auch bei der eigenen. Das erhöht nicht die Unsicherheit gegenüber der eigenen Religion und Kultur, sondern lehrt, das Eigene neu zu schätzen, und es fördert gegenüber der Religion der anderen keine furchtsame oder hyperkritische Haltung, sondern weckt Interesse: Es könnte dort etwas geben, von dem die eigene Religion lernen kann. Solche Einstellungen braucht es, wenn Seelsorge zwischen Menschen kulturverschiedener und religionsverschiedener Herkunft gelingen soll – und es befördert diese Einsichten zugleich, wenn solche Seelsorge stattfindet.

3. Rollen in der Seelsorge

Unterschiedliche Rollen können von denen, die Seelsorge ausüben, eingenommen werden und ihnen von denen, die Seelsorge suchen, zugeschrieben werden. Damit wird zugleich auch die Rolle der Person,, die Seelsorge sucht, festgelegt. Rollen können idealtypisch im Blick auf die Weise der Beziehung zwischen beiden Seelsorgebeteiligten beschrieben werden (3.1) oder im Blick darauf, welche Rolle die Person, die Seelsorge ausübt, in der Religion sonst hat (3.2).

3.1 Rollen in der Beziehungsgestaltung

a) Autorität

Die Rolle des Seelsorgers als Instanz mit Autorität ist geprägt von einer Beziehungsform, die ein Unten und ein Oben betont. Hier erscheint dann die Person, die Seelsorge sucht, als unten stehend und mit Unwissen oder Fehlern behaftet, während die Instanz der Autorität beurteilt, darüber aufklärt, was richtig ist, und festlegt, was zu tun ist. Die Instanz mit Autorität definiert, was die Religion sagt und verkörpert, wie die Religion sich kulturell ausdrückt. Sie bringt die Seelsorge suchende Person wieder zurück dorthin, wie die Religion war und bleibt.

Daher hat diese Form der Seelsorge einen grundsätzlich konservativen Zug. Sie kann von religionsspezifischen Autoritäten (Pfarrer/in, Priester, Rechtsgelehrte, Imam) ebenso ausgeübt werden wie von sozialen Autoritäten (Vater, weise Frau, Dorfältester etc.). Religion wird erfahren als das objektive Gegenüber und als das, was bleibt.

b) Freund/in

Anders die Rolle des Freunds/der Freundin und der vertrauten Person. Hier ist es die große Nähe zur Seelsorge suchenden Person, die die Seelsorge prägt. Der Austausch wird geführt in einer Atmosphäre der personalen gegenseitigen Anerkennung und der Zuneigung. Was die Seelsorge suchende Person erzählt und sie beschwert, betrifft die andere Person mit, sie teilt die Schwere der Not/des Konflikts. Sie leidet mit und ist aber deshalb wichtig, weil sie einen zweiten, anderen Blick darauf werfen kann. So entsteht ein Gespräch, in dessen Verlauf, beim sich Ausdrücken und beim Versuch, sich gegenseitig zu verstehen, neue Aspekte und Gedanken auftauchen, die beide Seiten überraschen. Es kann Abhilfe geschaffen werden und es können sich Lösungen entwickeln. Selbst wenn es so weit nicht kommt, bringt es doch große Erleichterung, sich ausgetauscht zu haben.

Solch eine Seelsorge ist tendenziell progressiv, weil sie hilft, mit Menschen in ähnlicher Lage neue Sichten zu entwickeln und neue Wege zu gehen. Religion wird hier erfahren als das, was in den Menschen vorhanden ist und sich dynamisch fortentwickelt.

Eine Kombination aus beiden Grundformen stellen die *Rollen des Beraters und des Dienstleisters* dar. Anders gegenüber den beiden Grundformen ist, dass hier die Initiative zur Seelsorge ausschließlich von der Seelsorge suchenden Person ausgeht. Eine Autorität kann angefragt werden oder sie stellt die ihr untergeordnete Person „zur Rede“; eine Freundin/ein Freund kann angefragt werden oder er/sie kann auch einmal die Person mit Seelsorgebedarf erst zum Austausch bringen: „Mit dir ist doch was los! Was bedrückt dich denn?“ Berater und Dienstleister hingegen werden nur aktiv, wenn sie ausgesucht werden von der Seelsorge suchenden Person. Sie wählt aus und behält letztlich auch die Oberhand über den Seelsorgekontakt. In einer komplex gewordenen Welt, in einer interreligiösen und interkulturellen Situation, nimmt der Bedarf an Beratung und Dienstleistung zu, auch in seelsorglichen Angelegenheiten. Und es wird plausibler, dass gerade auch für die Beratung/die Dienstleistung eine Person aus einer anderen Kultur oder Religion akzeptiert oder sogar bewusst ausgewählt wird, weil sie kompetent ist für das Problem, das mit Kulturpluralität oder auch mit Religionspluralität zusammenhängt.

c) Berater/in

Im Fall der Rolle des Beraters hat die Seelsorge suchende Person schon bestimmt, was der Themenbereich ist, auf den sich die Beratung beziehen soll und entsprechend die Seelsorge ausübende Person gewählt. Diese wird dabei anerkannt als eine Person mit besserem Wissen und besseren Fähigkeiten für das gewählte Thema als man selbst hat. Für einen bestimmten Bereich, erst einmal nur für diesen, soll ein Rat gegeben werden. Insofern vertraut sich die Seelsorge suchende Person der Beraterin an, ist bereit, von ihr ggf. auch unangenehme Deutungen und Handlungsvorschläge entgegenzunehmen und sie mit einem Vertrauensvorschuss auch durchzuspielen.

Ist Religion bzw. Kultur das Problem, für das der Rat gesucht wird, erscheinen die Religions- und Kulturfragen zunächst als ein abgrenzbarer Teilbereich im Leben der Seelsorge suchenden Person. Ob sich diese Abgrenzung aufrechterhalten lässt, mag im Gespräch geprüft werden und sich ändern; der Berater kann auch zur Autorität oder zur vertrauten Person werden, die sich wie eine gute Freundin verhält.

d) Dienstleister/in

Bei dieser Rolle gilt darüber hinaus: Die Seelsorge suchende Person hat das letzte Wort in Sachen „Beurteilung der Seelsorge". Entscheidend ist, ob – aus ihrer Sicht – die Seelsorge ihren Zweck erfüllte. Der Seelsorger oder die Seelsorgerin sowie die von ihnen geäußerten Einsichten und Ratschläge bleiben Mittel für den Zweck, den die Seelsorge suchende Person bestimmt hat. Eine solche Haltung gerät allerdings in Spannung dazu, dass es bei der Religion darum geht, dass hier eine dritte Größe neben den beiden Menschen, die hier im Austausch sind, hinzukommt: Gott. Wer Gott nur als Mittel zum Zweck begreift, lässt sich nicht wirklich auf ihn ein. Und es bleibt fraglich, ob die Seelsorge suchende Person sich wirklich von Gottes Wort betroffen machen lassen will. Andererseits: Hier tritt besonders deutlich hervor, dass es letztlich weniger darauf ankommt in der Seelsorge, ob das Richtige gesagt oder geraten wurde, sondern darauf, ob die Einsichten und Ratschläge bei der Person, die Seelsorge suchte, ankommen und Veränderungsprozesse auslösen.

3.2 Rollen in der Position innerhalb der Religion

a) Alltagsseelsorgerinnen und -seelsorger

Dies sind Menschen, die in der Religion selbst keine hervorgehobene oder gar berufliche Position innehaben, keine Experten religiösen Wissens sind, sondern allenfalls gute und eifrige Gläubige. Solche Seelsorgerinnen und Seelsorger sind stark in der gelebten Religion. Sie zeigen, wie sich die Religion in einer bestimmten Kultur im Alltag leben lässt und können darin Vorbild sein bzw. werden für die Seelsorge suchende Person. In der Kommunikation ist kein spezifisches Profil von Seelsorge im Unterschied zu anderen Formen von Kommunikation besonders stark ausgebildet. Diese Seelsorgerinnen und Seelsorger arbeiten mit gesundem Menschenverstand, einem Herz auf dem rechten Fleck und dem, was man von der eigenen Religion halt weiß. Das ist meist verwurzelt in Fragen der Moral, also in einsozialisierten Anschauungen davon, was man tun darf und was nicht. So können Alltagsseelsorgerinnen und -seelsorger religiös dazu ermutigen, gelebte Traditionen fröhlich zu pflegen und ethische Prinzipien grundsätzlich zu beachten. Im Christentum, das früh die Seelsorge bei den Priestern ansiedelte, fand diese nichtpastorale Form von Seelsorge über viele Jahrhunderte hin kaum theologische Aufmerksamkeit,[12] auch wenn sie de facto geschah. Hier ist im Islam mit seinem Verhältnis von beruflicher und nicht beruflicher Religion selbstverständlicher, dass „Laien“ so wirken.

b) Professionelle Seelsorgerinnen und Seelsorger

Während im Bereich des Christentums also eher die Seelsorge auf eine Aufgabe nur der Hauptberuflichen konzentriert war, wächst umgekehrt im Islam in Europa die Aufgabe als eine berufliche den Tätigkeiten des Imams zu. „Imame sind Schlüsselpersonen.“[13] Es gibt hier wachsenden Bedarf an Seelsorge durch dazu Ausgebildete, weil die Familienväter diese Aufgabe nicht mehr so umfassend abdecken können. Doch ist die Imam-Ausbildung überhaupt in Ländern wie Deutschland derzeit noch in der Aufbauphase, und das gilt genauso für deren Ausbildung in Seelsorge.[14]

---

12 Dies gilt auch für den Protestantismus, obwohl mit der Vorstellung vom Priestertum aller Gläubigen zunächst einmal hervorgehoben wurde, dass die Seelsorgetätigkeit auch ein genuines Recht aller Getauften ist. Doch wurde dann im Endeffekt die Seelsorge doch gänzlich dem subsumiert, dass dem ordinierten Pastor die Durchführung seitens der Gemeinde übertragen wird. Erst ab Ende des 17. Jahrhunderts setzen Revisionen ein. Aber selbst noch Friedrich Schleiermacher und die gesamte evangelische Seelsorgetheorie im 19. Jahrhundert beschäftigen sich detailliert nur mit der professionellen Seelsorge. Nachweise dazu bei Eberhard Hauschildt, *„Auf dem Weg zu einer Praktischen Theologie der Ehrenamtlichen-Seelsorge. Eine Skizze“*, in: Pastoraltheologie 99 (2010), S. 116-127, hier: S. 118f.

13 Vgl. Ceylan, *Die Prediger des Islam*, S. 9ff.

14 Die Entwicklung geht bekanntlich in großen Schritten voran. Den Stand der Debatte von 2010 dokumentiert Bülent Ucar (Hg.), *Imamausbildung in Deutschland. Islamische Theologie im europäischen Kontext*, Göttingen 2010. Inzwischen wurde bekanntlich an den Universitäten in Münster, Osnabrück und Tübingen mit Ausbildungsgängen für Imame begonnen.

c) Ehrenamtliche Seelsorgerinnen und Seelsorger

Hier sind Personen tätig, die nicht zu den Religionsprofessionellen zählen, aber als Ehrenamtliche im Namen der Religionsgemeinschaft und für sie handeln und dazu (in unterschiedlichen Graden) geschult wurden. Von verschiedenen Ausgangspositionen konvergieren in Deutschland sowohl für das Christentum, als auch für den Islam die Entwicklungen dahingehend, dass Ehrenamtliche zu einem wichtigen Baustein der Seelsorge der Zukunft werden. Die Bandbreiten der Gestaltungen von ehrenamtlicher Seelsorge sind besonders groß.[15] Es bedarf selbst im Fall großer Selbständigkeit der Ehrenamtlichen in ihrem Tun auch institutioneller Absicherungen und Begleitung, damit sie ihre Aufgabe in der Seelsorge optimal ausfüllen können (siehe weiter unter 4.3).

4. Kompetenzen der Seelsorge

Nicht jede/r kann Seelsorge gleich gut. Manche können es besser als andere. Woran liegt das? Hier wirken einerseits Alltagkompetenzen (4.1) und andererseits fachliche Kompetenzen (4.2) und in ihnen sind noch einmal die theologischen Kompetenzen (4.3) hervorzuheben.

4.1 Alltagskompetenzen

Eine Reihe von Kompetenzen haben mit der Persönlichkeit der Seelsorgerin/des Seelsorgers zu tun. Sie erscheinen als gegeben: Charaktereigenschaften und Erfahrungen wirken hier zusammen. Wer Seelsorge ausüben will, muss auf Erfahrungen mit Religion und wiederum kulturelle Erfahrungen damit zurückgreifen können: wie es ist, in einer bestimmten Religion zu leben, bestimmte kulturelle Formen zu schätzen. Ebenso gehören Erfahrungen dazu, wie es ist, mit anderen über Religion zu reden, sich Menschen zuzuwenden, die Hilfe suchen und Hilfe brauchen. Wie es ist, mitzutrauern, sich mitzufreuen. Das alles sind alltagsseelsorgliche Kompetenzen. Sie erscheinen als *Talent zur Seelsorge*.

Darum ist bei denen, die interkulturelle und interreligiöse Seelsorge ausüben, *die eigene Erfahrung interkultureller und interreligiöser Konstellationen* wichtig. Für Seelsorge an Muslimen ist es darum optimal, wenn der/die muslimische Seelsorger/in auch Erfahrungen hat, wie es ist, über Jahrzehnte als Muslim/a in Deutschland zu leben.[16]

---

15 Ausführlicher dazu Hauschildt, *Auf dem Weg zu einer Praktischen Theologie*, S. 123-125.

16 Auch darum gilt, wie Rauf Ceylan, *Die Prediger des Islam*, festgestellt hat: „Imam-Importe bringen Probleme mit sich" (S. 175). „Bei jüngeren Mitgliedern in den Verbänden setzt sich diese Einsicht zunehmend durch" (S. 176).

Allerdings darf das Prinzip, schon gleiche Erfahrungen gemacht zu haben, nicht zum alleinigen Prinzip erhoben werden. Es ist ganz unwahrscheinlich und auch für gute Seelsorge nicht nötig, dass der Seelsorger/die Seelsorgerin genau die gleichen Erfahrungen schon selbst gemacht hat. Sondern eine gute Seelsorgerin, einen guten Seelsorger zeichnet das Interesse aus, sich in die Situation des Gegenübers hineinversetzen zu *wollen*. Wiederum ist das wichtiger, als sich komplett in die Situation des Gegenübers hineinversetzen zu *können*. Das kann niemand. Darum wird eine bestimmte *Haltung* wichtig: das Gegenüber Experte/Expertin für das eigene Leben bleiben zu lassen, ihm/ihr neue Anstöße zu geben, aber den Entscheidungsspielraum zu lassen, ihn zuzumuten. Damit sind Grundsätze genannt, die genau bei der interkulturellen und interreligiösen Hilfe typisch sind: Ich kenne die Kultur und die Religion des anderen nicht wirklich von innen und kann sie auch nicht von innen her übernehmen oder an Stelle des anderen handeln.

Klientenzentrierung wird dieser Grundsatz in bestimmten Gesprächsführungstheorien genannt.[17] In anderen Seelsorgetheorien (Systemische Seelsorge)[18] wird darauf hingewiesen, dass sich der Seelsorger immer außerhalb des Systems befindet. Diesen Grundsatz gilt es, sich klar zu machen und ihm entsprechend zu handeln. Das aber weist über Talent, Charakter und die Erfahrungen hinaus. Es handelt sich um eine fachliche Fähigkeit, für deren Erwerb eine Ausbildung das beste Mittel ist.

4.2 Fachliche Kompetenzen

Dabei treffen für den Fall der Seelsorge drei *Fachlichkeiten* aufeinander: eine psychologische (mit anderen über typisch psychologische Konstellationen zu kommunizieren und angemessen darauf zu reagieren), eine pädagogische (mit Kenntnissen über typische Möglichkeiten bei anderen Lernprozesse auszulösen) und eine theologische (bestimmte religiöse Konstellationen zu erkennen, in ihrer Tradition, mit ihren Stärken und Schwächen).

Erst in den letzten Jahren ist in allen drei Fachlichkeiten das Bewusstsein für interkulturelle und interreligiöse Konstellationen gewachsen. Hier seien nur einige wenige Hinweise für die Interkulturalität und die Interreligiosität in der Seelsorge gegeben.[19]

---

17 So Carl R. Rogers, *Die nicht direktive Beratung. Counselling and Psychotherapy*, Boston 1942; vielfach in der Seelsorge adaptiert.

18 Christoph Morgenthaler, *Systemische Seelsorge*, Stuttgart ^{4}2005.

19 Einen guten Überblick zum Stand bieten Helmut Weiß/Karl H. Federschmidt/Klaus Temme (Hg.), *Handbuch interreligiöse Seelsorge*, Neukirchen 2010.

a) Kulturdifferenzen

Interkulturalität sollte nicht nur in Bezug auf nationale und sprachliche Kulturalitäten beachtet werden. Natürlich gibt es erhebliche Unterschiede, etwa zwischen der türkischen und der arabischen und der deutschen Kultur. Aber begreift man Kultur nur so, dann ist das viel zu grob. Gerade das faktische Leben von Muslimen in Deutschland lässt sich mit solch groben Zuordnungen überhaupt nicht adäquat beschreiben. Und auch unter denen, die schon seit vielen Generationen in Deutschland leben, gibt es eigene kulturelle Unterschiede.

Hier wird die Milieutheorie interessant, die herausarbeitet, wie sich auch innerhalb einer Nationalkultur in der Postmoderne durchaus relevante Unterschiede auftun. Diese sind nicht mehr einfach hierarchisch zu fassen als die von Ober, Mittel- und Unterschicht, sondern verhalten sich zueinander wie kulturelle Welten je eigenen Charakters, ohne dass noch Konsens in der Gesellschaft darüber besteht, welche grundsätzlich besser sei als die anderen.

Auf solche Differenzen der Milieus trifft die Seelsorge auch da, wo sie sich innerhalb einer gemeinsamen National- und Religionskultur bewegt.[20] Untersuchungen haben gezeigt, dass Bildung, Grad an Modernität bzw. Traditionalität und in welchen Geselligkeitsformen gelebt wird, besonders ursächlich dafür sind, wie Milieus aussehen und wie auch ein milieugeprägtes Verhältnis zur Religion aussieht.[21]

Diese Einsichten verändern auch die Einschätzungen im Vergleich verschiedener Nationalkulturen und der in ihnen dominierenden Religionen. Das Typische könnte sich als viel weniger national und ebenso als weniger spezifisch durch die jeweilige Religion bedingt erweisen, sondern als hochgradig dadurch geprägt, wie Bildung, Modernität/Traditionalität und Geselligkeitsformen vorhanden sind. Was gerne als typisch deutsch oder typisch türkisch, typisch arabisch, als typisch christlich oder typisch muslimisch behauptet wird, dürfte in Wirklichkeit weitgehend dadurch geformt sein, welche Bildungstypen, welche Modernitäts- und Traditionalitätstypen und welche Geselligkeitstypen de facto in einer Nationalkultur oder in einer Religionskultur dominieren.

Nicht zuletzt ist auch, wie man sich zu Interkulturalität und Interreligiosität verhält, etwa innerhalb der Muslime in Deutschland und der Christen in Deutschland, jeweils sehr unterschiedlich. Es dürfte viel weniger mit der jeweiligen Religion zu tun haben, als gängigerweise auf beiden Seiten vermutet wird, sondern sehr viel mit Bildung, Modernität/Traditionalität und Geselligkeitserfahrungen.

---

20 Detailliert dazu: Eberhard Hauschildt, *„Interkulturelle Seelsorge unter Einheimischen. Vom blinden Fleck der Seelsorgetheorie"*, in: Claudia Schulz/Eberhard Hauschildt/Eike Kohler, *Milieus praktisch II. Konkretionen für Helfendes Handeln in Kirche und Diakonie*, Göttingen 2010, S. 263-282.

21 Für den Fall des Verhältnisses von Milieus und Kirche vgl. Eberhard Hauschildt/Uta Pohl-Patalong, *Kirche*, Gütersloh 2013, S. 343-349.

b) Religionsdifferenzen

In pädagogischen und psychologischen Fachlichkeiten wird meist von den Religionsdifferenzen abgesehen (bzw. sie werden nur als Kulturdifferenzen behandelt) und das führt zu einem typischen blinden Fleck. Religiosität welcher Art auch immer erscheint dann höchstens als Hindernis dabei, psychologische oder pädagogische allgemeine Regeln durchzusetzen. Und bis vor kurzem war entsprechend innerhalb der Seelsorge in den Religionsgemeinschaften der Fall von Religionsdifferenz (bzw. innerhalb des Christentums: die Konfessionsdifferenz) zwischen den Seelsorgebeteiligten ausgeblendet. Er begegnete allenfalls als ein Problem für die Seelsorge, das auf Seiten derer, die Seelsorge suchten und (noch nicht) rechtgläubig waren, verortet wurde, als ein auch durch Seelsorge zu überwindender Sachverhalt.

Inzwischen wird in allen drei Fachlichkeiten deutlicher: Auf Seiten der Seelsorge ausübenden Person sind Grundkenntnisse von dem, was das ist: Religion, unbedingt nötig. Gleiches gilt – für die Verhältnisse in Deutschland – von Kenntnissen mindestens über die drei Religionen Christentum, Islam und Judentum. Ja, nur summarische Kenntnis dieser Religionen reicht nicht aus, sondern es muss auch differenziert werden können innerhalb des Christentums zwischen orthodoxen, katholischen, protestantisch- großkirchlichen und evangelikal/pentakostalen Typen christlicher Frömmigkeit, und für den Islam zumindest zwischen Sunniten und Schiiten, hinzu kommen weitere Gruppen im Umfeld des Islam wie z.B. die Alewiten, zwischen DITIB-Islam und Milli Görus, zwischen türkischem und arabischem Islam, ebenso zwischen orthodoxem, konservativem, und liberalem Judentum.

Zusätzlich ist von den Professionellen zu erwarten, dass sie eine Sicht auf interkulturelle Kommunikation, von den professionellen Seelsorgerinnen und Seelsorgern, dass sie auch eine Theorie interreligiöser Kommunikation ausgebildet haben. Letztere Theorie interreligiöser Kommunikation ist angemessen nur möglich, wenn auch eine Theologie der Religionen und interreligiöser Koexistenz entwickelt ist.

4.3 Fachliche Kompetenzen in der Seelsorgeprofession und im Ehrenamt für Seelsorge

Während die Alltagsseelsorge viele alltäglich erreicht, ist für schwierige Fälle und chronifizierte Lebensgewissheitsstörungen auch fachliche Seelsorgekompetenz nötig und hilfreich.

Seelsorge-Professionelle, die auch ein Studium ihrer Religion absolviert haben und die Religion im Beruf und verschiedene Fachlichkeiten zusammenführen, haben eine Schlüsselstellung aus der Sicht der Gläubigen ebenso wie aus der der Gesellschaft. Sie stehen für die religiöse Gemeinschaft insgesamt, sie sind von ihr betraut mit rituellen Aufgaben (Gebet) und der Aufgabe, den Glauben zu erklären (Predigt), sie haben Kontakte zu den vielen Gläubigen in allen möglichen Facetten. Darum können sie Seelsorge in ganz bestimmter Weise ausüben. Sie repräsentieren die jeweilige Religion als Ganze vor Ort und können zwischen Seelsorge, Ritualausübung und Lehre jeweils in gleicher Kompetenz und Repräsentativität wechseln.

Diese Art von Seelsorgeprofessionalität hat für das Christentum in Deutschland lange Tradition. Wenn im Grundgesetz Deutschlands, abgeleitet aus dem Menschenrecht auf Religion der Bürger und dem Bürgerrecht, sich zu öffentlicher Wirkung in einer Religionsgemeinschaft zusammen zu tun, für Seelsorge staatlicherseits besondere Handlungsräume vorgesehen sind, dann ist typischerweise an diese Professionellen gedacht. Daraus ergibt sich für den Islam die Herausforderung, eine darauf passende Struktur zu entwickeln. Dabei ist – auch aus anderen Gründen – die Position des Imams auf dem Weg, sich in diese Richtung hin zu entwickeln, zur Position des Religionsprofessionellen in der Schlüsselstellung für die Religionsgemeinschaft vor Ort.[22] Derzeit, in dieser Perspektive als Zwischenschritt, bietet sich die ehrenamtliche Seelsorge von Muslimen an, um Teile dieses Raumes schon jetzt qualitativ ausfüllen zu können.

In den Großkirchen geht die Entwickelung eher umgekehrt vonstatten. Herkommend von der Zentralstellung der Religionsprofessionellen (Pfarrer und Pfarrerinnen, Priester) wird immer deutlicher, dass angesichts des Seelsorgebedarfs auch Ehrenamtliche von hoher Bedeutung sind. Und dies nicht nur, um – bei reduzierten Finanzen – besser den Bedarf „versorgen“ zu können. Sondern auch qualitative Besonderheiten sind hervorzuheben. Während die Professionellen angesichts der Vielzahl der Fälle auch professionelle Distanz ausbilden müssen, können Ehrenamtliche bei einer kleineren Zahl der Fälle größere persönliche Nähe eingehen.

In beiden Religionen gibt es also eine vermehrte Aufmerksamkeit auf ehrenamtliche Seelsorge. Hier werden durch Ausbildung die Alltagskompetenzen um fachliche Kenntnisse und Fähigkeiten erweitert. Dazu eignen sich besonders Personen, die schon Kompetenzen aus höherer Schulbildung mitbringen bzw. aus entsprechenden Berufstätigkeiten (z.B. im pflegerischen, medizinischen, pädagogischen Bereich, aber auch in anderen Berufen, in denen viel Erfahrung im Umgang mit Menschen erworben wird). In der ehrenamtlichen Seelsorgeausbildung treten dann die Inhalte helfender Gesprächsführung in Kombination mit Reflexion über Verknüpfung von Religion und pädagogisch-psychologisch angemessenem Helfen hinzu. Ebenso kann auch für in muslimscher Theologie ausgebildete Personen eine solche Ausbildung hilfreich sein und den Horizont erweitern. Ein Manko ist, dass derzeit – zumindest für den deutschsprachigen

22 Vgl. Ceylan, *Die Prediger des Islam*, S. 9ff.

Bereich – noch keine muslimische Seelsorgelehre-Monographie zur Verfügung steht.

Mit so ausgebildeten Personen, das haben die Erfahrungen im christlichen Bereich gezeigt, lässt sich in der Krankenhausseelsorge, Notfallseelsorge, Telefonseelsorge qualitativ hochwertige Arbeit leisten.

Personen mit entsprechenden Qualifikationen aus der zweiten oder dritten Generation muslimischer Einwanderer sind in Deutschland vorhanden. Gerade in islamischer Tradition ist eine solche Form der Seelsorge gut entwickelbar, weil es ja, anders als in der katholischen Kirche, kein religiöses Amt mit heiliger Weihe gibt, dem dann auch tendenziell exklusiv Kernbereiche von Seelsorge zugeordnet werden müssten.

Diese Ausbildungsgänge sind derzeit ausgesprochen interreligiös und interkulturell und zwar oft in der Weise, dass die Mehrheit der Ausbildungsanteile und die Methoden von Gesprächsführung in der Seelsorge durch christliche Ausbilderinnen und -ausbilder unterrichtet werden. Diese Situation ist vor allem aus der Not geboren, weil keine muslimischen Personen zu einem dementsprechenden Unterricht in deutscher Sprache zu Verfügung stehen. Das Modell hat auch Grenzen, weil auch die Sicht möglich ist, es handele sich bei den Unterrichtsinhalten nicht nur um interkulturelle Konstellationen, sondern die Ausbildung finde vor allem unter dem Einfluss christlicher Prämissen statt, während sie aus muslimischer Perspektive deutlich anders aussehen könnte und müsste.

Es ist aber auch, wie nach dem bislang Ausgeführten deutlich geworden sein dürfte, möglich und sinnvoll. Denn genau dieses Ausbildungssetting hilft dabei, die auch für das Arbeitsfeld wichtigen Anteile an interkultureller und interreligiöser Kompetenz zu vermitteln. Das gelingt dann, wenn auch die Lehrenden sich als Lernende begreifen und die Lernenden sich als Lehrende.

So hilft es, interreligiöse und interkulturelle Kompetenzen bei Lehrenden und Lernenden zu erweitern. Dies ist eine besondere Herausforderung, weil interreligiöse und interkulturelle Theologie im Islam noch stärker am Anfang steht (wie es auch in der christlichen Theologie noch vor wenigen Jahrzehnten der Fall war).

Die Lehrenden, weil sie nun kulturelle und religiöse Differenzen in die Lehrpraxis selbst integrieren müssen, betreten ebenfalls Neuland. Welche Standards/Grundsätze sind zu relativieren, welche nicht?[23]

Die spannendsten neuen Herausforderungen in der Seelsorge sind jene, die Muslime wie Christen in Deutschland in gleicher Weise betreffen – je auf ande-

---

23 Einen Einblick dazu gibt der Bericht des evangelischen Seelsorge-Ausbilders Helmut Weiß über seine Erfahrungen mit einer muslimischen Ausbildungsgruppe. Helmut Weiß, „*Der islamische Gruß. Der Beginn eines Ausbildungskurses in ‚islamischer Seelsorge im Krankenhaus'*“, in: Isabelle Noth/Ralph Kunz (Hg.), *Nachdenkliche Seelsorge – seelsorgliches Nachdenken. Festschrift für Christoph Morgenthaler zum 65. Geburtstag*, Göttingen 2012, S. 123-138.

re Weise: Interkulturalität und interreligiöse Konstellationen der Seelsorge. Sie sind, so war zu zeigen, – jedenfalls in Deutschland – der Normalfall, der Musterfall der Seelsorge.

Literatur

Bonhoeffer, Thomas, *Ursprung und Wesen der christlichen Seelsorge*, München 1985.

Ders., *„Zur Entstehung des Begriffs ‚Seelsorge'"*, in: Archiv für Begriffsgeschichte XXXVIII (1990), S. 7-21.

Ceylan, Rauf, *Die Prediger des Islam. Imame – wer sie sind und was sie wirklich wollen*, Freiburg 2010.

Ebeling, Gerhard, *„Luthers Gebrauch der Wortfamilie ‚Seelsorge'"*, in: Lutherjahrbuch 61 (1994), S. 7-44.

Hall, Stuart, *Ideologie, Identität, Repräsentation*, Ausgewählte Schriften 4, Hamburg 2004.

Hauschildt, Eberhard, *„Seelsorgelehre. Interkulturelle Seelsorge als Musterfall für eine Theorie radikal interaktiver Seelsorge"*, in: Federschmidt, Karl/Hauschildt, Eberhard/ Schneider-Harpprecht, Christoph/Temme, Klaus/Weiß, Helmut (Hg.), *Handbuch Interkulturelle Seelsorge*, Neukirchen 2002, S. 241-261.

Ders., *„Auf dem Weg zu einer Praktischen Theologie der Ehrenamtlichen-Seelsorge. Eine Skizze"*, in: Pastoraltheologie 99 (2010), S. 116-127.

Ders., *„Interkulturelle Seelsorge unter Einheimischen. Vom blinden Fleck der Seelsorgetheorie"*, in: Schulz, Claudia/Hauschildt, Eberhard/Kohler, Eike, *Milieus praktisch II. Konkretionen für Helfendes Handeln in Kirche und Diakonie*, Göttingen 2010, S. 263-282.

Ders./Pohl-Patalong, Uta, *Kirche*, Gütersloh 2013.

Ders./Ucar, Bülent, *„Islamische Seelsorge in Deutschland im Aufbruch"*, in: Pastoraltheologie 99 (2010), S. 256-263.

Kohler, Eike, *Mit Absicht rhetorisch. Seelsorge in der Gemeinschaft der Kirche*, Göttingen 2006.

Morgenthaler, Christoph, *Systemische Seelsorge*, Stuttgart ^{4}2005.

Rogers, Carl R., *Die nicht direktive Beratung. Counselling and Psychotherapy*, Boston 1942.

Rössler, Dietrich, *Grundriß der Praktischen Theologie*, Berlin/New York ^{2}1994.

Tietz, Udo, *Die Grenzen des Wir. Eine Theorie der Gemeinschaft*, Frankfurt a.M. 2002.

Ucar, Bülent (Hg.), *Imamausbildung in Deutschland. Islamische Theologie im europäischen Kontext*, Göttingen 2010.

Weiß, Helmut, *„Der islamische Gruß. Der Beginn eines Ausbildungskurses in ‚islamischer Seelsorge im Krankenhaus'"*, in: Noth, Isabelle/Kunz, Ralph (Hg.), *Nachdenkliche Seelsorge – seelsorgliches Nachdenken. Festschrift für Christoph Morgenthaler zum 65. Geburtstag*, Göttingen 2012, S. 123-138.

Ders./Federschmidt, Karl H./Temme, Klaus (Hg.), *Handbuch interreligiöse Seelsorge*, Neukirchen 2010.

Autorinnen und Autoren

Misbah Arshad ist Islamische Religionswissenschaftlerin, Diplompädagogin, Trainerin für Selbstorganisiertes Lernen und Kommunikation, Jugend- und Erwachsenenbildnerin in Kronberg im Taunus.

Prof. Dr. Martina Blasberg-Kuhnke ist Professorin für Religionspädagogik und Pastoraltheologie am Institut für Katholische Theologie und Projektleiterin am Institut für Islamische Theologie (IIT) an der Universität Osnabrück.

Mustafa Cimşit ist islamischer Religionswissenschaftler, Pädagoge, Seelsorger und Generalsekretär der Union muslimischer Theologen und Islamwissenschaftler in Deutschland e.V. (UMTI).

Prof. Dr. Eberhard Hauschildt, Jahrgang 1958, ist Professor für Praktische Theologie an der Evangelisch-theologischen Fakultät der Universität Bonn.

Prof. Dr. Mouhanad Khorchide ist stellv. Direktor des Centrums für Religiöse Studien, Leiter des Zentrums für Islamische Theologie und Professor für Islamische Religionspädagogik an der Westfälischen Wilhelms-Universität Münster.

Prof. Dr. Stephanie Klein ist Professorin für Pastoraltheologie an der Universität Luzern mit den Forschungsschwerpunkten: Theologische Biographieforschung, qualitativ-empirische Methoden und Methodologie in der Theologie, theologische Genderforschung, Familie und Lebensgemeinschaften, Christliche Praxis in Mittel-und Osteuropa.

Hüseyin Kurt ist Migrantenberater im interkulturellen Altenhilfezentrum Victor-Gollancz-Haus in Frankfurt am Main.

Dr. Abdul Nasser Al-Masri hat Biologie studiert und in der Immunologie promoviert, leitet er gegenwärtig ein Büro für wissenschaftliches Consulting und Übersetzungen. Ehrenamtlich ist er seit über 15 Jahren für Migranten und muslimische Vereine und Buchautor, Projektleiter und Referent für muslimische Seelsorgeausbildung in Krankenhäusern tätig.

Prof. i. R. Dr. Dr. Norbert Mette war bis 2011 Prof. für Religionspädagogik/Praktische Theologie im Institut für Katholische Theologie der TU Dortmund mit den Forschungsschwerpunkten: Theorie religiöser Bildung und Sozialisation; politische Religionspädagogik; Pastoraltheologie; Theorie kirchlichen Handelns.

Prof. Dr. Isabelle Noth ist Professorin für Seelsorge, Religionspsychologie und Religionspädagogik an der Theologischen Fakultät der Universität Bern und

Klinikseelsorgerin an den Universitären Psychiatrischen Diensten Bern, Schweiz.

Ahmet Özdemir ist Islamischer Theologe und Doktorand im Fach Islamische Theologie am Zentrum für Islamische Theologie der Westfälischen Wilhelms-Universität Münster mit dem Thema „Islamische Gefängnisseelsorge". Seit 1998 ist er darüber hinaus ehrenamtlicher muslimischer Seelsorger in der JVA Münster.

Prof. Dr. Ali Seyyar lehrt an der Universität Sakarya, Fakultät für Wirtschaftswissenschaften und Verwaltungswissenschaften im Bereich Arbeitsökonomie und Industrielle Beziehungen und ist Leiter des Hauptfaches Sozialpolitik und Sozialrecht.

Klaus Temme ist Pfarrer im Ruhestand und aktiv für Pastoral Care & Counselling formation bei der Society for Intercultural Pastoral Care and Counselling (SIPCC) in Düsseldorf.

Prof. Dr. Bülent Ucar leitet das Institut für Islamische Theologie der Universität Osnabrück und lehrt dort Islamische Religionspädagogik.

Dr. Georg Wenz ist Pfarrer, Religionswissenschaftler M.A., Islambeauftragter der Ev. Kirche der Pfalz und Studienleiter der dortigen Evangelischen Akademie mit den Fachgebieten interkulturelle und interreligiöse Bildung, gesellschaftliche Entwicklung, Junge Akademie.

Reihe für Osnabrücker Islamstudien

Herausgegeben von Bülent Ucar und Rauf Ceylan

Band 1 Bülent Ucar / Ismail H. Yavuzcan (Hg.): Die islamischen Wissenschaften aus Sicht muslimischer Theologen. Quellen, ihre Erfassung und neue Zugänge im Kontext kultureller Differenzen. 2010.

Band 2 Bülent Ucar (Hrsg.): Die Rolle der Religion im Integrationsprozess. Die deutsche Islamdebatte. 2010.

Band 3 Bülent Ucar (Hrsg.): Islamische Religionspädagogik zwischen authentischer Selbstverortung und dialogischer Öffnung. Perspektiven aus der Wissenschaft und dem Schulalltag der Lehrkräfte. 2011.

Band 4 Christiane Paulus (Hrsg.): Amīn al-Ḫūlī: Die Verbindung des Islam mit der christlichen Reformation. Übersetzung und Kommentar. 2011.

Band 5 Amir Dziri: Al-Ǧuwaynīs Position im Disput zwischen Traditionalisten und Rationalisten. 2011.

Band 6 Wolfgang Johann Bauer: Aishas Grundlagen der Islamrechtsgründung und Textinterpretation. Vergleichende Untersuchungen. 2012.

Band 7 Ali Türkmenoglu: Das Strafrecht des klassischen islamischen Rechts. Mit einem Vergleich zwischen der islamischen und der modernen deutschen Strafrechtslehre. 2013.

Band 8 Rauf Ceylan (Hrsg.): Islam und Diaspora. Analysen zum muslimischen Leben in Deutschland aus historischer, rechtlicher sowie migrations- und religionssoziologischer Perspektive. 2012.

Band 9 Bülent Ucar (Hrsg.): Islam im europäischen Kontext. Selbstwahrnehmungen und Außenansichten. 2013.

Band 10 Wolfgang Johann Bauer: Bausteine des Fiqh. Kernbereiche der *´Uṣūl al-Fiqh*. Quellen und Methodik der Ergründung islamischer Beurteilungen. 2013.

Band 11 Lahbib El Mallouki: Zweckrationales Denken in der islamischen Literatur. Al-maqāṣid als systemhermeneutisches Denkparadigma. 2013.

Band 12 Bülent Ucar / Martina Blasberg-Kuhnke (Hrsg.): Islamische Seelsorge zwischen Herkunft und Zukunft. Von der theologischen Grundlegung zur Praxis in Deutschland. 2013.

www.peterlang.de